퇴직은
행복의
시작이다

# 퇴직은 행복의 시작이다
— 전원 속 행복공동체 프로젝트

지은이 | 김송호

1판 1쇄 펴낸날 | 2011년 5월 1일
1판 2쇄 펴낸날 | 2011년 12월 1일

펴낸이 | 이주명
편집 | 문나영
출력 | 문형사
종이 | 화인페이퍼
인쇄 · 제본 | 한영문화사

펴낸곳 | 필맥
출판등록 | 제300-2003-63호
주소 | 서울시 서대문구 충정로2가 184-4 경기빌딩 606호
이메일 | philmac@philmac.co.kr
홈페이지 | www.philmac.co.kr
전화 | 02-392-4491
팩스 | 02-392-4492

ISBN 978-89-91071-87-2 (03300)

* 잘못된 책은 바꾸어 드립니다.
* 값은 뒤표지에 있습니다.

이 도서의 국립중앙도서관 출판시도서목록(CIP)은 e-CIP홈페이지(http://www.nl.go.kr/cip.php)에서 이용하실 수 있습니다. (CIP제어번호 : CIP2011001434)

# 퇴직은 행복의 시작이다

김송호 지음

필맥

# 나의 꿈 행복공동체

나에게는 꿈이 있습니다.

인생 후반기를 맞은 사람들이 조용한 시골의 아름다운 풍경 속에서

행복한 미소를 지으며 편안하게 전원생활을 하는 꿈입니다.


나에게는 꿈이 있습니다.

젊은이들을 대도시로 떠나보내 생명력을 잃었던 우리의 농촌이

인생 후반기를 맞은 이들의 따뜻한 보금자리로 변하는 꿈입니다.


나에게는 꿈이 있습니다.

대도시에서 배척받는 직장은퇴자들이 삶에서 존재의미를 다시 찾고,

힘겨운 노동이 아닌 즐거운 일을 하면서 이웃들과 여생을 행복하게 보내는 꿈입니다.


나에게는 꿈이 있습니다.

시골의 버려진 땅이 제 가치를 되찾고 우리에게 생명력을 주며,

농약과 화학비료에 신음하지 않는,

누구나 안심하고 먹을 수 있는 농산물을 생산하는 자급자족의 공동체를 통해

직장은퇴자들은 새로운 희망을 보고,

대한민국은 고령화에 따르는 고민에서 벗어나 새로운 희망을 갖는 꿈입니다.


이는 미국의 유명한 흑인 인권운동가인 마틴 루터 킹 목사가 1963년 8월 23일 노예해방 100주년을 맞이하여 워싱턴DC의 링컨기념관에서 한 유명한 연설 '나에게는 꿈이 있습니다(I have a dream)' 를 패러디해 만들어본 글이다. 하지만 이 글은 단순히 웃자는 의도에서 쓴 것이 아니라 정말로 나에게 절실한 꿈을 킹 목사의 연설을 통해 표현해본 것이다.

'행복공동체' 는 언제부턴가 나에게 가슴 설레게 하는 행복한 꿈으로 자리 잡았다. 이제 나는 누구를 만나든, 어느 모임에 가든 틈만 나면 행복공동체에 관한 이야기를 한다. 그 이야기를 듣는 사람들은 틀림없이 나에게서 뿜어져 나오는 행복의 에너지를 느낄 것이다. 아마도 누군가를 정말로 사랑하게 되면 느끼는 감정이 이런 것이리라. 나는 행복공동체와 사랑에 빠졌다. 이 세상의 어느 누구도 말릴 수 없는 격렬한 사랑에 빠진 것이다. 그러나 그것은 오직 나와 행복공동체 둘만의 이기적인 사랑이 아니다. 누구든 함께 할 수 있는 열린 사랑이다. 나는 내 주위에 있는 모든 사람이 나의 이런 사랑에 동참하기를 진심으로 바란다.

행복공동체와 사랑에 빠지면서 행복공동체에 관한 이야기를 책으로 써보겠다는 생각을 오래 전부터 했다. 하지만 이 책을 쓰기까지는 많은 시간을 기다렸다. 책의 내용에 대한 구상을 마쳐 놓고도 실제로 책을 쓰기 시작하기까지 거의 1년을 보냈다. 물론 다른 주제들, 예를 들면 '과학과 종교(진화와 창조)' 에 대해서도 몇 년 전부터 책을 쓰기 위한 구상을 하고서도 아직 쓰기 시작하지 못했지만, 그런 책과는 다른 의미에서 이 책을 쓰는 데 많은 시간이

걸렸다. 대가들의 경우에도 책을 쓰는 데 몇 년이 걸리기도 하는데 1년 정도의 세월을 기다린 게 뭐 그리 대수냐고 할 사람들도 있을 것이다. 하지만 이번의 내 경우에 책을 쓸 준비를 마치고도 1년을 기다린 데는 나름대로의 의미가 있었다. 숙성의 기간을 보낸 것이라고 할까, 아니면 좋아하는 음식을 아껴놓았다가 나중에 천천히 먹는 것과 같았다고 할까. 아무튼 이 책의 주제인 행복공동체도 어느 정도 추진되기 시작했으니 이제는 책을 내기에 적절한 시기가 왔다는 생각이 들어 이 책을 쓰게 됐다.

물론 어떤 책을 쓰는 경우에도 그 전에 생각을 다듬는 데 꽤 많은 시간이 걸릴 것이다. 하지만 이 책의 경우에는 생각을 다듬는 데 시간이 많이 걸린 게 아니라 책에 쓸 거리를 확보하기 위해 시간이 많이 걸렸다. 다시 말해 이 책은 단순히 내 생각을 주장하기 위해 쓴 것이 아니라 앞으로 내가 실행하고자 하는 내용을 쓴 것이다. 내 생각이나 주장을 그냥 쓰는 것이면 그동안 모아놓은 자료만 가지고 써나가면 되겠지만 실제로 실행해나가야 할 내용을 쓰려고 하다 보니 아무래도 그 구체적인 모습이 어느 정도 드러난 다음에 써야겠다는 생각이 든 탓에 좀 늦어졌다.

이 책의 주제는 행복공동체다. 내가 1년 전부터 실제로 추진해왔고 앞으로 남은 생애 동안 가장 하고 싶은 일이 바로 행복공동체를 만드는 것이다. 행복공동체가 무엇인지에 대한 자세한 설명은 본문에서 하겠지만, 한마디로 말하면 인생 후반기를 맞은 사람들끼리 농촌에서 자족하는 생활을 할 수 있는 공동체를 만들자는 것이다. 나이가 들었다는 이유 하나만으로 우리를 밀어내는 이 도시를 떠나 농촌에서 새로운 삶의 형태를 만들어보자는 것이다. 도시에서 인생 후반기를 살아가는 대부분의 사람들은 퇴물 취급을 받곤 한다. 이건 너무 억울하지 않은가? 대도시에서 괄시를 받기 시작하는 나이가 대체로 40대 후반인데, 아니 늦추어 잡아 50대 후반이라고 해도 그때부터 30여

년 이상의 세월 동안 퇴물 취급을 받으며 살아가야 한다는 이야기인데 그러기는 너무 억울하지 않은가 말이다.

사실 나도 그게 억울해서 여러 가지 생각을 하다가 반란을 일으키기로 했다. 젊은이 중심으로 살아가도록 돼있는 이 세상에 반기를 들기로 한 것이다. 그래서 2010년 1월 온라인상에 행복공동체 클럽을 만들고 내 뜻에 공감하는 사람들을 모으기 시작했다. 1년 만에 가입회원이 500명이 넘었다. 이는 물론 적은 수일 수도 있지만, 우선 작은 발걸음을 내디딜 수 있는 수준은 된 것이다. 이에 힘입어 2010년 11월 초에 실행위원들, 즉 행복공동체 관련 모임에서 비전을 정하고, 실행계획을 짜고, 나중에 만들어질 행복공동체에 실제로 참여하기를 원하는 사람들을 모집하기로 했다. 폭발적인 호응이라고 하기에는 부족한 면이 있지만, 나름대로는 16명이 모여 진지한 대화를 나누었다.

요즘 나는 친구나 비슷한 연배의 사람들을 만나면 주로 행복공동체에 관한 얘기를 하게 된다. 그런데 처음에는 내 생각에 동의를 하고 나와 진지하게 행복공동체에 관한 대화를 나누다가도 구체적인 얘기로 들어가면 약간 고개를 갸우뚱하는 경우가 많다. 하긴 지금 살아가고 있는 세상과는 전혀 다른 세상의 모습을 제시하니 솔깃했다가도 금방 의구심에 휩싸이게 되는 것이 당연할 것이다. 행복공동체 관련 모임에서도 대화를 하다보면 방향에 대해 왈가왈부하는 경우가 많다. 물론 그것도 당연한 현상이라고 생각한다. 또 당연히 그래야 한다. 왜냐하면 행복공동체는 누가 미리 마련해놓고 분양하는 시스템이 아니라 참여하는 사람들이 스스로 만들어가야 하는 시스템이기 때문이다. 다양한 생각을 가진 사람들이 모이다 보면 다양한 의견이 나오는 것은 당연한 결과일 것이다.

하지만 이제는 다양한 생각을 가진 사람들의 생각을 같은 방향으로 모으는 과정이 필요한 시점이 됐다. 그래서 그동안 머릿속에서만 생각해오던 행복공동체의 모습을 이 책을 통해 제시해볼까 한다. 물론 행복공동체에 대한 내 생각이 완성된 상태는 아직 아니라고 할 수 있다. 나는 다만 다른 누구보다 좀 더 일찍, 그리고 좀 더 많이 행복공동체에 대해 생각해본 사람의 입장에서 행복공동체의 밑그림을 제시하려는 것이다. 그것을 중심으로 해서 여러 참여자들, 특히 실행위원들의 생각을 보태고 빼야 할 것은 빼다 보면 좀 더 나은 행복공동체의 모습이 그려지지 않을까 생각한다. 그냥 백지에 많은 사람들이 중구난방으로 그림을 그리는 것보다는 일단 이 책을 통해 밑그림을 희미하게라도 그려 놓고 그것을 조금씩 고쳐나가는 게 더 효율적이리라고 생각했다. 바로 이런 밑그림을 그리는 것이 이 책의 첫 번째 목적이다.

이 책의 두 번째 목적은 행복공동체에 대해 잘 모르는 사람들에게 행복공동체가 추진되고 있다는 희망의 소식을 알리는 것이다. 이제 베이비붐 세대가 본격적으로 퇴직하기 시작했는데, 이런 시점에도 여전히 아무런 대책 없이 인생 후반부를 맞으려는 사람들이 의외로 많다. 이 책이 그들을 부추겨 나의 반란에 참여하게 해주기를 나는 간절히 바란다. 인생 후반부에 대해 나름대로 여러 면에서 완벽한 준비를 마쳤거나 준비를 하고 있는 사람들도 있겠지만, 평범한 사람들은 대부분 어찌할 줄을 몰라 손을 놓고 있는 경우가 많다. 세계를 놀라게 한 대한민국의 경제성장을 이끌어온 주역이지만 이제는 용도폐기 당할 위기에 처한 대한민국의 평범한 내 또래 사람들에게 새로운 희망을 주는 게 이 책의 또 다른 중요한 목표다. 부디 그들이 이 책을 읽고 '우리가 힘을 합하면 인생 후반부가 결코 낙담의 시기가 아니라 행복해질 수 있는 또 다른 기회' 임을 깨닫게 되기를 간절히 바라는 마음이다.

이 책은 3부로 나누어져 있다. 1부에서는 왜 행복공동체가 필요한지를 설명하고 행복공동체의 전체적인 모습을 소개하는 데 주력할 것이다. 2부와 3부는 1부를 읽고 나서도 행복공동체에 대한 의문이 가시지 않는 독자들을 위해 좀 더 자세한 설명을 해주는 부분으로 보면 된다. 그 가운데 2부에서는 내가 1년여 동안 여러 사람들에게 행복공동체에 대해 이야기할 때 자주 들었던 질문들과 그에 대한 나의 답변을 질의응답 형식으로 소개하면서 행복공동체의 보다 구체적인 모습을 설명할 것이다. 3부는 어쩌면 독자들이 이해하기가 약간 어려울지도 모르겠다. 하지만 나로서는 거기서 행복공동체를 제대로 알기 위해서는 알아두는 게 좋겠다고 나 나름대로 생각한 몇 가지 사고방식에 대해 기술할 것이다. 2부에서 다루어도 되는 질문과 답변이지만 그 내용이 약간 어려워 보이는 것은 3부에 포함시켰다. 따라서 1부만 읽고도 행복공동체를 충분히 이해할 수 있다면 굳이 2부와 3부까지 다 읽을 필요는 없을 것이다. 또한 1부만으로는 궁금증이 가시지 않아 2부까지 읽었는데 3부는 약간 어려워 보여 읽기가 부담스럽다면 3부를 읽지 않더라도 행복공동체를 이해하는 데 큰 문제는 없을 것이다.

끝으로 이 책을 읽는 독자들에게 하고 싶은 말은 이 책을 읽고 이해하기만 하고 덮어버리지 말고 행복공동체 클럽에 참여해 같이 행복을 찾는 활동을 하자는 것이다. 행복은 남이 찾아주는 게 아니라 각자가 스스로 찾아가는 과정에서만 발견할 수 있는 보물이기 때문이다. 아무쪼록 이 책이 경제기적의 주역인 우리 베이비붐 세대가 이번에는 행복기적을 이루는 또 다른 모습을 보여주게 되는 데 하나의 계기가 되기를 바란다. 아울러 행복공동체를 통해 인구감소와 고령화의 공포를 뿌리치고 더 나아가 중국과 인도의 경제적 추격도 물리치면서 대한민국이 또 한 번 도약하는 모습을 보게 되기를 간절히 바란다.

행복한 미래를 만드는 기술자 김송호

# 1부 | 행복으로 안내하는 행복공동체

# 2부 | 행복 공동체에 대해 자주 듣는 질문들

# 행복으로 안내하는 행복공동체

# 가상으로 그려보는 행복공동체

창문 틈으로 비치는 햇빛 때문에 눈을 뜨게 된 나행복 씨는 옆에서 자고 있는 아내가 깨지 않도록 조심하면서 슬그머니 자리에서 일어난다. 책상 위에 놓여 있는 시계를 보니 아침 7시 반이 조금 넘었다. 방문을 열고 거실로 나오니 거실은 이미 햇빛으로 가득 차 있다. 거실의 넓은 창문 너머로 보이는 나무들과 옆집, 그리고 멀리 아스라이 보이는 산의 모습을 천천히 둘러보던 나행복 씨는 화장실에 가서 소변을 보고 얼른 세수를 한다. 머리를 감고 면도를 하기에는 시간이 모자란 것 같아 옷걸이에 걸려 있던 모자를 내려 머리에 눌러쓰고 운동복으로 갈아입은 다음 집을 나선다. 8시부터 동네 공터에서 진행되는 아침운동에 참여하는 게 좋을 것 같아 서두른 것이다.

봄이라곤 하지만 아직은 이른 봄이라 아침에는 제법 쌀쌀하다. 하지만 단독주택인데도 불구하고 집 안에서는 추위를 거의 느낄 수 없으니 신기하다. 환경과 에너지효율을 생각해서 친환경 재료를 사용하되 단열을 잘 하고 스마트 홈 시스템도 설치했기 때문에 최적의 실내온도를 유지하면서도 에너지는 적게 써도 된다. 더구나 높은 상공에 설치한 풍력발전기에서 마을이 필요로 하는 전기의 대부분을 공급받고 지열도 이용해 냉난방을 하니 전기료를 내지 않아도 될 뿐 아니라 오히려 마을 전체에서 전기가 남아 근처 마을에 여분의 전기를 공급해 주고 있다. 물론 이 마을의 주민이 현재의 2천 명에서 앞으로 5천 명까지 늘어나고 그에 따라 각종 시설도 늘어나면 근처 마을에 전기를 공급할 수 있는 여력이 없어질 수도 있다.

나행복 씨 말고도 이미 몇몇 사람들이 공터를 향해 걸어가고 있다. 그중에는 부부끼리 손을 잡고 걸어가는 경우도 있고, 나행복 씨처럼 혼자서 잰걸음으로 걸어가는 사람들도 있다. 공터에서 하는 아침운동에는 나행복 씨도 거의 매일 아내와 같이 참석하지만, 어제 밤에 휴일을 맞아 내려온 아이들 뒤치다꺼리를 하느라고 아내가 많이 피곤해진 것 같아 오늘은 좀 더 자도록 놔두고 혼자 가기로 한 것이다. 나행복 씨는 2년 전에 행복공동체에 참여했다. 이곳 행복공동체는 다섯 번째로, 첫 번째 행복공동체가 만들어진 지 3년 만에 추가로 만들어진 것이다. 첫 번째 행복공동체를 만든 사람들은 고생을 많이 했고, 회원을 모으는 데만도 3년이라는 긴 세월을 보냈다고 한다. 하지만 첫 번째 행복공동체가 자리를 잡고 나서는 두 번째와 세 번째 행복공동체가 동시에 추진될 정도로 회원이 많아졌다는 것이다.

나행복 씨는 첫 번째 행복공동체가 추진될 때, 그러니까 5년 전에 온라인상의 행복공동체 클럽에 회원으로 가입해서 행복공동체를 추진하는 사람들의 활동을 주의 깊게 살펴보았다. 그러다가 첫 번째 행복공동체가 만들어진 뒤에 휴가기간을 활용해 곧바로 체험행사에 참여했다. 행복공동체의 주민이 되기 위해서는 체험행사에 참여하면서 교육을 받아야 하고 기존 주민들의 승인도 받아야 하기 때문이었다. 처음에는 서울에서 살아오면서 사귄 이웃들을 놔두고 굳이 시골로 내려가야 하느냐며 시큰둥한 반응을 보이던 아내도 체험행사에 참여하고 나서는 나행복 씨보다도 오히려 더 적극적으로 태도가 바뀌었다. 나행복 씨 부부는 체험행사에 참여한 뒤에는 틈틈이 첫 번째 행복공동체를 방문하면서 교류를 하기도 하고, 두 번째와 세 번째 행복공동체가 조성되고 있는 곳을 방문해 자원봉사를 하기도 했다. 그러다가 직장에서 명예퇴직의 기회가 왔을 때 퇴직하고 정식으로 다섯 번째 행복공동체의 주민이 되겠다고 신청했다.

체험행사에 참여하고 교육에서 합격점을 받았다고 해서 신청만 하면 바로 주민으로 받아들여지는 것은 아니었다. 1년간 실제로 행복공동체의 주민으로 살면서 다른 주민들과 교류하며 생활해보는 기간을 거쳐야 했다. 이런 인턴주민 기간이 지나자 나행복 씨와 가까운 곳에 사는 주민 50명 정도가 나행복 씨를 행복공동체의 주민으로 정식으로 받아들일 것인지의 여부에 대해 투표를 했다. 그 50명 가운데 단 1명이라도 반대하면 주민으로 받아들여지지 않는 것이었다. 인턴주민 기간이 끝났을 때 물론 나행복 씨 자신도 행복공동체의 주민으로 계속 살아갈지의 여부를 다시 생각해볼 수 있었다. 기존 주민들이 받아들이기로 결정한다고 하더라도 나행복 씨 자신의 생각이 바뀌었다면 행복공동체에 투자했던 돈을 돌려받고 나갈 수도 있었다. 나행복 씨와 함께 인턴주민 생활을 한 20명 가운데 18명은 기존 주민들이 받아들이기로 했지만, 2명은 결국 받아들여지지 않았다. 그 2명 가운데 1명은 술주정이 심해서 술만 마시면 아무에게나 싸움을 거는 버릇이 있는 탓에 거부된 것 같았고, 다른 1명은 행복공동체의 취지에 대해 계속 불평을 한 탓에 거부된 것 같았다. 주민으로 승인된 18명 중에서도 1명은 그 자신이 행복공동체를 떠나기로 했고, 결국은 17명이 행복공동체의 정식 주민이 됐다.

이런 생각을 하면서 10여 분 동안 걷다 보니 어느새 공터에 도착했다. 공터에는 이미 많은 사람들이 모여 몸을 풀고 있다. 간단하게 설치된 강단 위로 정요가 님이 올라가 시범을 보이면서 스트레칭 동작을 해보이기 시작한다. 10여 분이 지나자 주머니 속에 있는 스마트폰에서 진동이 느껴진다. 아마도 아침운동에 해당하는 마일리지가 빠져나간다는 신호인 것 같다. 그렇게 빠져나간 마일리지는 아침운동을 지도하는 정요가 님에게 넘어가게 돼있다. 하지만 나행복 씨는 행복공동체의 뒷산에 조성되고 있는 수목원에서 일하면서 마일리지를 쌓고 있을 뿐만 아니라 그동안 쌓인 마일리지만 해도 아침운동을 1년 이상 더 해도 무방할 정도이니 걱정할 게 없다. 나행복 씨는 요가 스트레칭에서 태극권까지 30여 분 동안 따라 하며 몸을 푼다.

집으로 돌아오는 길에 스마트폰을 확인해보니 메시지가 여러 개 들어와 있다. 그중에는 행복공동체 행정실에서 보내온 메시지도 여러 개 있다. 그것을 읽어보니 마일리지를 쌓을 수 있는 일자리를 소개하는 메시지도 있고, 이번 23기 인턴주민들에 대한 승인여부를 결정하기 위한 투표를 오늘 중으로 마쳐달라고 요청하는 메시지도 있다. 소개된 일자리로는 체험행사에서 교육을 담당하는 자리, 외부에서 관람하러 오는 사람들을 안내하는 자리 등이 있고, 특히 외국사람들을 안내하기 위해 다양한 언어를 사용할 줄 아는 사람이 필요하다는 공지도 있다. 나행복 씨도 참여하고 있는 가운데 추진되고 있는 수목원 사업에도 사람이 필요하다고 한다. 조경과 등산에 관심이 많은 나행복 씨로서는 수목원 사업에 애착이 간다. 수목원이 조성되고 있는 뒷산에 산양산삼(장뇌삼)을 심자는 제안도 나와 수목원 사업 참여자들이 그 제안을 검토하고 있다. 한의사 구한의 씨가 행복공동체 안에서도 한약재가 많이 필요하다면서 각종 한약재를 산에 심어 기르자는 제안을 내놓아 그렇게 하는 방안도 추진되고 있다. 이래저래 나행복 씨는 산을 누비고 다니게 되어 행복하기만 하다. 나행복 씨는 개인적으로 이번에 조성되는 수목원에 야생화를 많이 심는 것이 좋겠다고 생각해 야생화에 대한 공부를 열심히 하고 있는 중이다. 그동안 전국 각지의 수목원과 야생화 단지를 다녀오기도 했다.

또 다른 공지 메시지는 첫 번째 행복공동체에 요양병원 외에 장례식장, 화장장, 납골당에 대한 설치허가가 떨어졌다고 알려주는 것이었다. 하긴 그런 시설들은 지자체에서는 관내에 설치하기를 원하지만 주민들이 반대하기 때문에 설치하지 못하는 경우가 대부분인데, 행복공동체의 경우에는 반대하는 주민이 없으니 일사천리로 진행이 됐다. 아무튼 그런 시설들까지 자체 내에 갖게 되면 주민의 입장에서 행복공동체는 죽은 뒤에 대한 걱정도 안 해도 되는 곳이 된다.

이곳 행복공동체로 옮겨온 뒤로 나행복 씨의 생활은 너무도 많이 달라졌다. 도시에서 퇴물 취급을 받으며 살고 있는 대부분의 친구들과 달리 나행복 씨는 퇴직과 동시에 이곳으로 이주해 와서 자신이 좋아하는 조경과 등산 관련 일거리를 갖게 됐다. 또한 수목원 조성사업과 관련된 정보를 수집하고 야생화에 대한 공부를 하면서 생활의 활력을 되찾았다. 직장에서는 마지못해 일을 했지만 여기서는 자기가 좋아하는 일을 주로 하게 되니 아침이 상쾌하고 건강도 훨씬 좋아졌다. 고등학교 동창 모임을 이곳 행복공동체의 게스트하우스에서 한 적이 있는데, 그때 동창들이 나행복 씨의 달라진 얼굴과 사는 모습을 보고 모두 부러워했다. 그 동창모임에 참석했던 한 친구가 곧바로 행복공동체의 체험행사에 참여하겠다고 신청했지만 이미 신청한 사람들이 밀려서 3개월을 기다려야 한다는 말을 들었다고 했다.

나행복 씨가 행복공동체로 이주한 뒤로 가장 좋아한 사람은 물론 당사자인 나행복 씨와 아내이지만, 그들 못지않게 자식들도 좋아한다. 딸 내외와 아들은 한 달에 한 번 정도 주말에 찾아오고 휴가도 거의 이곳에서 나행복 씨 부부와 함께 지낸다. 자식들은 이곳에서 행복하게 사는 나행복 씨 부부를 보면서 안심이 된다고 말한다. 자식의 입장에서는 부모에 대해 경제적인 부담을 느끼지 않으니 좋고, 부모가 좋아하는 일을 하면서 바쁘게 지내다 보니 건강해져서 더욱 좋다는 것이다. 게다가 행복공동체 안에 병원과 의사도 있고 앞으로 장례식장과 납골당도 설치될 것으로 보이니 부모에 대해 근심할 거리가 없다는 것이다. 나행복 씨는 언젠가 자식들에게 자신의 재산에 대해 선언을 해두었다. 행복공동체에 들어올 때 혹시나 해서 가지고 있었던 서울의 집과 얼마간의 재산은 자식들에게 물려주지 않고 행복공동체에 기부해 문화시설 확충이나 병원 증축 등에 사용되게 하겠다고 선언했다. 자식들은 처음에는 섭섭해 하는 것 같았지만, 부모를 모시는 일과 관련해 자신들의 걱정거리를 덜어준 행복공동체에 기부를 하겠다는 것이라면 반대할 이유가 없다고 말해 주었다.

나행복 씨가 집에 들어서니 어느새 일어났는지 아내가 식탁에 밥을 차리고 있다. "아니, 나도 좀 데리고 가지 혼자만 가요?"하면서 아내가 눈을 흘긴다. "당신이 좀 피곤한 것 같아서 좀 더 자라고 놔뒀어. 그나저나 오늘 아침 당번은 난데 당신이 아침을 차렸네? 그 대신 내가 뽀뽀해줄게." 달려드는 나행복 씨를 피해 아내가 달아나다 말고 뺨을 살짝 내민다. 나행복 씨는 아내의 뺨에 뽀뽀를 해주고 나서 화장실로 가 면도를 하고 샤워를 한 다음 식탁에 앉아 아내와 함께 아침식사를 하면서 이런저런 얘기를 나눈다. 아내는 요즘 그림을 그리는 재미에 푹 빠져 지낸다. 집 안에 그림도구들을 놓아두고 마냥 즐거워한다. 자기가 그림에 소질이 있는 줄 몰랐다고도 했다. 그림 지도는 유명 대학교 미술대에서 교수로 지내다 정년퇴직을 하고 행복공동체에 들어온 노화백이 맡고 있다. 아내는 아침식사를 하고 나서 곧바로 30분 거리에 있는 저수지로 그림을 그리러 간다고 한다. 10시까지 모이기로 했으니 설거지는 당신이 하라면서 서두르는 아내를 보고 나행복 씨는 흐뭇한 마음이 든다. 하긴 나행복 씨도 수목원 조성하는 곳에 가서 일을 해야 하니 서둘러야 하긴 마찬가지다.

오늘은 하루 종일 수목원에서 일하기로 돼있다. 하지만 저녁때는 아내와 함께 뮤지컬을 볼 예정이다. 서울에서 살 때는 가까운 곳에 문화시설이 많은 데도 일 년에 한 번 뮤지컬이나 연극을 보기도 힘들었는데, 이곳으로 온 뒤에는 일주일에도 몇 번씩 영화와 공연을 보니 문화인이 된 기분이다. 이곳 행복공동체에는 극장이 하나 있는데 뮤지컬 공연, 오케스트라 연주, 영화 상영 등을 할 수 있도록 설계돼있다. 일주일에 한 번 정도는 뮤지컬, 연극, 연주회 등이 개최되고 나머지 시간에는 영화가 상영된다. 이 극장은 항상 만원이어서 앞으로는 영화관으로만 사용하기로 하고 공연 전용 극장을 다른 곳에 짓고 있는 중이다. 이런 문화시설들은 근처의 다른 마을 주민들에게도 개방되므로 그들과의 교류에도 크게 도움이 된다. 특히 음악을 공연할 때에는 행복공동체 주민이기도 한 음악평론가가 나와 해설을 해주기 때문에 더욱 알차게 공연을 감상할 수 있다. 작년에는 행복공동체 주민들이 스스로 결성한 두 개의 합창단과 다섯 개의 연주단이 합동으로 연주회를 열기도 했다. 나행복 씨는 새로 결성된 풍물놀이반에 들어갔다. 풍물놀이반은 올 가을 추석 때 공터에서 풍물놀이 공연을 하기로 하고 그 준비를 하고 있다. 최근에는 연극인 이연출 씨가 행복공동체의 주민이 된 것을 계기로 연극반이 결성되어 연극을 준비하고 있다고 한다.

아내가 참여하고 있는 그림반도 회원이 늘어나고 작품도 많이 나와서 작년 가을에 벌써 전시회를 열었다. 그림반 회원들의 작품은 극장을 비롯한 공공시설에도 걸려 있고, 각 개인의 집에도 걸려 있다. 그림반보다 회원이 더 많은 사진동호회도 작년에 전시회를 두 번이나 열었다. 사진동호회 회원들은 작년에 제주올레 길을 걸으면서 좋은 풍경을 많이 찍어왔고, 올해는 아프리카로 원정을 다녀오기로 했다. 사진동호회는 지금 새로 지어지고 있는 극장에 사진 전용 전시장을 확보해 개인전, 단체전 등 각종 사진전시회를 1년 내내 열 계획이다.

　　나행복 씨는 행복공동체에 온 뒤로 명절도 새로운 의미로 맞게 됐다. 서울에서 살 때에는 명절이 단순히 쉬는 기간 내지 부모님과 형제를 만나는 시간 이상의 의미가 없었는데, 여기서는 명절이 오면 옛날 추억이 되살아나는 것을 느끼게 된다. 행복공동체 주민의 가족들은 대부분 명절 때 행복공동체로 찾아온다. 그러다 보니 명절 때 진입로의 교통이 막혀 자가용보다는 대중교통을 이용하도록 권장하고 있다. 마을 외곽에 있는 버스터미널에서 마을까지도 가능하면 걸어오도록 하고 있고, 몸이 불편한 분들을 위해 편안하게 설계된 마차를 운행하고 있다. 명절 기간에는 주민들이 찾아온 가족과 함께 과거에 했던 제기차기, 강강술래, 쥐불놀이 등을 하면서 즐거운 시간을 갖는다. 나행복 씨의 손자들도 작년에 행복공동체에 와서 명절을 보내고 돌아간 뒤로는 언제 또 할머니 집에 가느냐고 자꾸 묻는다고 한다.

　　나행복 씨는 오늘과 내일 이틀간은 수목원 작업을 하고, 모레부터는 1박2일로 강원도에 있는 야생화 식물원에 다녀올 예정이다. 올 가을에는 중앙아메리카의 코스타리카를 비롯해 여러 나라의 생태관광지를 둘러보고 올 예정이다. 요즘 화두가 되고 있는 녹색성장의 방향으로 자연을 보호하면서도 자연 자체를 관광자원으로 활용하는 생태관광에 대해 좀 더 공부해보고 싶기 때문이다. 등산동호회를 중심으로 한 다른 한 팀에서는 제주올레 길을 본받아 행복공동체의 마을 뒷산에 둘레길을 조성하고 그것을 유기농산물 체험, 야생화단지 관람, 녹차 체험 등과 연결시키는 사업을 진행하고 있다.

　　나행복 씨는 이렇게 바쁘게 살면서도 전혀 힘들지 않다는 사실이 바로 자신이 지금 행복하다는 것을 말해주는 게 아닐까 하는 생각이 들었다. 하지만 다른 한편으로는 이렇게 바쁘게 이것저것을 하고 있어야 마음이 놓이는 것은 아직도 자신이 도시의 생활습관을 버리지 못했기 때문이 아닐까 하는 생각도 하게 된다. 며칠 전에도 아내와 그런 얘기를 하다가 명상이나 댄스 등의 가벼운 취미활동을 하는 데 좀 더 많은 시간을 쓰도록 노력해야겠다고 결심해보기도 했다. 하지만 행복공동체가 지금 자리를 잡기 위해 애쓰고 있는데 이럴 때 자기도 힘을 보태는 것도 보람 있는 일이라는 생각도 해본다.

일을 마치고 저녁 때 집에 돌아와 보니 아내는 아직 돌아오지 않았다. 얼른 씻고 저녁식사 준비를 하고 있는데 아내가 들어온다. 아내는 저녁식사를 준비하고 있는 나행복 씨를 보더니 "맛있는 냄새가 나는데, 오늘 메뉴는 뭐예요?" 하고 묻는다. "응, 김치찌개!"라고 대답하자 "와, 당신이 가장 맛있게 하는 거?" 하면서 웃는다. 아내는 창고에 가서 그림도구들을 정리해 놓은 다음에 씻고 와서 식탁에 앉는다. 행복공동체에서 직접 재배한 농산물로 만든 음식은 언제 먹어도 맛있다. "오늘 뮤지컬 보러 가기 전에 명상 스님 계신 곳에 들러서 차를 한 잔 얻어 마시면 어떨까요?" 아내의 제안에 나행복 씨도 동의한다. 이른 저녁을 먹고 20분 정도 걸어서 명상 스님의 거처에 도착하니 이미 두 사람이 와서 앉아 있다. 명상 스님은 긴 차탁자의 중간 부분에 앉은 채 그 두 사람과 대화를 나누며 차를 마시고 있다. 나행복 씨 부부가 들어서자 명상 스님과 그 두 사람이 반색을 하며 자리를 권한다. 10분 정도 차를 마시면서 얘기를 나누고 있는데, 문이 열리면서 김 신부님이 들어온다. 그는 작년에 본당 신부직에서 은퇴하고 행복공동체에 와서 살고 있는 신부님이다. 나행복 씨 부부가 30분 정도 더 있다가 뮤지컬을 보러 가려고 일어서는데, 올해 행복공동체의 주민이 된 곽 목사님 부부가 들어선다. 반갑게 인사를 나누고 나오는데 방에서 웃음소리가 흘러 나온다.

오늘도 행복공동체의 행복한 하루가 저물어가고 있다. 아내가 나행복 씨의 손을 꼭 잡으면서 행복한 미소를 지어 보인다. 아내와 함께 뮤지컬을 보러 가는 나행복 씨의 가슴속에 행복감이 가득 차오른다.

# 베이비붐 세대의 은퇴 폭풍

"야, 내 이력서 보낼 테니까 직장 좀 알아봐다오."

난데없이 전화를 한 친구 L은 몇 마디 상투적인 인사가 끝나자마자 단도직입적으로 취업에 관한 부탁을 했다. 남에게 사정조의 말을 별로 해본 적이 없는 엔지니어 출신이라서 계면쩍음을 감추기 위해 오히려 큰 소리로 당당한 척 말하는 것이라는 게 바로 느껴졌다. 얼마 전 동창모임에서 내가 새로 헤드헌팅(기업에 사람을 소개하는 일) 사업을 시작했다면서 명함을 주었더니 그 명함을 보고 전화를 한 모양이었다. 그때도 L은 자기가 다니는 회사에 요즘은 자기보다 나이가 많은 사람이 별로 없어서 조만간 잘릴 것 같다고 걱정을 하더니만 드디어 일이 벌어진 모양이었다. 하긴 명색은 엔지니어인데 아무리 봐도 엔지니어 같지 않은 몇몇 친구들이 사장으로 진급한 것을 빼고는 엔지니어들은 모두 공장이나 연구소에서 더 이상 올라갈 곳이 없어 후배들 눈치나 보는 처지라고 회사에 다니는 친구들이 넋두리를 늘어놓더니만 올 것이 드디어 오고야 만 것이었다.

"그래 알았다. 일단 이력서를 나한테 보내라. 그렇지만 자리가 빨리 나올 것이라고 생각하지는 마라."

나는 위로가 되지도 않는 말을 하고는 미안해서 얼른 덧붙였다.

"혹시 선릉역 근처에 올 일이 있으면 미리 전화해라. 저녁에 소주나 한 잔 하게."

전화를 내려놓은 나는 갑자기 가슴 한 구석이 콱 막히는 느낌이 들었다. '드디어 우리 세대에게도 은퇴라는 것이 시작됐구나' 하는 생각에 갑자기 나 자신이 처량해지기 시작했다. 물론 그런 사태를 예측하지 못한 것은 아니었다. 게다가 나는 직장을 일찍 그만두고 자유직업을 선택했으므로 그런 위험 상황에서는 비껴나 있었다. 그럼에도 불구하고 그 친구가 내뱉은 자조적인 말 한 마디는 그 뒤에도 내 마음 한 구석에 남아 오랫동안 윙윙거렸다.

나는 베이비붐 세대다. 말 그대로 한국전쟁이 끝난 뒤에 한꺼번에 많이 태어난 세대에 속한다. 베이비붐 세대는 전쟁 직후의 빈곤 속에서 배고픔도 겪었지만, 한국경제의 경이적인 성장을 이룰 때 그 주역으로 활약한 자랑스러운 세대다. 국민소득이 100달러도 안 되던 대한민국이 국민소득 2만 달러를 바라보는 중진국 대열에 올라서게 하는 데 중심적인 역할을 한 세대가 바로 우리다. 이제는 벌써 사회의 뒷자리로 물러난 사람들도 있지만, 아직도 대부분은 사회에서 중추적인 역할을 수행하고 있다. 기업에서는 경영자로, 정부에서는 고위 공무원으로, 군에서는 장군으로, 대학에서는 총장이나 학장, 고참 교수로 활약을 하고 있다. 하지만 오르막이 있으면 내리막이 있다고 했던가, 이제 우리 앞에 내리막이 놓여있는 것이다. 우리가 아무리 싫다고 해도 이 사회는 우리를 그 내리막으로 몰아넣을 것이다.

그나마 내 경우는 50대 중반에 들어선 지금까지는 퇴직에 대해 심각하게 실감하지 못했는데, 그 이유는 아마도 대학 동기들 가운데 절반 이상이 정년이 60세 이상인 대학의 교수나 국립연구소의 연구원이기 때문일 것이다. 또 기업에 있는 동기들도 엔지니어로서 아직은 버틸 수 있는 입장이었기 때문일 것이다. 하지만 이제부터 기업에 있는 동기들부터 서서히 은퇴가 시작된 것이다. 아마도 올해는 몇 명만 은퇴할 것이다. 그런데 그들은 다른 동기들보다 먼저 은퇴하게 된 것이 부끄러워 동창회에 나타나지 않을 가능성이 높으니, 내가 동기들의 은퇴를 정말로 실감하는 것은 몇 년 더 뒤로 미루어질 가능성이 높다. 하지만 불과 몇 년 안에 기업에 간 동기들 가운데 직장에 남아있는 수보다 은퇴한 수가 더 많아질 것이다. 그리고 정년이 높아 늦게까지 현업에 남을 수 있는 동기들이 아무리 많다고 해도 앞으로 10년이 지나면 대부분의 동기들이 은퇴하게 될 것이다.

문제는 그때가 되면 나에게 전화를 걸었던 L처럼 다른 회사의 일자리를 알아봐 달라고 주변에 부탁할 수도 없게 된다는 점이다. 그냥 꼼짝없이 집에서 밥이나 축내는 신세가 될 수밖에 없게 되는 것이다. 물론 퇴직 후를 걱정할 필요가 없을 정도로 재산을 모아놓아서 놀고먹을 수 있거나 특출한 재능이 있어서 계속 사회활동을 할 수 있다면 다행이다. 하지만 그럴 수 있을 정도로 재산을 모아놓거나 은퇴 후에도 활발한 활동을 할 수 있을 정도로 준비를 해놓은 사람들이 몇이나 될까? 설사 재산을 어느 정도 모아놓았다고 하더라도 앞으로 남은 30년 동안을 그냥 놀기만 하고 지낼 생각을 하면 끔찍할 것이다. 웬만큼 재산을 모아놓았어도 30년 동안이나 까먹으며 지낼 수 있는 정도는 안 될 것이다. 겨우겨우 견디며 살아갈 만큼의 재산은 있다고 하더라도 혹시 몸이 아프게 되면 어떡할 것인가? 30년 동안을 더 살면서 곶감 빼먹듯이 있는 재산을 까먹기만 해서는 버틸 재간이 거의 없을 것이다.

설사 재산이 상당히 많이 있다고 하더라도 30년 동안이나 그냥 놀기만 한다는 것은 상당한 고역일 것이다. 노는 것도 놀아본 사람이 논다고, 일에만 파묻혀 살던 평범한 직장인의 경우에는 노는 것도 쉽지가 않다. 하루 이틀도 아니고 30년 동안이나 놀아야 하는데 그게 보통일인가? 또 노는 데도 돈이 들어간다. 최소한 밥은 사 먹어야 하고 교통비도 써야 한다. 등산을 하려면 등산 복과 등산화를 갖춰야 한다. 모여서 놀려면 회비도 내야 한다. 노는 자리에 가서도 돈이 없는 사람은 기를 펴지 못한다. 그렇다고 수입도 없는데 갖고 있는 돈을 빼내어 마구 써댈 수도 없는 노릇 아닌가.

일을 하려고 해도 그것이 쉽지가 않다. 그래도 전에는 눈높이를 낮추면 일자리가 꽤 있었다. 예를 들어 나이든 사람들이 취업할 수 있는 직종으로 아파트 경비원도 있었다. 하지만 요즘에는 아파트 경비도 다 무인 시스템으로 바뀌고 있다. 경비원을 10명 고용하던 아파트 단지가 이제는 5명으로 경비원 수를 줄이거나 아예 무인 경비시스템을 도입하는 아파트도 늘어나고 있다. 더구나 요즘에는 낮은 임금에도 경비원을 하겠다고 나서는 젊은이들이 많아서 나이든 사람들이 경비원 자리를 얻기가 힘들다고 한다. 은퇴하는 사람들이 점점 더 많아지는데 그들이 취업할 만한 일자리는 오히려 줄어들고 있는 것이다. 비서를 두고 기사가 운전해주는 차를 타고 다니다가 자존심 다 버리고 아파트 아주머니들에게 '아저씨' 소리를 들어가며 경비원을 하려고 해도 그런 자리도 없는 시대가 된 것이다.

경제발전의 선두에 서서 달린 덕분에 아직까지도 사회의 상층부를 차지하고 있는 우리 베이비붐 세대는 그나마 나은 편이다. 더구나 엔지니어여서 특별한 잘못이 없는 한 정년이 보장된 내 동기들은 지금의 젊은 세대가 보기에는 한없는 부러움의 대상일 것이다. 40대만 되면 퇴직 걱정을 해야 하는 지금의 젊은 세대를 생각하면 가슴 한 구석이 먹먹해진다. 그렇다고 제도를 바꿔서 직장인들이 정년까지 일할 수 있도록 무조건 보장하라고 떼를 쓸 수도 없는 일이다. 기업도 죽느냐 사느냐 하는 글로벌 생존경쟁에 내몰린 상황에서 기업에 대고 종업원들을 무조건 보호하라고 요구할 수가 없다. 그렇게 하다가는 기업도 망하고, 그러면 그 기업에서 일하던 종업원들은 모두 거리로 내쫓기게 될 것이다.

　평균수명이 짧았던 과거에는 이런 고민을 할 필요가 없었다. 나의 엔지니어 선배들을 보면, 평생 공장이나 연구소에서 그런대로 열심히 일하다 보면 60세까지 정년이 보장됐고, 정년퇴직 후에는 몇 년 동안 놀다가 식구들로부터 눈총을 받을 때가 되면 저 세상으로 가면 그만이었다. 그래서 과거에는 직장생활이 곧 인생이라고 생각해도 별 문제가 없었다. 별도로 인생 후반전을 준비할 필요가 없었다는 얘기다. 하지만 이제는 은퇴하는 나이는 낮아졌는데 수명은 주책없이 길어졌다. 그러다 보니 직장생활을 하는 기간은 30년이 안 되는데 직장을 은퇴한 다음에 보내야 하는 기간은 30년이 넘는 기묘한 상황이 벌어지고 있는 것이다. 이제는 더 이상 직장에서 은퇴한 뒤의 기간이 인생의 덤이 아닌 상황이 된 것이다. 즉 과거와 달리 이제는 직장생활이 더 이상 인생의 전부가 아니게 된 것이다.

　여기서 풀어야 할 문제는 두 가지다. 직장에 다니는 젊은이들이 어떡하면 경제활동을 길게 할 수 있게 할 것이냐 하는 문제와 직장에서 은퇴한 사람들이 어떡하면 행복하게 지내게 할 수 있느냐 하는 문제다. 젊은이들의 문제에 대해서는 많은 사람들이 해결책을 제시하고 있다. 나도 나름대로《당신의 미래에 취업하라》를 비롯한 여러 권의 책을 써서 해결책을 제시한 바 있다. 여기서 내가 해결하고자 하는 문제는 젊을 때 치열하게 살면서 자식들을 키우고 나서 정년퇴직을 한 뒤에는 어떻게 할 것이냐 하는 두 번째 문제다. 다시 말해 50세 이상까지 일을 하다가 사회활동을 그만둬야 하는 나이가 된 사람들의 문제에 대해 그 해결책을 생각해보려는 것이다. 물론 젊은이들도 결국은 나이가 들 것이기 때문에 그 해결책이 궁극적으로는 지금의 젊은이들에게도 도움이 될 것이다. 50세 이상이 되어 은퇴하게 된 사람들을 위해 내가 제시하고자 하는 해결책은 바로 행복공동체다.

그렇다면 행복공동체의 대상이 왜 50세 이상이어야 하느냐는 의문을 가질 수 있다. 물론 나이가 절대적인 기준이 되는 것은 아니다. 다만 일반적인 기준으로 봤을 때 50세 정도가 되면 자식부양의 의무에서 벗어날 수 있고 이제까지 쌓아온 재산만 지켜도 괜찮겠다는 생각을 할 수 있게 된다고 생각해서 50세를 기준으로 이야기한 것이다. 이에 대한 자세한 얘기는 차차 해나가겠지만, 내가 제시하는 행복공동체의 방법으로 살아가도 문제가 없는 조건을 갖출 수 있는 나이는 대략 50세 정도가 아닐까 생각된다. 물론 개인적인 상황이나 여건에 따라 그런 나이의 기준이 40세가 될 수도 있고 60세가 될 수도 있을 것이다. 아무튼 직장에서 은퇴한 다음에 행복하게 살기 위해서는 성공과 팽창을 추구하던 생활방식에서 벗어나 안정과 행복을 추구하는 생활방식으로 살아가는 데 필요한 조건이 갖춰져야 한다. 젊은이라도 재산에 대한 욕심을 버리고 자발적 가난을 선택해 살고 싶다면 굳이 나이 때문에 자격이 안 된다고 할 이유는 없다. 또한 50세 이상으로 나이가 더 많이 들어서도 이제까지의 생활패턴을 유지하려고 하고 팽창과 성장 위주의 사고방식을 버리지 못한다면 행복공동체에 참여해봐야 행복한 생활을 할 수 없을 것이다.

# 은퇴 후에 맞게 되는 문제들

몇 해 전에 잘 아는 선배에게서 전화가 왔다. 그 몇 달 전에 그 선배가 직장을 그만두었다는 이야기를 듣기는 했지만, 그 선배와 오랜만에 전화통화를 하게 된 것이었기에 상당히 반가웠다. 마침 그날 저녁에 약속이 없었기에 그 선배와 저녁약속을 잡고 만나서 술 한 잔 하게 됐다. 약속시간보다 먼저 와 있던 그 선배는 겸연쩍은 얼굴을 하면서 나를 맞았는데, 한눈에도 얼굴이 상당히 어두워진 것을 느낄 수 있었다. 대기업에 다닐 때는 당당하고 자신에 찬 얼굴이었는데 몇 달 사이에 너무 늙어버렸다는 생각이 들었다.

그날 술자리에서 그 선배는 술이 몇 잔 들어가자마자 하소연을 늘어놓기 시작했다. 무엇보다 자신감이 없어지고 식구를 비롯한 주위 사람들이 자신을 무능한 인간으로 보는 것 같아 괴롭다는 것이었다. 그 전날 저녁에 늦게 들어온 딸아이를 나무라다가 형수와 크게 다투었다고 했다. 그런데 형수가 비난하는 투로 하는 말을 듣고 너무 속이 상했지만 어디 하소연할 데도 없고 해서 나에게 전화를 했다는 것이었다. 그 선배의 표현을 그대로 옮기면 "직장을 그만두고 나니 이제 나는 더 이상 효용가치가 없는 쓰레기가 된 느낌"이라는 것이었다. 그게 바로 직장에서 은퇴한 한국 남자의 일반적인 심정이라고 하면 과장일까?

직장은 인생에서 참으로 큰 의미를 갖고 있다. 특히 남성들의 경우에는 직장을 통해 가족을 부양하는 의무를 충실히 수행할 수 있고 자신의 존재가치도 찾는다. 그렇기 때문에 지금은 좀 퇴색한 말이긴 하지만 '남자에게 직장에서의 성공은 곧 인생의 성공'이라고 여겼다. 그래서 직장에서 성공하기 위해 가정생활을 희생하는 것을 당연하게 여기기까지 했다. 직장에서 성공하기 위해 아이들이 잠잘 때 집을 나서서 아이들이 다 잠든 뒤에 직장에서 퇴근해 귀가하는 일이 다반사 아니었던가. 좀 과장해서 말해, 모처럼 회사에 안 나가는 주말에 아이를 봐주려고 했더니 아이가 "아저씨 누구세요?"라고 묻더라는 농담이 술안주거리로 오가면서 씁쓸한 뒷맛을 남기곤 했다.

사회에서 가끔 만나게 되는 대기업의 CEO나 중소기업 창업자에게는 아직도 그런 삶의 흔적이 남아있음을 느낄 수 있다. 가정을 잘 돌보면서 어떻게 동시에 회사에서 남들보다 빨리 승진할 수 있으며 기업을 일으킬 수 있겠느냐는 말을 아주 당연한 듯이 한다. 나는 물론 그게 맞는 말이라고는 생각하지만 어쩐지 좀 찜찜한 느낌을 떨쳐버릴 수가 없다. 그런 삶의 흔적을 많든 적든 여전히 갖고 있는 내 나이 또래의 사람들은 요즘 젊은이들이 직장상사가 갑자기 저녁에 회식을 하자고 하면 "저, 오늘 집에 일찍 들어가기로 와이프랑 약속해서 안 되는데요"라고 당당하게 얘기하는 걸 이해하지 못한다. 그런 젊은이들을 억지로 회식하는 자리에 끌고 가지는 못하고 그저 바라보기만 하면서도 어이없어 하며 '너, 회사에서 성공하기 싫다는 거지?'라고 마음속으로 말한다. 물론 직장생활이 곧 인생의 전부라는 생각을 하던 지금의 나이든 사람들도 외환위기를 겪는 동안에 그런 생각을 약간 덜 하게 되기는 했다.

그러나 여하튼 직장생활이 우리의 삶에서 차지하는 비중은 여전히 참으로 막대하다. 직장생활이 인생에서 얼마나 큰 비중을 차지하는지는 직장을 퇴직한 뒤에 더욱 실감하게 된다. 직장을 다닐 때는 매일 출근해야 하는 생활을 그만두고 편히 쉬면 좋겠다는 생각을 하곤 하지만 막상 정년퇴직이 됐든 자발적인 퇴직이 됐든 직장을 그만두고 나면 대부분 금단현상을 겪게 된다. 회사를 다니다가 도중에 갑자기 퇴출당하는 경우에 느끼는 황당함이야 이루 말할 수 없이 클 게 뻔하지만, 예정된 정년퇴직이나 자발적인 명예퇴직을 한 경우에도 심적인 타격이 예상보다 훨씬 크다.

직장생활이 인생의 전부라고 생각했던 우리 베이비붐 세대의 경우에 퇴직할 때 받는 충격은 가히 메가톤급이라고 밖에 표현할 수 없다. 나의 전부라고 생각하면서 열렬히 사랑하던 여자에게 차였을 때의 충격 정도라고나 할까? 자기의 일생을 바쳐온 직장이라는 조직이 갑자기 자기에게 등을 돌렸을 때 받는 충격은 말로 표현할 수 없을 정도다. 더구나 직장 외에는 다른 생활공간을 전혀 확보하고 있지 못한 경우에는 그 충격이 더욱 클 수밖에 없다. '아니 가정까지 소홀히 하면서 충성을 다 바쳐온 직장인데, 나한테 이럴 수 있어?' 또는 '이 회사가 이렇게 발전하고 성장한 게 누구 덕분인데, 이제는 내 효용가치가 없어졌단 말이지?' 라는 생각에 분노를 터트려봐야 아무 소용이 없다.

그렇다면 직장에서 퇴직하면 과연 어떤 문제들을 맞게 될까? 여러 가지가 있겠지만 가장 큰 충격은 역시 자신의 존재가치가 상실된 것 같다는 느낌에 휩싸이게 되는 것일 게다. 지금까지는 누구를 만날 때 '어느 회사의 상무이사 누구' 라는 식의 명함을 내밀며 자신의 존재를 표시했는데, 이제는 그런 표시를 할 수 없으니 그 타격이 얼마나 크겠는가? 동창회에 나가도, 후배를 만나도 명함을 줄 수 없으니 사람 만나는 것을 두려워하게 되고, 나중에는 기피하게 된다. 회사에 다닐 때는 명함의 중요성을 전혀 인식하지 못했는데, 명함을 줄 수 없는 처지가 되고 나서는 명함이 단순한 종이 한 장이 아니라는 사실을 절감하게 된다.

아침에 일어나서 출근할 데가 없으니 허전해지고 '나는 이제 쓸모없는 인간인가?' 라는 생각을 하게 된다. 회사에 다닐 때는 아침잠을 조금만 더 잘 수 있으면 소원이 없겠다고 생각했는데, 이제는 아침잠을 실컷 잘 수 있는데 오히려 잠이 오지 않으니 탈이다. 게다가 아내는 무슨 모임이 그리 많은지 아침부터 전화로 수다를 떨다가 남편을 팽개쳐 두고 나가버린다. 그러면 할 수 있는 게 TV 보는 것밖에 없다. 하지만 그렇게 TV 보는 것도 하루 이틀이지 허구한 날 TV만 보는 것에도 한계가 있는 게 아니겠는가? 그렇다고 누구를 만나려고 해도 용무도 없고 명함도 없으니 그러기도 곤란하다. 이제까지 용무가 있는 것이 아니면 낮에 누구를 만나본 경험이 없기 때문에 더욱 그런 어색한 느낌을 갖게 된다. 또 집에 있으면 끼니를 해결해야 하는데, 아내가 아무리 점심과 저녁을 준비해 놓는다 해도 차려는 먹어야 할 게 아닌가? 이래저래 혼자밥을 먹다 보면 '내 신세가 이게 뭔가?' 하는 자괴감이 들게 마련이다.

평소에 등산이나 취미활동을 해왔으면 그나마 사정이 좀 나을 수 있다. 지하철의 경로석에 앉아도 될 정도로 머리가 희거나 얼굴에 주름이 있으면 낮에 배낭을 메고 지하철을 타도 별로 어색하지 않다. 하지만 50대 중반이면 아직 팔팔한데 배낭을 메고 지하철을 타면 어색하기 마련이다. 다른 사람들이 '젊은 나이에 직장에서 잘리고 등산이나 가는 걸 보니 어지간히 무능한 사람인 모양이구먼' 하고 생각하는 것 같아 고개를 폭 숙이게 된다. 어느 정도 나이가 들어 퇴직한 경우라도 처음에는 벌건 대낮에 산행을 하려고 지하철을 타고 보면 어색하기가 마찬가지다. 뭔가 죄를 지은 기분이라고나 할까? 다른 사람들이 나만 바라보는 것 같아 빨리 지하철에서 내리고 싶은 마음뿐일 것이다. 나이든 사람들끼리 아침 일찍 모여 버스를 타고 멀리 가는 산행을 따라가면 좀 나을 수 있다. 하지만 매일 그렇게 산행을 다닐 수는 없는 노릇 아닌

가. 돈도 적잖이 들고 몸도 지치고….

퇴직을 하게 되면 가족과의 관계에서도 크나큰 변화가 일어난다. 가족에게 소중한 수입원으로서, 또 가족 중에서 가장 바쁜 사람으로서 소원하게 지내다가 새삼스럽게 가족과 어울리려고 하니 어색하고 짐만 되는 듯한 느낌이 든다. 그러다 보면 자신이 무시당하는 것 같은 자괴감을 갖게 되어 가족에게 짜증을 부리고 잔소리를 하게 되면서 더욱더 가족과 멀어지는 경우를 많이 보게 된다. 특히 아내와의 관계는 까딱 잘못하면 아주 나빠질 수 있다. 이제까지 아내보다 자기가 우위에 있다고 생각했던 남편의 입장에서는 하루아침에 뒤바뀐 가족 내 권력관계를 받아들이기가 힘들다. 더 나쁜 경우는 퇴직하고 나서도 정신을 못 차리는 남편의 경우다. 다음 얘기는 언젠가 누군가에게서 들은 농담인데, 그때 다 듣고 나서는 갑자기 우울한 기분이 확 들었다.

너무나 바쁘게 회사생활을 한 남편이 있었다. 주말도 없이 별 보며 출근해서 별 보며 퇴근하면서 열심히 일한 덕분에 회사에서 사장까지 승진도 하고 경제적인 기반도 어느 정도 마련했다. 그런데 그도 나이가 들어 어느덧 퇴직할 때가 다 됐다. 그래서 그는 이제까지 아내에게 잘해주지 못했으니 퇴직하면 같이 여행도 다니고 맛있는 것도 사주면서 아내에게 잘해 주리라고 결심했다. 드디어 이 남편이 퇴직을 하고 다음날부터 결심한 대로 아내를 데리고 나가 영화도 보고, 맛있는 점심도 먹고, 저녁에는 소주도 한 잔 하면서 즐겁게 며칠을 보냈다고 한다. 그러면서 '역시 나는 멋진 남편이야. 이 정도면 아내도 만족하겠지' 라고 생각했다. 그런데 며칠이 더 지난 어느 날 이 남편이 아내를 데리고 나가려고 하는데, 아내가 남편 팔을 잡더니 "여보, 오늘부터는 당신 혼자 놀면 안 돼? 나 그동안 당신하고 놀아주느라고 여러 모임에 못 나갔더니 탈퇴시킨다고 난리가 났네" 하는 게 아닌가? '아니, 그렇다면 그동안 내가 아내를 위해 봉사한 게 아니라 아내가 나를 위해 봉사한 거란 말이야?'

결국 남편은 허탈한 심정에 빠지고 말았다는 것이다.

자식들의 경우는 아내의 경우보다 관계가 더 악화되는 경우가 많다. 아버지의 입장에서 "내가 그렇게 뼈 빠지게 일해서 공부를 시키고 키워 놨더니 니들이 나한테 이럴 수 있어?"라고 펄펄 뛸 수도 있지만, 그래 봐야 아무 소용이 없다. 그건 아버지의 당연한 역할이라고 생각하고, 정서적으로 통하지 않는 아버지를 받아들이지 못하는 것은 어쩔 수 없다고 생각하는 게 자식들이다. 자식들의 입장에서 보면 그동안 아버지가 경제력이 있다고 남들에게 큰소리 쳤는데, 아버지가 이제는 경제력이 없어졌으니 용도폐기된 거라고 생각하게 된다고 말하면 너무 지나친 표현일까? 그나마 자신의 바뀐 위치를 빨리 인식하고 자식들에게 정서적으로 다가가려고 노력한다면 쉽지는 않겠지만 서서히 자식들과의 관계가 나아질 수도 있다. 하지만 아버지가 끝까지 '과거의 공적' 만 내세우면서 자식들에게 복종을 강요한다면 자식들과의 관계는 점점 더 악화될 소지가 많다.

주위의 다른 사람들과의 관계도 별로 나을 게 없다. 좀 일찍 퇴직한 처지라면 친구와 어울리려고 해도 만나줄 친구가 없다. 너무나 무료해서 체면도 구겨가며 친구나 후배에게 연락해서 만나자고 해본다. 처음에는 점심도 사주고 안쓰러워해주다가 조금 시간이 지나면 점점 피하는 태도를 보인다. 그러면 피해의식에 사로잡혀서 주위 사람들에게 짜증을 부리게 되고 그래서 점점 더 기피를 당하는 악순환이 시작된다. 특히 평생 직장생활만 해온 남자의 경우에는 업무상 필요해서 사람들과 만나거나 기껏해야 동창들과 저녁식사 모임에서 만나는 정도 외에는 인간관계를 맺어본 경험이 없기 때문에 주위 사람들과의 일상적인 관계에 익숙하지 못한 경우가 많다. 그렇기 때문에 다른 사람과 만나서 대화를 하게 되더라도 서로 상대방을 이해하고 따뜻한 마음을 나누려고 하기보다 어떤 사안에 대해 내 뜻을 관철시키고 너보다 내가 더 잘

났다는 자부심을 충족시키려고 하다 보니 대화가 뜻하지 않게 다툼으로 발전하는 경우가 많다. 그러니 젊은이들과의 모임에 나가도 환영받지 못하고, 새로 사람들과 사귀는 데도 어려움을 겪게 된다.

재정적으로는 어떠한가? 연금을 받는 경우는 그나마 좀 낫지만 일시불로 퇴직금을 받은 경우에는 불안해지기 시작한다. 당장 용돈이 없어서 불편한 점도 있겠지만, 그보다는 과연 지금과 같은 재정상태로 남은 인생을 편안하게 보낼 수 있을지 걱정이 되어 초조해지기 시작한다. 그래서 엉뚱한 곳에 투자를 해서 그나마 남은 퇴직금마저 몽땅 날리는 일도 생긴다. 회사에 다닐 때는 매달 꼬박꼬박 주는 월급으로 정해진 지출을 하는 식으로 생활을 했는데, 정기적인 월급이 없어졌으니 새로운 수입원을 어디서 찾아야 할지를 고민하게 되는 것은 어쩌면 당연한 일일 것이다. 그렇다고 해서 투자를 하는 것은 위험이 크다. 투자를 해본 경험이 별로 없는 직장 은퇴자의 경우에 퇴직금이나 어렵게 모은 목돈을 잘못 투자해서 몽땅 날리는 사례가 많다.

내가 아는 K는 퇴직을 하고 집에서 아내 눈치를 보면서 '고통의 나날'을 보내다가 사업을 하는 후배를 만났다고 한다. 그때 그 후배가 제안을 해왔다. "선배의 딱한 처지를 생각해서 말씀드리는데, 5천만 원만 내가 운영하는 회사에 투자를 해주면 사무실에 선배가 와있을 자리도 마련해주고, 직책도 갖게 해주고, 월급도 몇백만 원씩 지급해주겠다"는 것이었다. K가 가만히 생각해 보니 5천만 원이라고 해봐야 2년 정도만 월급을 받으면 되찾을 수 있는 정도이므로 손해 볼 일이 별로 없을 것 같았고, 더구나 매일 아침 출근할 곳이 생기면 아내 눈치를 안 봐도 되고 친구를 만날 때 명함을 줄 수도 있겠다 싶었다. 그래서 그 후배의 제안을 수락하고 투자를 했는데, 막상 출근해 보니 회사의 재정상태가 엉망임을 알게 됐다. 하지만 이미 엎질러진 물이었다. 그 회사는 한두 달 월급을 주는 듯하더니 문을 닫았고, K는 결국 아까운 돈 5천만 원만 날리고 말았다. 사실 정상적으로 회사를 다니고 있는 입장이었다면 K가 그렇게 어리석은 판단은 하지 않았을 것이다. 하지만 퇴직을 하고 나서 초조한 마음이 들다 보니 그런 유혹에 어리석게도 넘어가게 된 것이다.

또 건강 문제는 어떤가? 직장에서 중추적인 역할을 하면서 받는 스트레스 때문에 대한민국의 40대 남성이 돌연사하는 경우가 많다는 것은 널리 알려진 사실이다. 직장을 다닐 때는 직장생활이 주는 스트레스 때문에 건강을 해치지만, 퇴직을 하고 나서는 퇴직한 것 자체가 주는 스트레스와 불규칙한 생활 때문에 건강을 해칠 가능성이 높다. 특히 엔지니어의 경우를 보면 공장이나 연구소에 다니며 규칙적인 생활을 하다가 갑자기 할 일이 없어지면 건강이 나빠지는 경우가 많다. 퇴직 후 긴장이 풀어져서 그동안 직장생활을 하는 동안에 축적된 스트레스를 몸이 견디지 못해 병이 날 수도 있다.

등산을 할 때도 올라가는 동안에는 힘이 들기는 하지만 부상을 당하는 경우는 드물다. 긴장을 하고 있기 때문에 그렇기도 하지만, 발이 미끄러져 넘어져도 충격이 크지 않기 때문에 그렇기도 하다. 그러나 내려오다가 발이 미끄러져 넘어지면 체중이 실리면서 상당히 큰 충격을 받게 되고, 심한 경우에는 가속도가 붙어 굴러 떨어지기도 한다. 올라가는 동안에는 발에 힘이 있지만 내려오는 동안에는 발에서 힘이 빠지고 다리가 풀려 넘어지기 쉽다. 직장생활과 퇴직도 마찬가지라고 생각된다. 젊을 때 직장에서 열심히 일하는 동안에는 몸이 좀 아프더라도 주말에 좀 쉬고 나면 거뜬하다. 또 규칙적인 생활을 하고 긴장도 하기 때문에 아프게 될 확률이 낮다. 하지만 퇴직을 할 나이인 50대가 되면 온몸이 그동안 너무 많이 자기를 써먹었다면서 데모를 하기 시작한다. 게다가 불규칙한 습관이 건강을 해치기도 한다. 퇴직한 뒤에는 무리를 할 일도 없고 운동을 할 시간도 많은데 오히려 웬만한 의지력이 없는 한 건강이 나빠질 가능성이 높다. 더구나 먹는 것으로 스트레스를 해결하거나, 밥맛

이 없다 보니 불규칙하게 식사를 하거나, 운동량에 비해 많은 양의 음식을 먹거나 하게 되어 비만해지면서 바로 성인병이 나타나게 된다.

그러다가 심장병 등으로 갑작스럽게 죽게 되는 경우는 그나마 가족에게나 본인에게나 어쩌면 다행일지도 모른다. 암이나 중풍 등으로 병상생활을 오래 하게 되면 너무나 불행한 일이다. 이제는 정말이지 제대로 잘 죽는 것도 큰 복이다. 요즘 유행하는 말대로 '구구팔팔이삼사(9988234)'를 할 수 있다면, 즉 99세까지 팔팔(88)하게 산 다음에 2~3일 앓다가 바로 사(4)망하면 얼마나 좋을까? 내가 공장생활을 하던 1980년대에는 대부분의 선배들이 60세가 넘을 때까지 공장에서 일을 했고, 그러다가 정년퇴직을 하고 나면 불과 몇 년 안에 부고장이 날아왔다. 그때는 그게 너무 불행한 일이라고 생각했는데, 이제는 오히려 그게 부러운 일로 보이니, 이 일을 어이할꼬.

일반적으로 직장에서 퇴직하고 나면 모든 게 다 나빠진다. 재정형편, 건강상태, 주위와의 관계 등 어느 것 하나 저절로 좋아지는 경우가 드물다. 아니, 드문 게 아니고 그런 경우는 없다고 해도 과언이 아니다. 미래에 일어날 일을 정확하게 알 수는 없지만, 그래도 우리가 가장 확실하게 아는 미래의 사실은 '언젠가는 죽는다'는 것과 '지금 다니는 직장에서 언젠가는 퇴직해야 한다'는 것이다. 그런데도 우리는 죽지 않고 영원히 살 것처럼 아등바등하며 살고, 퇴직하지 않고 영원히 직장에 다닐 것처럼 직장에 목을 매달고 산다. 중병에 걸려 병상에 누워서야 비로소 죽음을 실감하듯이 직장에서 퇴출되고서야 비로소 퇴직을 실감한다. 하지만 평소 죽음에 대해 절실하게 생각해야 삶을 충실하게 살 수 있듯이 나도 언젠가는 퇴직해야 한다는 사실을 받아들여야 직장생활과 퇴직 후 생활이 더욱 충실해지지 않을까?

# 나의 은퇴 후 준비는?

땅거미가 어스름하게 깔리던 9월 19일 저녁 6시 30분. 대학 동기 사이인, 갓 마흔에 접어든 남성 셋이 서울 신촌의 한 호프집에서 500cc 잔을 부딪친다.

"사는 게 사는 것 같지 않아. 직장생활 13년째인데 비전은 보이지 않고, 출근길이 어찌나 허망하게 느껴지는지…. 거 왜 있잖아. 작가 김훈이 말한 '밥벌이의 지겨움' 같은…. 모두들 그저 죽지 못해 사는 것 같아."(K 씨)

"예전에 KBS TV '인간극장'에 나왔던, 산골로 간 젊은 부부 기억나? 무주였던가? 어쨌든 그 사람들 사는 모습 참 보기 좋더라. 부러웠어. 그때 제목이 '이보다 더 좋을 순 없다'였지 아마? 내가 바라는 미래를 현시점에서 살아가는 그들이 너무 멋져 보였어. 난 언제쯤 그렇게 살아보나?"(또 다른 K 씨)

"웰빙(참살이) 웰빙 하고 떠드는데, 고기와 패스트푸드 대신 생선이랑 유기농 식품 먹는다고 삶이 크게 달라지냐? 만날 야근과 격무에 시달리는데, 대체 뭐가 진정한 웰빙인지, 원! 직장도 조만간 지방으로 옮겨간다는데 이참에 확 때려치

워? 아, 각박한 사회의 틀을 벗어나고 싶다. 윤시내의 노래도 있잖아, '벗어나고 푸아~'. 그런데 갑자기 가족들 얼굴이 삼삼해지네."(P 씨)

시간은 흐르고… 빈 잔은 점점 쌓여만 간다.

우리 시대, 대부분의 사람들은 꿈꾼다. '나'는 누구이며, 무엇을 위해 살아가고 있는지 명확히 깨닫는 삶, 하여 웬만한 역경엔 굴하지도 않는 삶을. 그러나 '어떻게?'라는 반문에 "삶을 재발견했다"고 답할 이들은 그리 많지 않다.

위 글은 은퇴 후를 걱정하지만 실제로는 구체적인 대비를 할 수 없다고 자포자기하는 직장인들의 적나라한 모습을 그린 〈주간동아〉 김진수 기자의 기사를 옮겨본 것이다. 2006년 10월에 '나는 꿈꾼다, 인생 2막 재발견을'이라는 제목으로 〈주간동아〉에 실린 기사다. 이 기사에 등장하는 세 사람처럼 누구나 40대에 접어들면 벌써 은퇴 후를 걱정해야 하는 시대가 됐다. 이제는 직장에서 60세까지 걱정 없이 일할 수 있다고 생각하는 사람은 없다. 사실 40대에 은퇴 후를 걱정해야 하는 것이 슬프기도 하지만, 어떻게 보면 일찍부터 노후를 걱정하는 것이 나쁠 것도 없다. 아니, 오히려 미리 준비할 시간을 갖는 것이 여러 모로 유리하다. 문제는 아무리 미리 걱정한다 해도 뾰쪽한 방법이 없다는 데 있다. 기껏해야 저축이나 보험을 들어 노후자금을 준비하는 정도가 대부분이다.

40대야 지금부터 은퇴 후를 준비하면 된다고 하지만, 갑자기 은퇴를 맞은 베이비붐 세대는 아득하기만 하다. 베이비붐 세대에게 선배가 되는 세대는 열심히 직장생활을 하면 노후걱정은 별로 할 게 없었다. 대부분은 정년이 길어 경제활동을 길게 할 수 있었던데다가 수명이 짧아서 은퇴 후 가족에게 경제적인 부담이 되기 전에 저 세상으로 갔으니 말이다. 하지만 지금은 직장에서 은퇴는 빨리 하게 되는데 은퇴 후에 살아갈 날은 아득하게 많이 남아서 여러 가지 문제가 생기고 있다. 예를 들어 과거에는 60세까지 직장생활을 한 다음에 4~5년 정도 덤으로 살다 보면 저 세상으로 갔다. 하지만 지금은 어떤가? 55세에 은퇴를 한다고 하면 25세부터 55세까지 30년간 직장생활을 하게 되고, 이어 80세까지 산다고 치면 55세부터 80세까지 25년 동안이나 은퇴 후 생활을 해야 한다.

이제 은퇴를 맞이하고 있는 베이비붐 세대의 고민을 가중시키는 것이 있는데 그것은 참고할 사례가 별로 없다는 점이다. 정부는 국민연금을 비롯한 통상적인 제도 몇 가지를 시행하는 정도에 그칠 뿐이다. 그래서 은퇴 후 문제는 거의 전적으로 개인들이 각자 알아서 해결해야 하는 실정이다. 우리보다 일찍 은퇴 문제를 겪은 일본의 단카이 세대가 있긴 하지만, 그들이 우리에게 직접적인 참고사례가 되지는 않는다. 더욱 심각한 문제는 개인들이 각자 은퇴 후 문제를 걱정하고는 있지만 구체적인 준비는 제대로 하지 못하고 있다는 점이다. 그렇다면 그 실상은 어떠할까?

한국의 직장인들이 노후준비를 어느 정도 하고 있는가를 살펴본 〈매일경제신문〉의 기사(2008년 04월 02일)를 보자. 〈매일경제신문〉은 농협중앙회, 삼성경제연구소와의 공동기획으로 노후준비 상황을 점수화해 평가해볼 수 있게 해주는 '노후준비 자가진단 카드'를 만들었다. 이 기사와 '노후준비 자가진단 카드'의 내용을 들여다보자.

객관적인 비교를 위해 중견기업 웅진코웨이 직원 100명에게 이 설문을 실시해 보니 평균점수는 50.8점에 그쳤다. 80점 이상이면 훌륭하게 노후준비를 하고 있는 것이고 50점 이하라면 각성이 필요한 상황이라는 점을 감안하면 일반적인 직장인들은 노후준비를 소홀히 하고 있음을 보여주는 결과라고 볼 수 있다. 더 큰 문제는 많은 사람이 노후를 준비할 필요성에 대해 인식은 하고 있지만 실천이 따르지 않고 있다는 점이다. 특히 대다수가 노후준비를 재테크 측면에서만 접근하고 있다는 점이 더욱 심각한 문제다.

이렇게 노후 준비를 재테크와 동일시하는 사고는 아마도 보험회사를 비롯한 금융기관들의 마케팅 전략에 기인한 바가 크다고 생각한다. 즉 은퇴 후 최소 필요자금이 얼마라는 등의 위협을 가해서 은퇴를 준비하는 사람들의 돈을 끌어 모으려는 금융기관들의 상술이 작용한 것이다. 물론 노후에 돈이 절대적으로 필요한 것은 사실이지만, 젊을 때 쌓아 놓은 돈을 노후에 조금씩 빼서 쓴다는 사고방식보다는 노후에도 일하면서 지속적으로 돈도 벌고 삶의 보람도 찾는 것이 중요하다는 사고방식을 갖는 것이 좋다고 생각한다. 왜냐하면 이제는 은퇴 후 노후가 단순히 벌어놓은 돈을 까먹으면서 소일하는 기간이 아니기 때문이다. 물론 과거에는 은퇴 후 사망까지의 기간이 짧아서 그 기간을 휴식기간으로 생각하고 돈만 있으면 별 문제가 없다고 생각할 수도 있었다. 하지만 이제는 그렇게 벌어놓은 돈 빼 쓰면서 놀고먹기에는 은퇴 후 사망까지의 기간이 너무 길다는 것이 문제다.

---

**여러분의 노후준비는 몇 점입니까?**

**1. 건강**

(1) 운동을 얼마나 자주 하십니까?

  ① 전혀 하지 않는다 – 0점

  ② 주 1~2회 – 3점

  ③ 주 3회 이상 꾸준히 – 5점

(2) 종합 건강검진을 얼마나 자주 받습니까?

  ① 전혀 받지 않는다 – 0점

  ② 2~3년에 한 번 – 3점

  ③ 매년 받는다 – 5점

(3) 건강보조식품을 복용합니까?

---

① 전혀 먹지 않는다 – 0점

② 간헐적으로 먹는다 – 3점

③ 매일 꾸준히 복용한다 – 5점

(4) 흡연을 합니까?

① 하루 한 갑 이상 – 0점

② 하루 반 갑 이하 – 3점

③ 피우지 않는다 – 5점

(5) 스트레스를 얼마나 받습니까?

① 매우 심하게 받는 편이다 – 0점

② 자주 받지만 잘 다스리는 편이다 – 3점

③ 거의 받지 않는다 – 5점

## 2. 관계

(1) 배우자와의 관계는 어떻습니까?

① 없다. 사이가 좋지 않다 – 0점

② 그저 그렇다 – 3점

③ 매우 좋다 – 5점

(2) 자녀가 있습니까?

① 없다 – 0점

② 1명 – 3점

③ 2명 이상 – 5점

(3) 은퇴 후 교류할 만한 친구는 몇 명?

① 없다 – 0점

② 5명 미만 – 3점

③ 5명 이상 – 5점

(4) 정기적으로 참석하는 모임이 있습니까?

① 없다 – 0점

② 1개 – 3점

③ 2개 이상 – 5점

## 3. 경제

(1) 노후를 위해 저축·투자를 합니까?

① 하지 않는다 – 0점

② 5% 미만 – 1점

③ 5~9% – 2점

④ 10~14% – 3점

⑤ 15~19% – 4점

⑥ 20% 이상 – 5점

(2) 부동산을 보유하고 있습니까?

① 없다 – 0점

② 1억 원 미만 – 1점

③ 1억 원 이상, 3억 원 미만 – 2점

④ 3억 원 이상, 5억 원 미만 – 3점

⑤ 5억 원 이상, 10억 원 미만 – 4점

⑥ 10억 원 이상 – 5점

(3) 금융자산은 얼마나 보유하고 있습니까?

① 없다 – 0점

② 2천만 원 미만 – 1점

③ 2천만 원 이상, 3천만 원 미만 – 2점

④ 3천만 원 이상, 5천만 원 미만 – 3점

⑤ 5천만 원 이상, 1억 원 미만 – 4점

⑥ 1억 원 이상 – 5점

(4) 은퇴 후 예상 월소득(연금 포함)은?

① 없다 – 0점

② 100만 원 미만 – 1점

③ 100만 원 이상, 200만 원 미만 – 2점

④ 200만 원 이상, 300만 원 미만 – 3점

⑤ 300만 원 이상, 400만 원 미만 – 4점

⑥ 400만 원 이상 – 5점

(5) 퇴직금은 어느 정도로 예상합니까?

① 없다 – 0점

② 3천만 원 미만 – 1점

③ 3천만 원 이상, 5천만 원 미만 – 2점

④ 5천만 원 이상, 7천만 원 미만 – 3점

⑤ 7천만 원 이상, 1억 원 미만 – 4점

⑥ 1억 원 이상 – 5점

(6) 60세 이후에도 일자리를 유지할 자신은 있습니까?

① 없다 – 0점

② 있다 – 5점

## 4. 여가활동

(1) 취미활동은 몇 가지 정도 합니까?

① 없다 – 0점

② 1~2개 – 3점

③ 3개 이상 – 5점

(2) 자기계발 노력은 하고 있습니까?

① 하지 않는다 – 0점

② 1~2가지 – 3점

③ 3가지 이상 – 5점

(3) 여행은 얼마나 자주 합니까?

① 하지 않는다 – 0점

② 연 5회 미만 – 3점

③ 연 5회 이상 – 5점

(4) 종교활동은 합니까?

① 하지 않는다 – 0점

② 주 1회 – 3점

③ 주 2회 이상 – 5점

(5) 봉사활동은 합니까?

① 하지 않는다 – 0점

② 월 1회 – 3점

③ 월 2회 이상 – 5점

◆ *50점 미만: 당장 시작하지 않으면 위험*
◆ *51~70점: 안심하긴 일러*
◆ *81점 이상: 훌륭한 노후준비*
◆ *50~60점: 크게 부족*
◆ *71~80점: 부족한 항목만 보완*

이런 문제점은 '멋진 노년 시대를 열자'라는 제목의 〈매일경제신문〉 기획기사 가운데 하나인 '행복한 노후 제1 조건은 많은 돈보다 일거리'라는 기사(김성회 기자 등, 2008년 4월 3일)에도 잘 나타나 있다. 기사의 내용 가운데 일부를 발췌해 소개한다.

### 행복한 노후 제1 조건은 많은 돈보다 일거리

행복한 노후를 위한 조건 1순위는 '직업'으로 나타났다.

〈매일경제〉가 옛 조흥은행 지점장 출신 퇴직자 40명의 은퇴 후 삶을 추적해 분석한 결과다. 조사에 응한 퇴직자들은 1942~44년생으로, 고도 경제성장기 직전

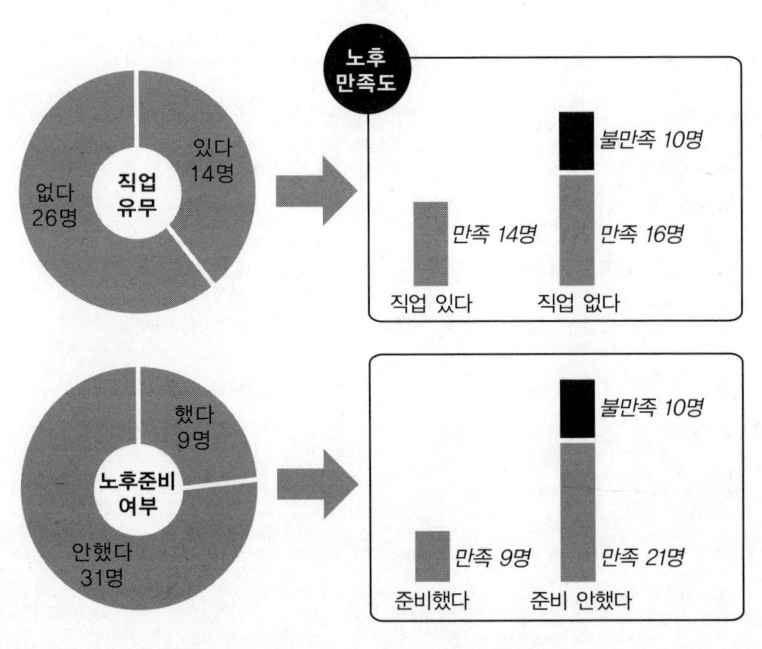


▌조흥은행 은퇴한 지점장 40명 분석

인 1960년대 후반 입행해 외환위기를 거치며 명예퇴직한 이들이 대부분이다. 응답자 중 현재 직업을 갖고 있다고 응답한 인원은 전체의 35퍼센트인 14명이었고, 등산을 하거나 친구를 만나면서 여가를 보내고 있다고 답한 사람은 26명이었다. 경제활동 중인 응답자의 직업은 개인회사 운영(4명)과 자영업(4명)이 가장 많았고 농림업(2명), 회사원(2명), 교수(1명), 일용직(1명) 순이었다. 재직 중 노후를 준비했다고 응답한 사람은 전체의 22.5퍼센트인 9명에 불과했다.

"은퇴 후 삶에 만족한다"고 답한 사람은 40명 중 30명에 달했다. 은퇴 후 삶에 만족한다는 사람의 비율이 높은 것은 정년에 근접하게 직장생활을 했고, 퇴직 시에도 수억 원대 퇴직금을 받아 은퇴 후에도 비교적 경제사정이 좋았기 때문으로 해석된다. 은퇴 후 삶에 만족한다는 비율은 직업 유무에 따라 큰 차이를 보였다. "현재 직업을 갖고 있다"고 응답한 14명은 모두 "은퇴 후 삶에 만족한다"고 한 반면 "직업이 없다"고 응답한 사람 중 "은퇴 후 삶에 만족한다"고 한 사람은 16명에 그쳤다. 일하는지 여부가 은퇴 후 삶의 질에 결정적인 영향력을 행사하는 셈이다. 이 같은 사실은 "직업을 갖고 있다"고 응답한 사람들의 말에서도 잘 드러난다.

하지만 은퇴 후에 일자리를 찾기란 쉽지가 않다. 아래에 소개하는 '고달픈 '워킹실버' 노인 취업자 300만 명 시대'라는 제목의 〈동아일보〉 기사(2010년 7월 31일)를 참고해 은퇴 후 일자리 문제를 살펴보자.

일하는 60세 이상 노인, 이른바 '워킹실버(Working Silver)'가 매년 큰 폭으로 늘면서 300만 명에 육박하고 있다. 지난달 노인 취업자 수는 297만 2000명으로 통계청이 관련 데이터를 조사한 1999년 6월 이후 사상 최대다. 고용률은 39.1퍼센트. 노인 5명 중 2명이 일하는 셈이다. 65세 노인 10명 중 1명 정도가

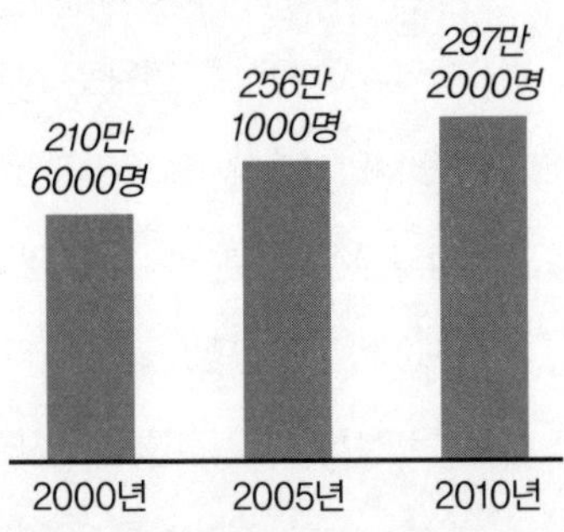



**▮60세 이상 노인 취업자 수 추이(자료: 통계청, 매년 6월 기준)**

일하는 경제협력개발기구(OECD) 평균과 비교하면 한국은 워킹실버 수가 선진국보다 3~4배 많다.

이들은 노후준비가 부족해 경비원, 택시운전사, 택배원, 미화원 등 이른바 블루칼라 일을 하는 노인이 대부분이다. 하지만 '액티브 에이징(Active Aging, 활기찬 노후)' 흐름을 타고 경제적인 이유와 상관없이 일을 하는 선진국형 워킹실버도 빠르게 늘고 있다.

〈동아일보〉가 심층 인터뷰를 한 24명의 일하는 노인 중 전문직으로 분류될 수 있는 사람은 보험설계사 1명, 요양원 모니터링 요원 1명 등 5명뿐이었다. 대부분 청소, 베이비시터, 아파트 경비원 등 블루칼라 직종에 근무한다. 이 때문에 노인들은 열심히 일해도 생활은 빠듯한 편이다. OECD에 따르면 2008년 한국의 65세 이상 소득빈곤율(소득이 중위소득의 절반 이하인 비율)은 45퍼센트로 OECD 회원국 중 가장 높다. 일을 그만두는 연령도 OECD 평균(63.5세)에 비해 한국은 69.6세로 늦었다.

정부 차원에서도 은퇴자는 늘어나는 반면에 청년층 인구는 감소하면서 기존의 국민연금 등에 기반을 둔 노후생활보장 제도에 대한 고민이 깊어지고 있는 실정이다. 노인층에게 알맞은 일자리를 충분히 제공하면 노인층의 수입을 증대시킴으로써 국민연금과 국가재정의 지출이 억제되고 개인들이 나이 들어서도 일을 하며 삶의 의욕을 되찾고 노후의 무료함을 달랠 수 있게 된다.

노인들에게 일자리를 제공하는 가장 좋은 방법은 은퇴 이전에 갖고 있던 일자리를 은퇴 후에도 계속할 수 있게 해주는 것이다. 노인들은 새로운 직업을 찾아 헤매는 수고를 덜 수 있고 국가적으로는 숙련된 인력을 활용할 수 있으니 일거양득이기 때문이다. 노인의 일자리에 대한 이러한 개념은 한국보다 일찍 고령화 문제를 맞은 미국, 일본, 유럽에서 적극적으로 제도화되고 있다. 미국과 일본에서 베이비붐 세대의 은퇴에 어떻게 대응하고 있는지를 다룬 〈매일경제신문〉 기사 '베이비부머 은퇴 쇼크…나라별 대응방식 제각각' (2010년 2월 2일, 손일선 기자 외)을 읽어보자.

미국은 1986년 '연령차별금지법'을 개정해 정년 제도를 폐지했고 채용, 승진, 급여 등에서 나이 차별을 금지했다. 이를 통해 미국은 60세 이후에도 오랫동안 직업을 가질 수 있는 여건을 갖췄다. 이에 따라 2009년 기준으로 공식 은퇴연령이 미국인은 65.8세로 한국인보다 8세 가까이 늦다. 특별한 일이 없는 한 정년이 8년 가까이 연장되는 것이다.

일본 정부는 2004년 고령자고용안정법을 개정해 '60세 정년 의무화'를 규정해 2006년 4월부터 시행 중이다. 이와 함께 고령자를 고용하는 기업에는 1인당 지원금 월 5만~7만 엔과 다양한 세제혜택을 주겠다고 발표했다. 더 나아가 일본 기업들은 현재 △65세까지 정년 연장 △정년제 임의선택(종업원이 정년 시기를 선택) △계속고용제도(퇴직 후 재고용이나 근무연장 제도) 중 한 가지를 도입해 운영 중이다.

일본 금속제조업체인 지요다코교의 경우 60세가 종업원의 정년이지만 본인이 원하면 최장 70세까지 일할 수 있다. 이 회사 사원 중 11명이 60세 이상이며 최고령자는 71세다. 일본 야마나시 현에서는 2005년부터 '할머니·할아버지 파견 사업'을 실시하고 있다. 시내 아동센터나 보육원 등에 노인 선생님을 보내주는 사업인데, 노인 40~50명 정도가 이 제도에 등록해 '일자리·봉사'의 두 마리 토끼를 잡고 있다.

'2007년 일본 고령사회 백서'에 따르면 일본의 65~69세 인구 중 49.5퍼센트가 취업상태에 있다. 이에 비해 지난해 우리 통계청이 집계한 고령자 통계에 따르면 한국은 65세 이상 인구 중 경제활동에 참여하고 있는 비율이 30.5퍼센트에 그친다. 그나마 노인 취업자 중 절반 정도는 농림어업에 종사하고 있으며 임금근로자 비율은 취업자 중 30.9퍼센트에 그친다. 고용여건의 차이는 소득구조에도 영향을 미친다. 일본 노인들은 총소득 중 20퍼센트 정도를 근로소득으로 벌지만, 한국의 경우 근로소득이 노인의 소득에서 차지하는 비중이 9.9퍼센트에 불과하다. 한국 노인 중 57.5퍼센트가 취업을 희망하고 있으며, 이들이 일자리를 찾는 주된 이유는 생활비 때문이다. 이에 비해 일본 노인은 건강 유지나 지식·경험 활용 차원에서 취업을 희망하는 비율이 높다.

한국 정부도 뒤늦게 노년층에게 일자리를 제공하기 위한 다양한 시책을 마련하기 시작했다. 그중 한 가지가 2009년 3월 22일부터 시행된 연령차별금지법이다. 하지만 아직은 기업들의 적극적인 호응이 뒤따르지 않아 이 법이 노인층의 일자리를 창출하는 데는 큰 역할을 하지 못하고 있는 상황이다. 정부는 그 밖에도 대기업이나 대학, 국립연구소 등에 근무하던 연구개발 인력을 중소기업에 보내 기술지도를 하게 하는 사업에 지원금을 배정하는 정책이라든가 저임금 노년층을 대상으로 공공근로 사업을 펴는 등의 대책을 강구하고 있지만, 이런 대책은 생색을 내는 정도에 그치고 있다는 평가를 듣고 있다. 가장 큰 효과를 낼 것으로 보이는 정년 연장을 위한 임금피크 제도의 법제화에 대해서는 정부가 청년실업 문제를 거론하며 소극적인 태도를 보이고 있다.

은퇴 후 또는 인생 후반기에 대한 준비는 개인적으로나 정부 차원에서나 그 필요성만 인정할 뿐 실제로는 별다른 대책을 마련하지 못하고 있는 실정이다. 당신의 인생 후반부 준비는 어떠한가? 제대로 잘 준비하고 있다면 다행이다. 하지만 준비를 하지 못하고 있다면 이제부터라도 같이 본격적으로 고민해봐야 할 문제다. 정부도 해결책을 내놓지 못하고 우리도 개인적으로 해결책을 마련하지 못하고 있다면 은퇴를 맞이하는 당사자인 우리가 다 함께 힘을 합쳐서 해결책을 찾아보는 것이 어떨까? 다만 이제까지의 사고방식을 버리고 새로운 관점을 가져야만 해결책이 마련될 것으로 보이니 그 과정이 쉽지는 않겠지만, 멋진 해결책을 반드시 찾을 수 있다고 나는 생각한다.

# 도시에서 은퇴생활 하기

요즘 동네에서 폐지를 모으거나 지하철에서 신문을 수거하는 사람들이 늘어나고 있다. 나는 그들을 보면서 두 가지를 느낀다.

한 가지는 나이가 들어서도 그렇게 열심히 살려고 하는 사람들이 존경스럽다는 느낌이다. 남의 눈을 의식하지 않고 폐지와 재활용품을 모아 리어카에 싣고 가는 그들을 보노라면 인생의 소중함을 알려주는 것 같아 숙연한 마음까지 든다. 그런데 요즘에는 폐지와 재활용품을 모으는 사람들이 너무 많아져서 하루 종일 그렇게 힘들게 일해도 손에 들어오는 돈은 몇 푼 안 된다고 한다. 그래도 나이 들어서도 자신의 몸을 움직여 돈을 벌려고 애를 쓰고 있으니 얼마나 장하고 훌륭한 일인가? 그들의 자세한 생활사정은 모르겠지만, 아무튼 적은 액수의 수입이라도 올릴 수 있고 또 몸을 움직여 일하는 것이 건강에도 도움이 되지 않을까 하는 생각을 막연히 해본다.

또 한 가지는 나이가 들어서도 저렇게 열심히 일을 하려고 노력하고 있고 열성도 있는데 왜 이 사회는 그들에게 합당한 일자리 하나 제공해주지 못하는가 하는 안쓰러운 마음이다. 나이가 들어 더 이상 일을 하고 싶지 않다는 사람이야 문제가 될 게 없겠지만, 일을 하고 싶고 일을 할 능력도 있는 사람에게 왜 일을 할 기회가 주어지지 않느냐는 것이다. 그런데 이것은 기업 중심으로 돌아가는 도시의 근본적인 문제와 관련이 있다고 생각된다. 그래도 정부는 공공근로 사업으로든 저소득 가정에 대한 보조로든 나이든 사람들에게도 일자리를 제공하기 위한 정책을 실행할 수 있겠지만, 수익이 우선인 기업의 입장에서는 임금은 많이 줘야 하는데 동작은 느린 나이든 사람들을 환영하지 않는 것이 어쩌면 당연한 일일 것이다. 하긴 요즘은 직장에서 은퇴하고 새로운 일을 배우기보다는 오래 해온 업무를 활용할 기회를 잡을 수 있다면 낮은 임금도 감수하겠다는 의식이 점점 더 퍼지고 있다. 그런가 하면 젊은 인력을 구하기 힘들거나 직원의 이직이 잦은 중소기업들에서 숙련된 은퇴인력을 활용하려는 움직임이 일어나고 있어서 다행이다.

아무튼 직장에서 은퇴할 때 자신이 일하던 분야와 같거나 유사한 분야에서 일자리를 새로 구할 수 있다면 가장 이상적일 것이다. 그래서 임금피크제를 통해 정년 이후에도 같은 분야에서 일을 할 수 있도록 하자는 논의가 우리 사회에서 활발하게 이루어지고 있는 것이다. 특히 구인난에 시달리는 중소기업의 입장에서는 정년이 지난 숙련된 인력을 낮은 임금으로 쓸 수 있다면 마다할 이유가 없을 것이다. 문제는 그렇게 재활용되는 인력이 전체 은퇴인력 가운데 몇 퍼센트나 되겠느냐는 것이다. 이런 방법은 극히 일부에 불과한 기술자들의 은퇴 후 일자리 문제는 해결할 수 있을지 모르지만 대부분의 일반 근로자들에게는 별로 해당이 안 된다. 또한 기술자들도 늙어 죽을 때까지 그런 일을 계속 할 수는 없다는 문제가 있다.

따라서 길게 내다보면 나이에 맞는 일을 찾는 게 바람직하다고 할 수 있다. 사실 그래서 많은 경우 자신의 일하던 분야와는 전혀 다른 분야에서 일거리를 찾게 된다. 이렇게 할 때에는 미리 별도의 훈련이나 교육을 받거나 자신의 평소 취미나 특기를 살리는 것이 바람직하다. 자신이 좋아하면서 잘할 수도 있는 분야에서 새로운 일을 찾을 수만 있다면 은퇴가 오히려 그런 일을 하면서 삶의 보람을 되찾게 해주는 좋은 계기가 될 수도 있다. 자신이 좋아하지만 돈벌이가 되지 않아 하지 못했던 일이나 시대적으로 각광을 받지 못하는 분야의 일이어서 하지 않았던 일을 은퇴 후에 비로소 마음 놓고 할 수 있게 된다면 얼마나 신이 나겠는가.

〈매일경제신문〉 2008년 7월 25일치에 '출근길이 가장 행복한 '그림 읽어주는 남자'' 라는 제목의 기사로 소개된 강효주 필립강갤러리 대표가 좋은 예다. 이 기사의 일부를 약간 손질해 옮겨보면 다음과 같다.

강효주 대표는 원래 잘나가던 은행원이었다. 1974년 보람은행에 입사해 28년 동안 은행원으로 성공적인 생활을 하다가 2001년 51세 때 직장을 떠나기로 마음먹었다고 한다. 하지만 그가 은행 일과는 전혀 다른 분야인 미술 분야에서 성공한 이유는 평소에 자신의 취미를 파악하고 많은 노력을 기울여온 결과다. 그는 평소 미술에 대한 애정이 각별했던 탓에 전문가 못지않은 지식과 안목을 갖고 있었고 관련 서적과 자료도 많이 수집했는데 이런 것들을 활용해 미술에 대한 글을 쓰거나 강의를 하는 게 그의 계획이었다고 한다. 강 대표는 학창시절부터 유달리 미술에 관심이 많았다. 대학(연세대 행정학과) 때부터 전시장을 자주 찾았고, 취직 후에는 본격적으로 전시장을 다니며 보았다. 서울 시내에서 열리는 전시회란 전시회는 죄다 가볼 정도였다. 주말에는 하루 수십 군데의 화랑과 미술관을 찾아다녔고, 시간을 내기 힘든 평일에는 점심약속을 직장과 가까운 인사동에 잡고 식사 후 차를 마시는 대신 화랑에 들렀다. 전시회를 볼 시간을 빼앗기기 싫어 골프를 안 칠 정도였다니 그 열정이 대단하지 않은가.

이렇게 발로 뛰면서 안목을 기르다 보니 체계적인 지식에 대한 욕구가 생겼다. 도록과 잡지들을 모으고 책을 사서 보기 시작했다. 서점과 청계천 헌책방을 뒤져가며 미술서적을 모조리 구입해서 읽었고, 해외출장 때에는 외국의 미술책을 사오는 것을 낙으로 삼았다. 월급을 쪼개 마음에 드는 작품도 샀다. 이렇게 공부를 하다 보니 엄청난 자료가 쌓였다. 지금까지 그가 모은 자료를 보관하고 있는 보관실의 규모는 웬만한 갤러리의 몇 배나 된다. 자연스레 미술계 인사들과 교류하는 일도 늘었다. 오랜 세월 동안 취미생활로 쌓아온 그의 예술적 안목과 탁월한 지식은 그를 미술계의 유명인사로 만들었다. 지인들의 권유로 몇몇 신문과 잡지에 미술평론을 기고했고, 그 글들이 화제가 되면서 또 다른 원고 청탁이 이어졌다. 이 과정에서 강 대표는 '미술평론가'라는 타이틀을 자연스레 갖게 됐다. 광운대, 단국대 등의 대학 강단에도 섰다. 필립강갤러리는 2004년에 문을 열었다.

"아침에 출근해 화랑 문을 들어설 때 가장 행복해요. 내가 사랑하는 작품들을 만나는 시간이니까요. 음악을 조용히 틀어놓고 커피 한 잔 하면서 작품들과 인사를 하고 대화를 나누는 즐거움이란…. 좋아하는 일을 직업으로 삼을 수 있다는 것이 얼마나 큰 축복인지 몰라요."

강 대표는 현재 명망 있는 미술인이다. 화랑 대표, 미술평론가, 한국예술경영학회 회장, 한국국제아트페어 운영위원 등 그가 맡아온 미술 관련 직책만도 30여 개에 달한다. 그가 운영하고 있는 필립강갤러리는 작가들에게는 자신의 작품세계를 알리는 발표의 장으로, 미술 애호가들에게는 진정한 예술을 접할 수 있는 공간으로 자리 잡고 있다.


강효주 대표와 같이 인생 후반부에 자신이 좋아하는 일을 찾아서 그 일을 하며 사는 경우는 아주 드물다. 대부분의 경우는 인생 후반부에 일을 하더라도 그 전에 했던 일이나 자신이 좋아하는 일과는 무관한 블루칼라 업종에 종사한다. '고달픈 '워킹실버' 노인 취업자 300만 명 시대'라는 제목으로 〈동아일보〉 2010년 7월 31일치에 실린 기사는 고달픈 워킹실버의 사례 몇 가지를 소개했다.

**(사례 1)**

35년간 중학교 음악교사로 일하다 교감으로 명예퇴직한 최모 씨(62·여)는 현재 서울 송파구의 한 주상복합아파트에서 7개월 된 남자아이의 베이비시터로 일하고 있다. 하루 7시간씩 주 5일 근무하고 한 달에 90만 원을 받는다.

교사로 평생을 보낸 최 씨가 처음부터 이 일을 하려고 했던 것은 아니다. 하지만 대형 건설사 직원이었던 남편이 1997년 외환위기 직후 명예퇴직을 당했고 설상가상으로 고혈압으로 쓰러졌다. 당장 목돈이 필요했다. 2002년 명예퇴직을 하며 연금 대신 일시금으로 3억 4000만 원을 받아 남편 치료비를 충당했다. 퇴직금 일부를 떼어 서울 강남에서 노래방 사업도 시작했지만 대신 앉힌 '바지사장'이 수입을 중간에서 가로채면서 3년 만에 문을 닫았다. 그 이후 구립도서관 행정 아르바이트, 사설 어린이집 교사 등의 일자리를 찾았다. 하지만 나이가 많아 번번이 거절당했다. 결국 정착한 곳이 베이비시터. 월 90만 원의 수입으론 남편 치료비와 대학을 졸업하고 연기공부 중인 딸(27) 등 세 식구의 생활비를 대기도 벅차다. 그는 "그래도 이 일이라도 할 수 있어 다행"이라고 말했다.

**(사례 2)**

유기영 씨(66)는 직업군인과 대기업 인사 담당자로 30년을 일한 뒤 1997년 외환위기 때 명예퇴직했다. 한창 일할 50대 중반에 갑자기 퇴직하니 멍해지고 우울증이 찾아왔다. 온몸이 특별한 이유 없이 두드려 맞은 것처럼 아파 약까지 먹었다. '일'이 필요했다. 2006년 6월, 10년 가까운 백수생활에 마침표를 찍고 서울 서초구 서초동에 있는 법무사 사무실로 출근했다. 하루 동안 배달해야 할 서류를 배정받아 택배 일을 한다. 보수는 월 100만 원 정도. 유 씨는 "규칙적인 생활을 할 뿐 아니라 대중교통을 이용하면서 많이 걷다 보니 훨씬 건강해졌다"며 만족해했다.

**(사례 3)**

대한생명의 전체 보험설계사 2만 2140명 중 373명이 60세 이상이다. 주부였다가 외환위기 때 대한생명 보험설계사를 시작한 이향자 씨(60 · 여)는 "사무실에 70세가 넘는 분도 있다"며 "이제 60대는 '할머니' 축에도 못 낀다"고 말했다. 서울 강북구 수유동의 한일택시는 전체 300명의 운전사 중 10퍼센트가 넘는 40명이 60대 이상이다. 그 비율은 매년 커지고 있다.

인생 후반부에 일을 하는 목적이 금전적인 수입이 아닌 경우도 있을 것이다. 하고 싶은 일을 하면서 수입도 올리는 경우도 있을 것이고, 일을 하는 것 자체가 좋아서 수입과 무관하게 일을 찾아 하는 경우도 있을 것이다. 우리가 일을 하는 목적은 수입을 올리는 데도 있지만, 일을 통해 사회에 기여함으로써 자기 나름대로 삶의 가치를 실현하는 데도 있다. 젊을 때에는 당연히 수입을 올리는 것이 일을 하는 목적에서 차지하는 비중이 높겠지만, 인생 후반부에는 그보다는 삶의 가치를 실현하는 데 더 큰 비중을 둘 수 있으면 좋을 것이다. 따라서 '돈 걱정 없는 노후생활' 이라는 말도 단순히 노후에 놀고먹을 수 있다는 의미에 머무는 것으로 여기지 말고, 수입을 고려하지 않고 하고 싶은 일을 하면서 삶의 가치를 실현한다는 의미도 갖는다고 생각하는 게 좋을 것 같다. 노는 것도 열심히 일을 하다가 쉬는 데 의미가 있는 것이지, 일은 하지 않고 마냥 놀기만 해야 한다면 그것만큼 큰 고역이 어디 있겠는가.

은퇴 후에 자신이 주로 해오던 업무와 연관된 일을 계속 하게 되든, 새로이 자신이 원하는 일을 찾아 하게 되든 은퇴 후에도 도시에서 계속 살기란 상당히 힘들 것이 분명하다. 기존의 업무와 연관된 일을 계속 하기 위해 직위와 자존심을 버리고 임금도 적게 받는 것까지야 감당할 수 있겠지만, 그런 조건에서도 그런 일을 계속 할 수 있으리라는 보장이 없는 것이 문제다. 새로운 일을 찾아 하는 것도 만만치 않게 어려운 일이다. 자신이 좋아하는 일을 하면서 수입도 올릴 수 있는 일을 하려면 직장생활을 하는 틈틈이 오랫동안 철저한 준비를 해야 하는데, 그게 그렇게 쉬운 일인가? 잘못 했다가는 그나마 모아둔 노후자금까지 날리는 우를 범할 수 있다. 자원봉사와 취미생활로 그나마 삶의 활력을 어느 정도는 찾을 수 있다고 하더라도, 도시에서 은퇴생활을 하려면 정도의 차이는 있겠지만 결국은 퇴물 취급을 받으며 살 수밖에 없다. 도시생활 자체가 은퇴한 사람에게는 맞지 않는다고 보면 틀림없을 것이다. 왜냐하면 도시는 젊은이들을 위해, 또 젊은이들에 의해 움직이도록 돼있기 때문이다.

얼마 전에 일이 있어서 춘천에 갔다가 돌아올 때 새로 개통된 경춘선 전철을 타려고 하다가 결국은 포기하고 버스를 타고 서울로 돌아온 적이 있다. 전철을 무료로 탈 수 있는 65세 이상 노인들이 너무 많아 도저히 탈 수가 없었기 때문이다. 그때 나는 그런 상황이 움직일 수는 있지만 할 일은 없는 나이든 사람들이 그만큼 많다는 뜻일 거라고 생각해보았다. 전에 전철이 온양까지 연결되면서 무료로 전철을 탈 수 있는 노인들이 아침에 온양으로 가서 온천욕을 하며 놀다가 저녁에 서울로 오는 경우가 많다는 이야기를 들었지만 그냥 그런가보다 했을 뿐인데, 경춘선 전철을 타는 노인들을 보고서야 비로소 그 말을 실감할 수 있었다. 나는 65세 이상 노인들에게 전철을 무료로 탈 수 있게 해준 것은 정부가 잘한 일 중의 하나라고 생각한다.

하지만 정부나 사회가 나이든 사람들의 문제를 도맡아 해결해 주리라고 생각하기는 어렵다. 정부나 사회가 나이든 사람들에게 해줄 수 있는 일은 고

작해야 전철을 무료로 타게 해주는 정도일 것이다. 도시생활 위주로 돌아가는 이 사회에서 나이든 사람들이 일거리를 찾고 생존을 해나가기가 너무나 힘들다. 가장 좋은 해결책은 나이든 사람들끼리 농촌에서 자족하는 공동체를 만들어 스스로 일거리를 만들어내고 자존감을 찾는 것이라고 나는 생각한다. 나이든 사람들이 스스로 힘을 합쳐 자신들의 문제를 스스로 해결하려는 공동체가 바로 행복공동체다.

# 귀농·귀촌을 택하는 사람들

도시에서 직장생활에 시달리는 샐러리맨들이 흔히 하는 말이 "에이, 안 되면 시골에 가서 농사나 짓지 뭐"다. 정말로 힘들어하고 괴로워하는 나를 아무도 이해해주지 못해도 어머니만은 이해해줄 것 같은 생각이 드는 것과 마찬가지로 도시생활에서 지친 나를 아무도 위로해주지 않아도 시골만은 위로해줄 것 같은 막연한 느낌이 들기 때문일 것이다. 그런 느낌 때문에 명절 때마다 짜증나는 교통체증에도 불구하고 고향으로 내려가는 것이 아니겠는가. 물론 명절 때 고향에 가는 것은 우리의 오랜 전통이고, 평소에 못 뵈는 부모님을 뵈려는 생각에서 그렇게 하는 것이기도 하겠지만, 우리의 잃어버린 고향과 농촌에서의 삶을 마음속 깊은 곳에서 그리는 무의식의 발로라고 하면 억지스러운 주장일까? 하지만 녹색을 대하면 마음이 차분해지고 편안해지는 것과 같이 자연 속에서 살겠다는 생각만으로도 마음이 편안해지는 것은 단지 나만의 느낌은 아닐 것이다.

도시에서 사는 대부분의 사람들이 은퇴 후에는 농촌에 가서 살고 싶어 하는 것이 사실이다. 나는 링크나우라는 온라인상의 매체에 '행복공동체' 라는 클럽을 만들어 운영하면서 이런 사실을 절실하게 느꼈다. 처음에 행복공동체 클럽을 만든 직후에는 회원가입이 증가하는 속도가 아주 느렸다. 행복공동체라는 이름만 들으면 무슨 종교단체 같기도 할 테고 도대체 무슨 일을 하는 곳인지 모르기도 할 테니 회원 수가 빠르게 늘어날 수가 없었을 것이다. 그때에는 개인적으로 나를 아는 사람들이나 내가 매주 보내는 이메일 뉴스레터를 통해 행복공동체가 무엇인지를 알게 된 사람들만 가입하는 정도였다. 그런데 링크나우를 운영하는 분이 이런 실상을 알고는 '전원생활'이라는 말이 들어가도록 클럽의 명칭을 바꾸어보는 게 어떻겠느냐고 제안해주었다. 그래서 고심을 하다가 그냥 '행복공동체'라고 했던 클럽의 명칭을 '전원생활을 꿈꾸는 사람들의 모임—행복공동체'로 바꾸었다. 그랬더니 회원증가 속도가 상당히 빨라졌다. 아마도 '전원생활'이라는 말이 사람들을 끌어들이는 역할을 한 것이 아닌가 하고 나는 추측하고 있다.

도시에서 사는 대부분의 사람들이 나이 들어 은퇴한 뒤에는 농촌에 가서 살고 싶어 한다는 사실은 농촌진흥청이 실시한 조사에서도 명확하게 드러났다. 〈연합뉴스〉가 2008년 2월 12일에 보도한 내용을 옮겨보겠다.

### "국민 67퍼센트, 은퇴 후 농촌에 살고 싶다"

우리 국민 중 67퍼센트는 은퇴 후 우선 거주지역으로 농촌을 고려하고 있는 것으로 조사됐다. 농촌진흥청 농촌자원개발연구소는 최근 서울시를 비롯한 전국 7개 특별·광역시 등 도시지역과 전남 곡성 등 전국 9개 농촌 군(郡)지역 35세 이상 남녀 주민 1천 5명을 대상으로 노후 농촌생활에 대한 가치인식 상태를 조사하고 그 결과를 12일 발표했다. 조사 결과 전체 응답자의 66.9퍼센트가 은퇴 후 농촌 거주 의사가 있다고 답했으며 '보통'이라는 응답은 18퍼센트, 농촌거주 의사가 '없다'는 답변은 15퍼센트에 불과했다. 이는 농진청이 2004년 1천 922명의 도시민을 대상으로 실시한 농촌이주 의사에 대한 조사에서 나타난 농촌이

주 의사가 있다는 답변 58.2퍼센트보다 높아진 것이다.

은퇴 후 농촌에 거주하는 경우에 개인적으로 얻게 될 가치에 대해서는 '자연과의 공존으로 몸이 좋아진다'가 5점 만점에 4.1점으로 가장 높은 점수를 얻었으며 '마음이 편해진다'가 4.0점, '환경오염에서 벗어날 수 있다'와 '식품을 안심하고 먹을 수 있다', '간단한 일로 몸이 좋아진다'가 각각 3.9점을 얻어 농촌거주의 이점으로 육체적, 정신적 건강을 기대하고 있는 것으로 나타났다. 이 밖에도 '여유로운 시간을 보낼 수 있다', '삶의 마무리를 아름답게 할 수 있다', '재산의 급격한 손실 위험성을 줄일 수 있다', '은퇴 후 허탈감을 줄일 수 있다' 등도 농촌생활의 장점으로 응답자들은 꼽았다.

반대로 농촌생활에 따르는 어려움으로 '안정적으로 할 수 있는 일자리가 부족하다'(4.02점)와 '귀농지원 정책이 부족하다'(3.96점), '농촌노인을 위한 복지시설과 정책이 부족하다'(3.95점) 등을 꼽았으며 이 밖에 '농촌주민과 쉽게 어울리지 못한다', '귀농에 대한 농촌주민의 태도가 부정적이다' 등도 농촌거주에 부담이 되는 요인인 것으로 나타났다.

실제로 농림수산식품부의 자료에 의하면 귀농가구 수는 매년 꾸준히 늘어나고 있다(〈매일경제신문〉 2010년 3월 12일, 오른쪽 도표 참조). 1998년에는 외환위기로 인해 귀농가구 수가 비정상적으로 많았다고 치더라도 2009년도에도 4000가구가 넘게 귀농을 한 것으로 집계됐다. 유학열 충남발전연구원 책임연구원은 '충남 귀농·귀촌 실태 분석과 과제'라는 제목의 보고서(충남리포트 제40호)를 통해 귀농인구가 급증한 1997년부터 2000년까지에는 외환위기로 인한 '생계형 전업농업 형태'의 귀농이 많았으나 2005년 이후에는 '은퇴귀농형', '농촌지향형', '휴양요양형', '도시출퇴근형' 등 생계형 이외의 다양한 형태로도 귀농·귀촌하는 경향이 나타나고 있다는 분석결과를 밝혔다.

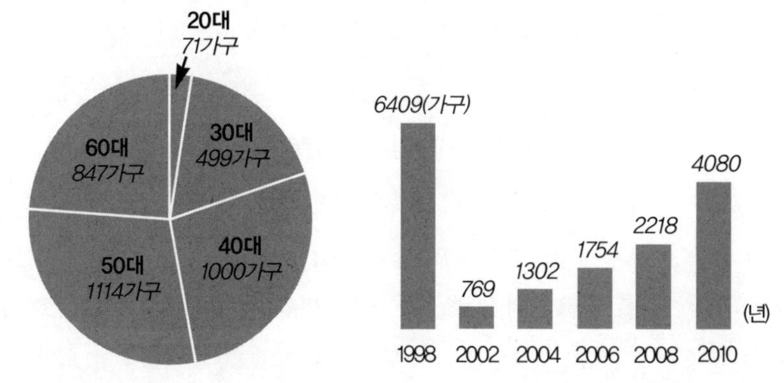


▌2009년 연령대별 귀농가구 수(왼쪽) / 연도별 귀농귀촌 가구수(오른쪽)(자료: 농림수산부)

　하지만 도시 직장인들 사이에 불고 있는 이런 은퇴 후 귀농 바람과는 반대로 농촌의 현실은 사실 암담하기만 하다. 산업화로 인해 대부분의 젊은이들을 도시에 빼앗기고 수입농산물로 인해 농촌경제는 피폐해질 대로 피폐해진 상태다. 겉으로는 농촌의 생활수준이 나아진 것처럼 보이지만 실상은 빚더미 위의 사상누각이고 빛 좋은 개살구다. 하지만 그렇기 때문에 오히려 최근에 불고 있는 도시민들의 귀농 바람은 농촌에 희소식이 될 수도 있다. 과거와 같은 방식으로 농사를 지어서는 경쟁력을 가질 수 없으니 농촌이 무언가 새로운 돌파구를 찾아야 할 시점이 됐기 때문이다. 그 돌파구를 경영 마인드와 첨단 IT기술을 갖춘 도시민들이 찾아줄 수 있지 않을까 하는 기대를 나는 가져 본다. 실제로 최근에 경영 마인드를 갖춘 귀농인들의 성공사례가 늘어나고 있는 것은 반가운 일이 아닐 수 없다.

　앞에서 인용한 '대도시 소비트렌드 읽으니 돈이 영근다' 라는 〈매일경제신문〉의 기사는 기업 CEO 출신들의 귀농 성공스토리도 여럿 소개하고 있다.

금형 전문가인 김기현 씨가 가격의 영향을 덜 받는 과일 가공사업에 도전한 이야기, 기업 임원 출신인 양예영·황규선 부부가 신품종의 씨앗을 이용해 새로운 식재료를 개발한 이야기, 물류업체 사장 출신인 심종철 씨가 고부가 가치의 친환경 작물을 재배한 이야기, 품질관리사 출신인 정상철 씨가 귀농 후 옆집의 일을 거들면서 배우다가 직접 토마토 농장을 운영한 이야기 등이 소개돼있다. 또한 '귀농하는 CEO들'이라는 제목의 기사(〈매일경제신문〉 2010년 3월 12일, 이재화 기자)는 중견기업인 바른손팬시와 이브자리의 계열 사인 코디센 등에서 6년간 CEO로 일했던 함승종 블루베리코리아 사장의 이 야기를 소개하고 있다. 소개된 이들의 공통점은 기업에서 배운 경영기법을 농업에 적용했다는 것이다.

물론 기업을 경영해본 경험이 있다고 해서 모두 귀농에 성공하는 것은 아 니다. 기업의 경영기법이 농사에 상승효과를 내주겠지만, 사실 농사를 하는 데는 기업경영과는 완전히 다른 노력이 필요하다. ''귀농인생 2모작' 주말농 장으로 준비를'이라는 제목의 〈매일경제신문〉 기사(2008년 4월 17일, 김성회 기자 등)는 출판사를 운영하다가 귀농해 버섯 농사로 성공한 김영표 사장과 가구공장을 하다가 귀농해 호남지역에서 가장 큰 규모의 유기농 농장인 '학 사농장'을 일군 강용 사장을 귀농의 성공사례로 들고 있다. 이 기사는 그러나 준비되지 않은 귀농은 위험하다고 지적하면서 '귀농을 위한 일곱 가지 길잡 이'를 제시하고 있다. 그 내용은 다음과 같다.


**귀농을 위한 일곱 가지 길잡이**

① 주말농장부터 시작하라.

② 농업에 차별화된 기술을 접목하라.

③ 정신적 무장을 하고 인내하라.

④ 농사는 투기가 아니다.

⑤ 귀농교육을 받고 원하는 정보를 모아라.

⑥ 농촌에서도 직업을 이어가라.

⑦ 귀농지와 관련해서는 연고지와 인맥을 활용하라.


귀농에 성공한 사람들이 공통적으로 지적하는 성공요인은 철저한 준비, 몸소 뛰는 열정, 현지 주민들과의 유대 등이다. 농사를 그저 낭만적인 것으로만 생각하거나 아무런 준비도 없이 어느 날 느닷없이 귀농을 감행하는 것은 실패의 지름길로 가는 것이고 고생길로 접어드는 것이다. 귀농을 하려는 사람들이라면 대부분 철저한 준비를 하고 몸소 뛰는 열정을 가져야 한다는 것은 어느 정도 감안하게 되지만 현지 주민들과의 유대에 신경을 써야 한다는 것은 소홀히 하기 쉽다.

다음(www.daum.net)의 블로그 '임현철의 알콩달콩 섬 이야기' 에 게시된 '막연한 귀농은 금물, 귀농은 단계를 거쳐야' 라는 제목의 인터뷰 글(2010년 11월 11일) 중 일부를 아래에 소개한다. 여기서 이 글을 소개하는 것은 귀농준비를 하는 사람들이 어떻게 준비를 해야 하는지를 종합적으로 생각해볼 수 있게 해주기 때문이다. 인터뷰에 응해 답변을 해준 사람은 창원의 영농조합법인 '좋은 예감' 의 강창국 대표(50)다.


**막연한 귀농은 금물, 귀농은 단계를 거쳐야**

**할 일 없으면 농사짓는다? 이런 사람은 안 돼**


*– 귀농할 때 준비해야 할 것은 무엇인가?*

"어디에 거주할 것인가, 작목은 어떤 것을 선택할 것인가 등을 고민해야 한다. 특히 자신이 선택한 품목이 그 지역의 기후와 기온에 맞는지, 지역 특산물이나 연계 농산물, 각종 단체 등에 대한 정보도 파악해야 한다. 그리고 먼저 귀농한 사람을 만나 교육을 받고 실제로 체험하고 경험하는 것을 통해 나도 할 수 있다는 판단을 하는 게 중요하다. 또 귀농 프로그램 등에 참여하고 정부가 귀농자에게 주는 보조금 5백만 원까지 지원받으면 좋다. 귀농은 연령, 조건, 능력 등에 따라 그 방법을 달리해야 한다. 귀농 후 1~2년은 벌이를 못 한다고 생각하면 된다."

– *누가 귀농한다면 찬성인가 반대인가?*

"형편이나 입장에 따라 다르다. 직접 만나보고 '가능하다', '아니다'를 판단해야 한다. 자연을 사랑하고 농촌에 대한 애착심이 있는 사람이라면 찬성이다. 왜냐하면 농사는 혼자서 해야 하기에 외로운 일이다. 할 일 없으면 농사짓는다고 하는데 이런 사람은 안 된다. 농사는 엔터테인먼트가 돼야 견딜 수 있다."

– *귀농을 결심하는 과정에서 놓치기 쉬운 건 무엇인가?*

"먹고살기 위한 귀농과 노후를 위한 귀농은 차이가 있다. 연금 등으로 생활비의 50퍼센트 이상을 대처하고 나머지는 농사에서 댈 생각이면 행복한 귀농이 될 수 있다. 그러나 수입을 농사에 의지한다면 쉽지 않다. 귀농할 때 젊은층은 교육도, 노인층은 의료와 문화 등도 신경 써야 한다."

– *귀농 후 가장 힘들었던 것은 무엇인가?*

"모두가 힘들었던 기억이다. 아버지께서 남긴 땅 1080평만으론 아무것도 할 수 없었다. 힘들어 두 손 들고 서울로 도망치기도 했다. 그 뒤 마음을 다잡고 기술을 배워야 했는데 배울 곳조차 없었다. 그때 단감연구소가 생겼다. 여기서 배우고 연구하고 기술개발 등을 했다. 또 자연재해로 농작물 손실을 입었을 때는 정말 막막했다."


*– 지금은 농업기술 배우는 여건이 어떤가?*

"농사는 1~2년 지나면 웬만한 것은 지을 수 있고, 3년 정도 지나면 전문가가 될 수 있다. 여기저기 대학과 농업기술센터 등에서도 배울 기회가 있고, 여건이 많이 좋아졌다."


*– 농사짓는 어른들을 보면 골병으로 고생이다. 하루에 몇 시간씩 일하는가?*

"나도 골병들었다. 내 경우 운동을 했는데도 한 쪽 다리를 거의 못 쓴다. 하루에 12시간 이상 일하고, 편안하게 쉬는 날은 생각해보건대 하루도 없다. 매일 일에 매달린다."


*– 도시생활과 시골생활의 차이는?*

"도시에서는 남에게 관여 안 하고 산다. 농촌에서는 옆집 수저가 몇 개인지까지 안다. 이게 불편하다. 이는 계나 품앗이 등이 좋지 않게 발전한 측면이다. 이걸 좋게 성공적으로 적용한 게 영농조합이다. 왜냐면 같은 생각을 하는 사람끼리 모여서 일하기 때문이다."


*– 일상생활에서 어려웠던 점은 무엇인가?*

"나는 고향이라 괜찮은 편이었다. 그런데도 힘들었다. 귀농자를 모임에 끼워주지 않기도 한다. 이로 인해 귀농자 중 70~80퍼센트 정도가 도시로 돌아간다고 한다. 돈 못 버는 것보다 이런 게 견디기 힘들다. 달리 생각하면 농촌은 보수적이라 그런 것 같다. 농촌은 따뜻하다지만 외롭고, 도시는 삭막하다지만 외롭지 않은 아이러니가 있다."

*– 텃세로 이해되는데 무엇 때문이라고 생각하는가?*

"시골이 폐쇄적이라 그런 것 같다. 외부에서 온 사람은 비교적 똑똑해 마을에서 주도권을 행사할까봐 경계하는 경향이 있다. 귀농자들은 그만큼 경쟁력이 있는 것이다."


*– 귀농자에게 힘이 되는 조언을 한다면?*

"지속적인 믿음과 자신감을 갖고 일에 임해야 한다. '어떻게 될 것이다'가 아니라 '된다'라는 믿음이 중요하다. 또한 가장 이상적인 귀농이라면 여자가 농사짓고 남자는 나가서 버는 게 좋다. 귀농에서 성공하려면 여자가 적극적이어야 하기 때문이다."


*– 귀농을 준비하는 사람에게 하고 싶은 말은?*

"막연한 귀농은 금물이다. 고향으로 돌아가는 '귀촌'과 농사를 짓기 위한 '귀농'은 구분된다. 귀농은 단계를 거쳐야 하고, 최소한 자기가 살 집은 있어야 한다. 그리고 자기가 잘할 수 있는 게 뭔지를 알아야 한다. 또 농촌을 즐길 수 있고 도시와 접목하는 능력이 있으면 더욱 좋다."


새로운 시대적 트렌드를 읽고 알차게 준비하면 귀농을 통해 풍요롭고 행복한 삶을 이룰 가능성은 충분히 있는 게 틀림없다. 예를 들어 우리 농산물이 수입농산물에 비해 가격경쟁력이 없다는 한탄의 소리가 들리지만, 친환경(유기농) 농산물에 대한 도시민들의 욕구를 읽는다면 가격경쟁력이 다소 뒤진다고 해서 그것이 장애가 되지는 않는다는 정도는 이제는 누구나 알고 있다. 최근에는 웰빙, 즉 건강하게 오래 사는 데 도움이 되는 건강식품에 대한 사람들의 관심이 커진 점에 착안해 파프리카나 블루베리 등 새로운 작물을 재배해서 고수익을 올리는 데 성공한 사례도 많이 있다. 또한 일본에서 4조 원에 가까운 시장이 열린 곤충 재배도 고려해볼 만하다(〈매일경제신문〉 2010년 3월 12일, 윤형중 기자).

하지만 귀농이 그리 만만한 것이 아님은 이미 귀농한 많은 사람들이 증언하고 있다. 이제까지 도시생활에 익숙해진 사람이 완전히 탈바꿈해 농촌에 가서 산다는 것이 쉬운 일이겠는가? 하지만 행복공동체를 통하면 이런 문제점을 해결할 수 있다. 행복공동체의 주민이 되면 자발적 가난을 선택한다는 점만 제외하고는 도시생활을 어느 정도 유지할 수 있고, 농촌에 대한 지식이 없어도 그런 지식이 있는 사람의 도움을 받는 등 서로 도우면서 부닥치는 문제를 해결할 수 있기 때문이다. 이에 대한 논의를 이제부터 자세히 해보겠다.

# 무엇이 문제인가

직장에서 은퇴한 사람들이 택할 수 있는 길은 앞에서 제시한 대로 '도시에서 그대로 살면서 생존하기'와 '농촌으로 귀농하기'의 두 가지로 크게 나눌 수 있다. 앞에서 설명했듯이 각각의 경우에 성공적으로 은퇴 후 생활을 하고 있는 사람들도 있지만, 두 가지 길 모두에서 대부분의 경우는 실패하고 있다. 그 이유는 무엇일까? 우선 준비 없이 은퇴 후 생활을 맞은 경우는 실패하는 게 너무나도 당연하다는 게 많은 사람들의 공통된 의견이다. 은퇴 후 생활에 성공한 사람이나 전문가들은 이구동성으로 사전준비의 중요성을 역설한다.

하지만 온몸을 다 던져가며 노력해도 남들보다 뒤떨어지기 쉬운 직장생활을 하면서 동시에 은퇴 후 준비까지 한다는 것은 너무나 버거운 일이다. 물론 우연한 기회에 자신의 적성을 발견해서 그 적성을 키우다가 자연스럽게 은퇴 후에 할 일로 연결시키게 되는 경우도 있을 것이다. 그런가 하면 현재 직장에서 하는 일이 은퇴 후에도 그대로 계속 하기에 적합한 것인 경우도 있을 것이다. 예를 들면 직원들을 교육시키는 부서에서 근무하던 사람은 자연스럽게 강사로 활동하다가 은퇴 후에도 개인적으로 강사로서 활동을 계속할 수 있을 것이다.

하지만 일반적으로 보아 직장인이 은퇴 후를 준비한다는 것은 역시 어려운 일이다. 더구나 베이비붐 세대가 본격적으로 은퇴하기 시작하게 되면서 전체적인 은퇴자 수가 워낙 많아지는 것도 문제가 된다. 은퇴 후에 할 수 있는 일거리는 적은데 은퇴자는 많아지니 각 개인의 입장에서는 웬만큼 준비해서는 일거리를 잡기가 힘들 것이다. 은퇴하기 전에 특별한 준비가 필요한 특수한 분야에서 은퇴 후 일거리를 모색하는 경우에는 직장인의 입장에서 그 일거리를 잡기 위해 준비를 할 시간도 없고 능력도 안 될 가능성이 높다. 더구나 그런 특수한 분야 자체를 찾아내는 데도 상당한 노력이나 식견이 필요하다. 예를 들어 생태 전문가가 되기 위해서는 별도로 공부도 해야 하고 교육도 받아야 한다. 게다가 생태 전문가를 비롯해 이미 알려진 분야에는 너무 많은 은퇴자들이 몰린다. 그러니 운이 좋거나 특별한 재주가 있는 사람들을 제외하고는 은퇴 후에도 일을 할 수 있는 기회를 얻는 것 자체가 힘든 게 현실이다. 또 별다른 준비를 하지 않아도 은퇴 후에 일을 할 수 있는 분야에는 너무 많은 은퇴자들이 몰릴 것이다. 이런 일들은 자동화가 진전되면서 갈수록 더 줄어들고 있기도 하다. 앞에서 예로 들어본 것이지만, 누구나 은퇴 후에 가장 손쉽게 할 수 있다고 여기는 아파트 경비원 자리도 이제는 경쟁이 치열하고 그 수도 줄어들고 있다.

직장에서 은퇴하고 나면 경제적인 문제도 심각한 문제이지만 그보다 심리적인 고통이 오히려 더 심각한 문제가 된다고 한다. 인력 아웃소싱 업체인 DBM코리아가 퇴직 후 1~4년이 지난 35세 이상의 남성 541명에게 전화를 걸어 설문조사를 해본 결과, 퇴직자들은 경제적인 어려움보다 미래에 대한 불안감을 갖게 되고 사회적 소속감을 상실하게 되는 등의 심리적인 문제로 인해 더 큰 타격을 받는 것으로 나타났다(〈연합뉴스〉 2006년 5월 9일).

조사에 따르면 퇴직 후 가장 어려웠던 점으로 응답자의 31.2퍼센트는 '미래에 대한 불안감'을 꼽았으며 '사회적 소속감 상실'을 든 응답자도 22.2퍼센트나 됐다. 반면 응답자들은 퇴사로 인해 평균 월소득이 퇴직 전의 70퍼센트 수준으로 줄었지만 총재산은 평균 11퍼센트가량 증가했다고 답해, 퇴직자들은 경제적인 어려움보다 심리적인 문제로 더 고통을 받는 것으로 분석됐다. 한편 조사대상자들은 퇴직이 갑작스럽게 결정됐으며(57.9퍼센트) 이로 인해 회사에 대해 배신감이나 서운함을 느꼈다(78.4퍼센트)고 답했다.

퇴직 후에 부닥치게 되는 문제 가운데 가장 큰 것은 경제적인 어려움일 것이라는 게 일반적인 생각인데, 이 조사에서는 퇴직자들이 심리적인 어려움을 더 심각한 문제라고 생각하는 것으로 나타났다. 그 이유는 무엇일까? 설문조사 대상자의 연령을 35세부터 그 이상으로 다소 낮게 잡은 것도 영향을 미쳤겠지만, 아마도 갑작스러운 생활패턴의 변화에 적응하지 못한 것이 가장 중요한 원인일 것이다. 특히 남자들의 경우에는 오랫동안 직장생활에 맞춰진 생활패턴을 유지하다가 퇴직 또는 은퇴로 갑작스럽게 그 생활패턴에서 벗어나게 될 때 커다란 심리적 충격을 받게 된다. 단순히 일자리를 잃어서 경제적인 어려움이 생긴다는 차원을 떠나 존재감의 상실에 부닥쳐 자신이 무가치하게 됐다는 자괴감에 휩싸이게 되는 것이다.

시간이 좀 지나면서 그런 심리적인 충격을 극복한다고 하더라도 그것으로 문제가 해결되는 것은 아니다. 왜냐하면 도시라는 사회는 젊은이들 위주, 즉 직장생활이나 그에 준하는 활동을 하는 사람들을 위한 시스템으로 운영되고 있기 때문이다. 최근에 비정규직, 좋은 표현으로 말하면 프리랜서가 점차 늘어나는 추세이지만, 전반적으로 보면 아직도 정규직으로 일하는 게 정상이라고 생각되는 게 현실이다. 퇴직 또는 은퇴를 했다는 말 자체가 정규직에서 물러났다는 의미라는 데서 알 수 있듯이, 퇴직하거나 은퇴한 사람들이 정규직이 정상이라고 생각되는 사회 시스템에 적응하기란 힘들 수밖에 없다. 은퇴 후에도 비교적 좋은 조건의 정규직 일자리를 구하는 경우도 물론 일부나마 있겠지만, 대부분의 경우에는 은퇴 전에 받던 대우보다는 더 나쁜 조건의 대우를 받아들일 수밖에 없는 게 당연하다. 시간이 지날수록 더 나은 조건으로 가는 게 당연하다고 보았던 성장 위주의 생각이 현실에 부닥쳐 깨져버리니 당황스러울 수밖에 없지 않겠는가.

도시에서 은퇴자로 살기 위해서는 넘어야 할 산이 아주 많다. 물론 그중에는 경제적인 문제도 있다. 요즘에는 조기 퇴직자가 많아지는 추세이지만, 조기 퇴직자는 국민연금의 수혜대상에 포함이 안 되는 경우가 많다. 나이가 이미 국민연금을 지급받을 연령대가 됐거나 몇 년만 더 기다리면 그렇게 되는 사람들도 국민연금 재정이 바닥날 때까지 죽지 않고 오래 살게 될지도 모른다는 불안감, 살아가다가 아프게 되면 비싼 의료비는 어떻게 감당해야 할까 하는 걱정 등이 합쳐지면서 얼굴에 주름이 더욱 깊어질 수밖에 없다. 게다가 도시에서 은퇴자에게 주어지는 일자리를 잡아 일을 하려고 하면 자존심일랑 다 내버려야 한다.

도시에서 사는 은퇴자가 겪게 되는 문제는 그런 것만이 아니다. 외로움도 심각한 문제다. 성격이 적극적인 사람들은 봉사활동과 친목모임 등을 통해 은퇴 후에도 인적 네트워크를 만들어갈 수 있지만, 대부분의 은퇴자들은 인적 네트워크는 고사하고 만날 사람들도 별로 없어 극심한 외로움에 시달리게 된다. 특히 남자들의 경우는 직장 위주로 대부분의 인맥을 형성하며 살아왔기 때문에 직장을 은퇴하는 것은 곧 갖고 있던 인맥의 대부분을 잃어버리게 된다는 것을 의미한다. 은퇴한 뒤에도 그나마 남게 되는 인맥은 동창이나 고향친구들이고, 그래서 나이가 들면서 동창회, 동문호, 향우회 등이 잘되는 것이다.

친구들끼리 은퇴 후에 귀농해서 같이 살자고 약속하는 경우도 전에는 많았고, 실제로 그렇게 한 사람들도 있다. 내가 아는 사람은 친구들과 함께 서울 근교에 땅을 사뒀다가 나중에 이른바 전원주택이라는 것을 짓고 실제로 같이 살기 시작했지만, 결국은 거기서 오래 같이 사는 데 실패했다. 나는 그 사람이 내게 해주는 이야기를 들으면서 실소를 금할 수 없었다. 처음에 집을 짓고 살기 시작할 때는 괜찮았다고 한다. 그런데 그 지역의 땅값이 오르면서 문제가 생기기 시작했다고 한다. 큰 필지를 작은 단위로 나누어 각자 집을 짓고 이주했는데, 위치에 따라 집값이 오르는 정도가 달라진 것이다. 처음에 입주할 때 거의 균등하게 돈을 내고 시작했는데 위치에 따라 집값에 차이가 나게 되니까 집값이 상대적으로 적게 오른 친구들이 불평을 하기 시작한 것이다. 게다가 가끔 만나 술이나 마시고 지낼 때에는 별 문제가 없었는데, 한 장소에 같이 모여 생활을 하다 보니 갈등이 많이 생기더라는 것이다. 그러다 보니 사이가 좋던 친구들끼리 의가 상하게 되고 급기야는 일부가 집을 팔고 나가버리는 상황이 됐다고 한다. 그쯤 된 단계에서는 주위의 환경도 변한 탓에 같이 모여 산다는 게 의미가 없어지게 됐다. 친구들끼리 작은 단지를 이루고 살고 있었는데 거기에 낯선 다른 사람이 이주해오고 주위에 모르는 사람들이 집을 짓고 하다 보니 그렇게 됐다는 것이다.

은퇴 후에 부닥치게 되는 외로움이라는 문제를 해결할 수 있는 방법은 그리 많지 않다. '노인 4백만 시대 '나도 누군가를 만나고 싶다'' 라는 제목의 기사(〈노컷뉴스〉 2008년 12월 11일)에서도 지적됐듯이, 은퇴한 노인들의 '놀이터' 로 대표적인 것 가운데 하나인 노인복지관은 시군구 당 1개도 채 안 된다. 노인들을 위한 유흥시설도 노인전용 콜라텍을 제외하면 꼽을 만한 것이 아예 없는 실정이다. 콜라텍을 드나든다고 노인들을 탓하기 전에 노인들이 서로 건전한 관계를 맺고 교류할 수 있는 길을 마련해주는 사회적 배려가 아쉽다. 이웃나라 일본의 경우도 사정이 비슷한 모양이다. '빠찡꼬에 빠진 고독한 일본 은퇴세대'라는 제목의 〈동아일보〉 기사(2010년 11월 22일, 김창완 기자)를 보면, 은퇴한 노인들이 무료한 시간을 때우기 위해 빠찡꼬에 드나들다가 아예 빠찡꼬에 빠지기도 하는 일본 사회의 한 단면을 엿볼 수 있다.

최근 일본 언론에 따르면 잠잠해지는 듯했던 빠찡꼬 의존증에 '세대교체'가 일어나고 있다. 젊은 세대의 빠찡꼬 이탈이 두드러지자 빈자리를 60세 이상 고령자가 메우고 있다는 것이다. 일본생산성본부가 15세 이상 남녀를 대상으로 빠찡꼬 이용에 대해 실시한 조사에 따르면 과거 10년간 60세 이상의 빠찡꼬 이용 인구(추계치)는 연평균 200만~300만 명이었지만 지난해 430만 명으로 크게 늘었다. 전체 빠찡꼬 인구의 4명 중 1명은 60세 이상 고령자인 셈이다.

고령자의 빠찡꼬 의존증 확산에는 불황을 타개하기 위해 노인을 새로운 고객층으로 확보하려는 빠찡꼬 업계의 얌체상술도 한몫했다. 일본 정부는 사행성이 높아 젊은이에게 인기가 많았던 슬롯머신을 2007년부터 금지했다. 이용 고객이 크게 줄면서 경영이 악화되자 빠찡꼬 업계는 '시간 많고 할 일 없는' 고령세대를 신고객으로 발굴했다. 노인들의 빈약한 경제사정을 고려해 구슬 1개의 가격을 종전의 4분의 1로 줄인 '1엔 빠찡꼬'까지 등장했다.

일본 할머니, 할아버지의 호주머니마저 노리는 빠찡꼬 업계의 얄팍한 상술도 야박하지만 무연(無緣), 무위(無爲), 무전(無錢)의 서러움을 빠찡꼬로 달래야 하는 현실은 더 서글프다. 고독함과 무료함을 달래기 위해 시작한 도박은 중독성이 더 강하다고 하니 앞으로 심각한 사회문제화 할 가능성도 있다.

그렇다면 농촌으로 삶의 터전을 옮기면 도시에서 겪게 되는 위와 같은 문제들이 다 해결될까? 이 질문에 대한 답은 "아니올시다"다. 실제로 쉽게 생각하고 귀농했던 사람들이 결국 도시로 다시 돌아오는 경우를 많이 보게 된다. 무슨 문제가 있어서 그럴까? 우선 농촌의 삶이 만만치 않다는 점을 들 수 있을 것이다. TV에서 보거나 잠깐 가서 구경할 때는 별일이 아닌 것 같은 농촌의 일들이 실제로는 그리 쉬운 일이 아니다. 우선은 힘이 든다. 육체노동에 익숙하지 않은 도시의 직장인들은 힘이 부친다. 더구나 육체적인 쇠락이 시작된 지도 한참 지난 나이에 힘든 일을 시작하자니 더욱 고생일 수밖에 없다. 더구나 요즘의 귀농자들은 대부분 친환경 농법으로 농사를 짓기 때문에 육체적인 노력이 그만큼 더 많이 든다. 그래서 힘이 들기도 하지만, 사실 무엇을 어떻게 해야 하는지부터 알지 못하는 경우가 많다. 무엇을 심어야 하는지, 언제 어떻게 씨를 뿌리고 가꿔야 하는지를 제대로 알지 못하면 힘이 드는 것은 당연한 일이다. 그 밖에도 인근의 농민들로부터 왕따를 당하는 것도 귀농에 실패하게 하는 큰 원인이 되고 있다. 누구하고나 잘 어울리는 성격을 갖고 있거나 고향 등 연고가 있는 곳으로 귀농한 경우를 제외하고는 귀농자가 기존의 농촌 주민들과 잘 어울리는 것이 쉬운 일만은 아니라고 한다.

귀농을 하는 이유가 농촌생활을 즐기는 데에만 있다면 그나마 좀 나을 수 있을 것이다. 하지만 농사를 짓거나 농산물을 가공해 팔아 수익을 내려고 한다면 그런 목적을 달성하기 위해 애쓰는 과정에서도 난관에 봉착할 수 있다. 귀농의 성공스토리 대부분이 기업경영 기법을 적용해 농업을 한 사례에 관한 것이고 농촌생활을 즐기기 위해 귀농을 한 사례에 관한 이야기를 듣게 되는 경우는 드물다. 하지만 농사를 지어 수익을 올리기 위해서는 도시에서 치열하게 직장생활을 하거나 기업경영을 하는 것 못지않게 많은 노력과 열정이 필요하다. 그래도 과거에는 기업경영에 대해 잘 모르는 농촌 사람들과 달리 경영기법을 도입해 열심히 농업을 하면 귀농에 성공할 가능성이 어느 정도는 있었다. 하지만 이제는 그런 목적으로 귀농하는 퇴직자들도 많거니와 농업에서 사업기회를 찾는 젊은이들도 늘어나고 있어 그렇게 하기도 그리 만만한 것이 아니다.

'30대 샐러리맨들의 줄 잇는 귀농'이라는 제목의 〈매일경제신문〉 기사(2010년 4월 16일, 임영신 기자)를 보면 귀농자의 연령이 점점 더 낮아지고 있다는 사실을 확인할 수 있다.

> 귀농하면 50～60대 퇴직자들을 떠올리게 마련이지만 최근 이제 막 사회생활을 하기 시작한 30대 젊은 샐러리맨들의 농촌행이 이어져 주목된다. 은퇴자들은 전원생활과 여유를 즐기려는 '귀촌' 개념이 강한 반면에 30대는 농업을 비즈니스로 해석해 젊을 때 농업으로 직업 자체를 바꾸려는 경향이 뚜렷하다는 게 전문가들의 분석이다.
>
> 귀농학교도 30대들로 문전성시다. 서울시농업기술센터가 2010년 3월 2일부터 약 한 달간 운영한 귀농교육 기초과정엔 50명 모집에 140여 명이 몰려 3대1의 경쟁률을 기록했다. 연령대별로 보면 총지원자 중 30퍼센트가 30대로 50～60대 지원자 비율(30퍼센트)과 같은 수준이다. 정부인증 귀농교육 기관인 충남 천안연암대학도 작년 수료생 73명 중 70년대생이 20명이나 된다.
>
> 금융업에 종사하는 10년차 직장인 이상훈 씨(35)는 귀농학교에서 교육을 받으며 귀농을 준비 중이다. 땅 한 평도, 고가의 농기계도 없는 이 씨는 "1998～1999년도에 귀농했다가 실패해서 도시로 유턴하는 사람들은 무작정 서울 살림살이를 싹 정리해서 내려간 경우"라며 "지금은 정부를 비롯해 지자체에 농촌으로 내려가는 사람들을 위한 지원책이 마련돼 있어 정보만 있으면 적은 자본으로도 귀농이 가능하다"고 했다.
>
> 하지만 모든 귀농이 성공을 보장하지는 않는다. 박 모씨(35)는 경남 사천시에서

땅을 임차해 작물을 재배했지만 소득을 올리는 데 실패했고 현지인들의 따돌림을 경험하면서 결국 도시로 되돌아왔다. 박 씨는 "정부와 지자체에서 마련한 귀농 지원책이 많이 있지만 조건이 까다롭고 실질적으로 혜택을 받으려면 최소한의 경제적 기반이 필요하다"며 "향후 2~3년간 무소득을 각오하는 것도 중요하다"고 했다. 채상헌 천안연암대학 귀농지원센터장도 "귀농은 일종의 사회적 이민"이라며 "언제 어디서 어떻게 귀농할 것인지에 대한 철저한 준비와 함께 정부와 지방자치단체, 대학을 연계한 영농교육이 필요하다"고 강조했다.

또 대부분의 귀농자들은 주로 쌀, 보리, 고구마 등 전통 농작물보다는 도시인들이 좋아하는 특용작물을 재배하는 경우가 많은데, 이 경우에는 수익이 높다는 장점이 있지만 유통망 확보에 시간이 필요하고 도시인들의 기호가 변함에 따라 수익의 기복이 심할 수 있다는 문제점이 있다. 아무튼 이제는 단순히 기업가 마인드만 가지고 귀농하면 성공할 수 있는 시대가 아니라는 사실만은 확실하다.

자, 그럼 어쩌란 말인가? 도시에서 그냥 살아도 안 되고, 귀농하려고 해도 쉬운 일이 아니니 말이다. 그렇다고 그대로 가만히 있으면 정부나 사회에서 대책을 마련해줄 것 같지도 않고. 시간이 지날수록 은퇴자는 더욱 늘어나고 그나마 국민연금 등 마지막 보루도 믿을 수가 없게 됐으니 더욱 큰일이 아닌가. 가만히 있을 수 없어 뭔가 일을 저지르려고 하니 성공에 대한 보장이 없어서 불안하고, 그대로 가만히 있자니 더욱 불안하니 말이다. 진퇴양난이란 바로 이럴 때 쓰는 말인 것 같다.

# 그래도 나는 행복하고 싶다

어느 날 친구와 술잔을 주고받다가 어느 정도 술이 들어가니 그 친구가 대뜸 나에게 "너 행복하냐?"고 묻는 것이었다. 나는 엉겁결에 "그래, 나는 행복하다"고 대답해주었다. 그러자 그 친구가 하는 말이 "야, 그럼 나도 좀 행복하게 해주라. 너만 행복하면 다냐? 너 행복한 미래를 만드는 기술자라면서? 그럼 친구도 행복하게 해줘야 될 거 아냐"라는 게 아닌가. 나는 "그래 내가 행복하게 해줄게. 행복공동체에 가입해라. 그럼 행복해질 수 있어, 인마" 하고 말했다. 그날 우리 둘은 술에 취한 상태에서 행복에 대해 한참동안 옥신각신했다. "행복은 다른 사람이 가져다주는 게 아니니 너 자신이 찾아야 한다"거나 "행복은 결과가 아니라 과정이야"라는 둥 그날 나는 그동안 생각해온 '행복'에 관한 얘기들을 참으로 많이도 쏟아냈던 것 같다. 그리고 다음날 술이 깨고 나서는 문득 '과연 나는 행복한가?', '행복이란 과연 무엇인가?' 라는 생각을 새삼스럽게 해보았다.

내 명함에는 '행복한 미래를 만드는 기술자' 라는 말이 맨 위에 씌어져있다. 그게 바로 내 타이틀, 즉 나의 개인 브랜드인 셈이다. 요즘에는 다른 사람들의 명함을 받아 봐도 '행복' 이라는 단어를 넣은 타이틀이 씌어있는 경우가 많다. '행복 코치 ○○○', '행복 아카데미○○○', '행복을 여는 ○○농장', '행복 편지 발행인 ○○○' …. 가히 행복의 인플레이션 시대라고 할 만하다. '행복'이라는 단어가 많이 사용된다는 것은 그만큼 이 세상이 '행복하지 않다'는 사실을 반증하는 것이 아닐까? '정의'가 사라졌던 군사정권 시절의 구호가 '정의로운 사회'였듯이 말이다. 하지만 그만큼 사람들이 '행복'을 절실하게 찾고자 한다는 얘기도 될 수 있을 것이다.

행복하고 싶지 않은 사람이 있을까? 아마 없을 것이다. 아니, 틀림없이 없을 것이다. '나는 불행하고 싶어'라고 생각하는 사람은 이 세상에 존재하지 않는다고 나는 확신한다. 나도 물론 행복하고 싶다. 이렇게 누구나 행복하기를 원하는데도 "당신은 행복합니까?"라는 질문에 자신 있게 "네, 행복합니다"라고 답변하는 사람이 드문 것은 왜일까? 그 이유는 행복을 흔히들 얘기하는 '성공'처럼 전리품으로 쟁취해야 하는 것쯤으로 생각하기 때문일 것이다. 다시 말해 '나를 행복하게 만드는 것'은 나 자신이 아니라 내 바같의 세상 어딘가에 있다고 생각하기 때문이다. 모든 불행의 근원은 바로 여기에 있다. 행복은 이미 우리에게 배달되어 각자의 내면, 즉 마음이라는 우편함 속에 고이 들어앉아 우리가 꺼내 가기를 기다리고 있다. 행복이 있는 곳은 우리의 내면이다. 행복은 추구의 대상이 아니라 발견의 대상이기 때문에 행복으로 들어가는 문의 열쇠는 바로 우리 마음속에 있다고 봐야 한다. 그래서 행복이란 결과로 얻어지는 것이기보다는 과정에서 얻어지는 부산물 같은 것이다.

그렇다면 구체적으로 어떤 마음을 가져야 행복을 찾아내어 누릴 수 있게 되는 것일까? 너무 어렵고 철학적인 질문을 던진 것 같으니 좀 더 쉽게 풀어 보자. 어느 책에선가 행복방정식이라는 것이 씌어있는 것을 본 적이 있다. 정확하게는 기억나지 않지만 아마도 '행복도=가지고 있는 것÷가지고 싶은 것'이었을 것이다. 즉 가지고 싶은 것이 많으면 분모가 커지기 때문에 행복의 정도는 낮아지고, 가지고 있는 것이 많으면 분자가 커지기 때문에 행복의 정도는 높아진다는 것이다. 그렇다면 더 행복하기 위해서는 가지고 있는 것을 늘리려고 아등바등해야 하는 것 아니냐고 생각할 수도 있겠다. 하지만 가지고 있는 것을 늘리려고 하면 가지고 싶은 것도 따라서 늘어나게 된다. 이는 마치 목이 말라서 바닷물을 마시면 더욱 목이 마르게 되어 더 많은 물을 마시고 싶어지는 것과 같다. 가지고 있는 것이 많은데도 불구하고 더 많이 가지고 있는 이웃과 자신을 비교하면서 스스로 불행해지는 것도 그렇게 비교하는 과정에서 가지고 싶은 것이 늘어나기 때문일 것이다.

그래서 가지고 있는 것을 늘려서는 행복도를 높이기 어렵다. 행복도를 높이는 가장 손쉬운 방법은 가지고 싶은 것을 줄이는 것이다. 무소유의 삶을 살다 가신 법정 스님은 이렇게 갈파했다. "무소유란 아무것도 갖지 않는다는 뜻이 아니라 불필요한 것을 갖지 않는다는 뜻이다. 우리가 선택한 맑은 가난은 부보다 훨씬 값지고 고귀한 것이다. 버리고 비우는 일은 결코 소극적인 삶이 아니라 지혜로운 삶의 선택이다. 버리고 비우지 않고는 새것이 들어설 수 없다. 공간이나 여백은 그저 비어있는 것이 아니다. 그 공간과 여백이 본질과 실상을 떠받쳐주고 있다. 우리는 필요에 의해 물건을 갖지만, 때로는 그 물건 때문에 마음을 쓰게 된다." 가지고 싶은 것을 줄인다는 것은 불필요하게 가지고 있는 것을 버린다는 뜻이다. 무엇이 불필요한 것인가? 바로 나 자신의 본질과 실상을 가리는 모든 것이다. 재산, 명예, 지위, 자식 등 그동안 나를 치장해주던 것들 대부분이 그것이다.

법정 스님과 같은 수도자야 그런 모든 것을 버리는 게 가능하지만 일반 사람이 그렇게 모든 것을 버리는 것이 현실적으로 가능하겠느냐는 반문이 나올 수 있다. 물론 모든 것을 다 버릴 수는 없을 것이다. 그러나 버리는 연습은 계속 해야 한다. 나의 허상들을 하나하나 버려 가면 저 너머로 언뜻언뜻 나의 실상이 보이게 될 수 있고, 그래야 진정으로 행복해질 수 있을 것이다. 또 그렇게 버리다 보면 갖고자 하는 게 훨씬 더 줄어든다. 그래서 행복도가 높아지는 것이다. '내가 갖고자 하는 것이 정말로 나에게 필요한 것인가?' 라는 질문만 스스로에게 해봐도 갖고자 하는 것을 엄청나게 줄일 수 있다.

내가 갖고자 하는 것을 줄이는 가장 효율적인 방법은 '나는 온 우주, 좁게는 내 이웃들과 별개인 존재가 아니라 하나라는 인식을 갖는 것' 이다. '나는 이 우주의 기를 타고 태어났고, 내가 죽으면 우주로 돌아가는 것이다' 라는 생각을 갖는다면 '우주로 돌아갈 날이 멀지 않은 이 시점에 진정으로 나에게 필요한 것은 무엇인가?' 라는 질문에 답할 수 있을 것 같다. '진정으로 나에게 필요한 것' 이 물질적인 것일 수는 없다. 그런 것은 어차피 나에게 소속된 게 아니라 이 우주의 것이기 때문이다. 내가 아무리 발버둥 쳐도 물질적인 것은 내 차지가 되지 못하고 우주의 차지가 될 것이다. 여기서 누군가가 "어째서 내가 우주와 하나라는 거냐?"라고 묻는다면 문제가 좀 복잡해진다. 명색이 공학박사인 나로서는 나름대로 엔트로피(entropy)라는 개념에 입각해 '우주와 나는 하나' 라고 확신하고 있다는 말은 할 수 있다. 이 주제를 여기서 다루고자 한다면 글이 너무 길어지고 논점이 흐려질 수 있으니, 이것은 다음에 기회가 되면 따로 다뤄볼 생각이다.

그렇다면 행복해지기 위해서는 구체적으로 어떻게 해야 한다는 말인가? 우주, 즉 내 이웃과 원활한 관계를 가질 때 행복해질 수 있다. 그 이웃은 가족일 수도 있고, 가난한 이웃일 수도 있고, 자연일 수도 있다. 이렇게 얘기를 하면 마치 내가 다신교를 믿는 사람이나 몽상가로 여겨질지도 모르겠다. 하지만 우리가 조건 없는 나눔을 실천하거나 이웃과 좋은 인연을 갖게 될 때 얼마나 행복해질 수 있는가를 생각해보면 내 주장이 그저 헛된 말장난에 그치는 것이 아님을 알게 될 것이다. 실제로 과학적인 연구의 결과에 따르면 행복도의 30퍼센트는 개인의 성질로, 25퍼센트는 이혼, 아기의 출산, 죽음, 질병 등의 사건으로, 10퍼센트는 봉사활동, 일 등의 사회활동으로 설명된다고 한다. 놀랍게도 소득이나 물질적 풍요가 개인의 행복도에서 차지하는 비율은 10퍼센트에 지나지 않는다고 한다(쓰지 신이치, 《행복의 경제학》). '행복의 경제학'의 선구적 학자인 슈마허는 "진정한 경제학은 보다 적은 소비로 보다 큰 행복을 추구한다"고 설파했다.

비워서 행복해진다는 생각을 좀 고상한 말로 표현하면 '자발적 가난'이 된다. 게을러서 가난해지는 게 아니라 행복해지기 위해 나를 비우는 과정에서 가난해지는 것이 바로 '자발적 가난'이다. 자발적 가난을 실천한 대표적인 인물로는 마더 테레사와 법정 스님 같은 분들을 생각해볼 수 있다. 이렇게 예를 들고 보니, 자발적 가난이 대단한 사람들, 특히 성직자나 수도사와 같이 특별한 위치에 있는 사람들만이 실행할 수 있는 것으로 오해될 수도 있을 것 같다는 생각이 든다. 하지만 그렇지는 않다. 나는 이 책을 쓰기 시작하면서 인터넷을 뒤지다가 《공지영의 지리산 행복학교》라는 책을 발견하고 바로 샀다. '공지영 작가가 또 재미있는 책을 썼구나' 하는 생각도 들었지만 '지리산'과 '행복학교'라는 단어가 가슴에 와 닿아서 바로 사게 된 것이다. 이 책은 지리산에서 행복하게 살고 있는 낙장불입 시인과 버들치 시인의 삶을 소개하고 있다. 두 사람 다 서울 생활을 정리하고 지리산 자락에 가서 자발적인 가난을 선택해 행복하게 살고 있다. 아니, 행복이라는 단어조차 잊고 최소한으로 원하는 것 정도만을 갖추고 살고 있다. 원하는 것을 줄여서 행복도를 높인 대표적인 예라고 볼 수 있을 것이다.

그 내용을 여기서 다 소개할 수는 없으니, 삶에서 원하는 수준을 어느 정도나 낮출 수 있는지를 보여주는 버들치 시인의 예를 간단하게만 소개해보겠다. 버들치 시인은 도시에서 직장을 다니며 잘나간다는 소리를 듣다가 어느 날 '내가 왜 여기서 이렇게 살고 있지?' 하는 생각을 하게 됐다. 그는 "돈을 쓰지 않아도 되는 삶을 살 수 있다면 돈을 벌지 않아도 되는 것 아닌가" 하는 너무나도 자명한 깨달음을 얻고 지리산 산골로 들어갔다고 한다. 그는 봄이면 나물을 뜯어서 말려 먹기도 하고 자신의 오줌을 모아놓았다가 손바닥만한 밭에 그것을 거름으로 뿌리는 식으로 농사를 지으며 살고 있다. 독신인 그는 자기가 죽을 때 친구들에게 폐를 끼치지 않으려고 통장에 관 값 200만 원을 넣어두고 있고, 어쩌다가 통장의 잔액이 그것보다 조금이라도 넘치면 여분의 돈을 시민단체에 기부하면서 살고 있다. 재미있는 일화로, 그가 강도를 만났는데 저항하지 않고 통장은 물론이고 어머니가 물려준 금반지까지 내주었다고 한다. 그러자 강도가 어이없어하며 금반지만 가지고 가고 통장은 돌려주어 관 값은 지킬 수 있었다고 한다.

'행복하기 위해서는 어떻게 해야 하나'에 대해 계속 얘기하자면 끝도 없을 것이다. 여기서 꼭 강조해두고 싶은 것은 행복하기 위해서는 마음을 바꿔야 한다는 것이다. 죽도록 열심히 달리면서 어떤 목표를 추구하는 삶과는 다른 각도로 세상을 바라봐야 비로소 행복할 수 있다는 것이다. 행복하기 위해 가장 먼저 해야 할 일은 마음자세를 바꾸어 자발적 가난을 선택하는 것이다. 내가 원하는 것을 줄이고 내가 이미 가지고 있는 것만으로 만족할 줄 아는 것이 바로 자발적 가난이다. 인생 후반부에 행복하기 위해 필요한 마음자세로 자발적 가난 외에 또 어떤 것들이 있는지에 대해서는 뒤의 3부에서 좀 더 자세히 다룰 것이다. 그러나 이런 주제를 다룬 다른 저자의 책을 이미 읽었거나 그런 것은 나도 알고 있다고 생각하는 독자는 3부를 읽지 않아도 무방하다.

# 행복공동체가 해결책이다

요즘 나와 비슷한 또래들과 어울리다 보면 나를 부러워하는 사람을 만나는 경우가 많다. 그중에는 이미 퇴직한 사람들도 있지만, 대기업에 다니며 계속 잘나가는 사람들도 있다. 이미 퇴직한 사람들이야 퇴직 문제와 무관하게 사는 나를 부러워하는 게 어쩌면 당연하겠지만, 현직에 있으면서 잘나가는 사람들이 왜 나를 부러워하는 걸까? 아마도 그들도 현재 앉아있는 자리에서 밀려날 날이 멀지 않음을 직감하고 있기 때문일 것이다. 게다가 퇴직 이후를 대비하고 있지 않아서 더욱 그러할 것이다.

사실 나라고 인생 후반부에 대한 고민이 없겠는가? 나라고 인생 후반부에 대한 준비를 완벽하게 했겠는가? 다만 나는 남들보다 먼저 인생 후반부에 대해 걱정하다가 우연한 기회가 와서 책도 쓰고 강연도 다니게 되어 비록 고정된 직장이 없더라도 언제나 할 일이 있고 그런 일을 통해 소득도 올리고 있으니 고민이 좀 덜한 것뿐이다. 나는 벌써 10권의 책을 냈고 대학과 기업에 강연도 다니고 있으니 직장에만 의지하고 있는 친구들이 나를 부러워할 수 있을 것이다. 요즘 나는 온라인 활동도 열심히 해서 젊은이들을 비롯한 다양한 사람들과 교류를 하고 있고, 그 덕분에 친구들 사이에서는 시대적 트렌드를 잘 따라가는 사람이라는 평가도 듣고 있다.

첫 저서로《대한민국 이공계 공돌이를 버려라》를 낼 때만 해도 나는 인생 후반부를 준비해야 한다는 의식을 전혀 갖고 있지 않았다. 그러나 두 번째 저서인《행복하게 나이 들기》를 쓰면서 나는 나 자신의 인생 후반부에 대해 고민하기 시작했다. 아니, 그 반대 순서가 맞겠다. 나 자신의 인생 후반부를 어떻게 하면 잘 보낼 수 있을까에 대해 고민도 하고 그런 문제와 관련된 책도 찾아 읽으면서 얻게 된 결론을 내 나름대로 정리해본 것이《행복하게 나이 들기》라는 책이다.

《행복하게 나이 들기》는 '인생 후반부를 어떻게 하면 행복하게 보낼 수 있는가?'라는 질문에 대한 나의 답변을 교과서적으로 정리해놓은 책이다. 나는 그 책을 쓰고 나서, 아니 쓸 때부터 그 책의 내용을 실천해보려는 노력을 해왔다. 또한 나는 친구들이나 연배가 나와 비슷하거나 나보다 높은 사람들을 만나면 그 책의 내용을 말해주기도 하고 그 책을 나누어주기도 했다. 그들 가운데 그 책의 내용대로 실천할 수 있는 사람들이 과연 몇 명이나 될까? 물론 내 책을 읽지 않고도 인생 후반부를 나름대로 잘 준비하고 있는 사람들도 있을 것이다.

그렇다면 나름대로 자신의 인생 후반부를 준비하고 있는 사람들이 우리나라 전체에서 과연 몇 명이나 될까? 1만 명? 5천 명? 현재 우리나라의 60세 이상 인구가 500만 명에 육박한다고 하는데 그중에서 인생 후반부를 걱정하지 않아도 되는 사람은 많이 잡아도 5만 명이 채 안 될 것이라고 나는 생각한다. 그렇다면 60세 이상만 놓고 보면 1퍼센트에도 못 미치는 극소수의 사람들만 인생 후반부에 대한 걱정에서 자유로운 셈이 된다.

같은 문제를 다른 측면에서 보자. 현재 1년에 은퇴하는 사람들의 수는 적어도 50만 명은 넘을 것이다. 그중에서 은퇴 후 일거리가 있거나 미리 은퇴 후를 준비한 사람은 몇 명이나 될까? 아마 많이 잡아도 5천 명을 넘지 않을 것이다.

그렇다면 현재 은퇴하는 사람들의 경우에도 1퍼센트에도 못 미치는 극소수의 사람들만 인생 후반부를 걱정 없이 보낼 수 있고, 99퍼센트가 넘는 그 밖의 사람들은 그저 멍하니 있다가 밀려오는 거대한 고난의 파도를 온몸으로 맞을 수밖에 없는 처지다. 뭔가 대비를 해야 하는데 무엇을 어떻게 해야 하는지를 알 수 없거나, 알고 있다 하더라도 손쓸 수 없다고 자포자기하고 있는 것이다.

왜들 그럴까? 나는 인생 후반부를 대비해야 할 때가 된 주위 사람들에게 내가 쓴《행복하게 나이 들기》라는 책의 내용에 근거해 대비를 해야 한다고 열변을 토하곤 했다. 내가 나름대로 충정을 가지고 그런 말을 하는데도 불구하고 움직이지 않는 그들을 대놓고 비난하기도 했다. 하지만 나는 어느 순간 '왜 사람들이 움직이지 않을까?' 라는 의문을 갖게 됐다. 내가 굳이 말하지 않아도 그들 스스로가 인생 후반부를 대비해야 한다는 것을 모를 리가 없는데 그들이 움직이지 않고 있다면 뭔가 내가 깨닫지 못한 이유가 있을 거라고 생각하게 된 것이다. 결국 나는 내가 그동안 주장해온 방식대로 사람들이 실천을 하기는 힘들다는 결론에 이르렀다. 다시 말해 인생 후반부를 혼자서 준비할 수 있는 사람은 극소수에 불과할 수밖에 없다는 생각을 하게 된 것이다.

우선 도시에서 은퇴 후를 준비하는 경우를 생각해보자. 내가 쓴 책《행복하게 나이 들기》는 도시에서 인생 후반부를 보내는 방법에 대한 얘기를 담고 있다. 건강, 재테크, 마음준비 등과 관련된 나의 조언은 실천할 수 있는 것이라고 치자. 또 주위와 올바른 관계 맺기도 인생 후반부에만 필요한 게 아니라 인생 전체에서 필요한 것이니 논외로 치자. 그렇다면 인생 후반부를 행복하게 보내기 위해 해야 할 가장 중요한 일은 인생 후반부의 삶에 맞춰 사고방식을 바꾸는 것이다. 이제까지 성공을 위해 매진해왔다면 이제부터는 나눔을 실천하고 행복을 추구하는 쪽으로 삶의 방향을 바꿔야 하는 것이다. 승진도 계속 해야 하고 월급도 계속 올라야 한다는 생각을 버리고 월급이 적더라도 일거리가 있다는 것만으로도 감사하고, 더 나아가 보수가 없어도 자원봉사를 하겠다는 마음자세를 가져야 한다. 그런데 이런 마음자세가 현대의 도시생활에 맞는 것일까? 도시생활에 맞는 방향으로 그동안 가져온 마음자세를 그대로 도시에서 살아가면서 버리는 게 쉬운 일일까? 그러는 것은 정말로 어려운 일일 것이다.

한걸음 더 나아가 대부분의 은퇴자들이 내가 주장하는 대로 마음자세를 바꾸고 은퇴 후에 일을 계속 할 수 있도록 자신의 능력도 키운다고 치자. 그런다고 해서 젊은이들을 위한 시스템으로 짜인 도시가 그런 은퇴자들까지 다 받아줄 수 있을까? 젊은이들에게 일자리를 주기에도 벅찬 도시가 은퇴자들을 위해 마련해주는 일자리는 극히 예외적이고 소수일 수밖에 없다. 도시는 우리나라 전체에서 매년 50만 명 넘게 쏟아져 나오는 은퇴자들을 소화해낼 수 없는 것이다. 정부가 임금은 비록 낮아지더라도 고령자들이 일을 계속 할 수 있도록 하는 임금피크제를 기업들에 권장하기도 하고 생계유지가 힘든 노인들을 위해 공공근로 예산을 편성하기도 하지만, 이런 정부의 대책은 그 효과가 극히 한정적일 수밖에 없다. 대부분의 평범한 은퇴자들은 스스로 일자리를 찾고 노후준비를 해야 하는데 도시는 은퇴자들을 수용할 태세가 돼있지 않은 것이다. 뛰어난 성공을 거두어 젊은이들이 본받고 싶어 하는 롤 모델이 된 경우나 특수한 재능을 가지고 있어서 젊은이들에게 뭔가를 줄 수 있는 입장에 있는 경우에 해당하는 극소수에게만 인생 후반부를 해결할 길을 열어주는 것이 도시인 것이다.

그렇다고 농촌으로 가기만 하면 해결책을 찾을 수 있을까? 도시생활에 익숙해진 사람에게 무작정 농촌에 가서 살라고 하는 것은 또 다른 고통에 시달리라고 하는 것과 같다. 농사를 짓는 법을 새로 배우는 것도 큰 문제이거니와 농촌 사람들과 어울려 사는 것도 쉬운 일이 아니다. 도시생활에 익숙한 사람에게 농촌생활은 여러 가지로 불편하다. 하루하루 살아가는 것도 그렇고 도시의 아는 사람과 만나는 것도 그렇고, 모든 게 불편하기만 하다. 더구나 농사를 통해 돈을 벌어야 한다면 농촌생활의 어려움은 더욱 가중된다. 이런 경우에는 그냥 도시에서 은퇴생활을 하는 것보다 훨씬 더 어려움이 클 것이다. 불편한 농촌생활에도 익숙해져야 하고, 농사짓는 법도 배워야 하고, 어떤 농산물을 재배해야 하는지도 연구해야 하고, 농산물의 판로도 개척해야 한다. 이건 한가한 은퇴생활을 하는 게 아니라 또 하나의 사업을 하는 셈이다.

귀농과 관련된 이런 고민은 귀농 희망자들의 귀농이유를 살펴봐도 금방 알 수 있다. '시골서 살고 싶지만 농사일은 싫은데…' 라는 제목의 〈매일경제신문〉 기사(2008년 4월 17일, 김성회 기자 외)를 보면 도시지역에 거주하고 있는 60세 미만의 잠재적 은퇴자들 가운데 45퍼센트가 귀농할 의향이 있는 것으로 나타났다. 그러나 귀농 후에 어떻게 생활할 것인지에 대해서는 '농사와 무관한 전원생활을 하겠다' 고 응답한 사람들의 비율이 59퍼센트에 달한

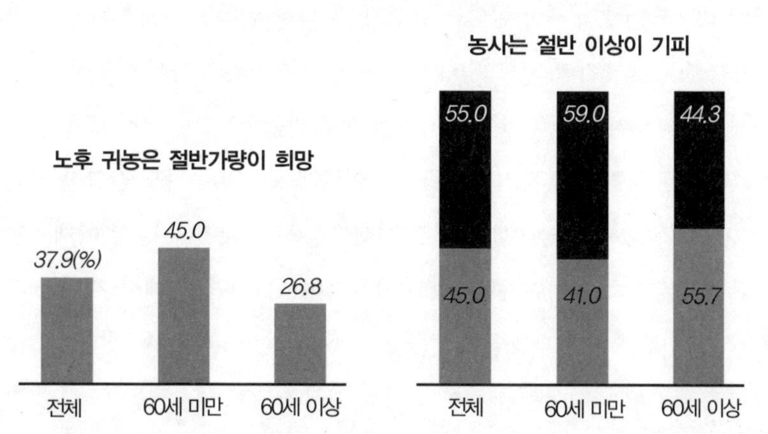


▌(자료: KDN리서치, 1198명 대상)

다. 이 기사는 이런 조사결과는 농사에 대한 철저한 준비 없이 무턱대고 귀농하는 경향을 보여주는 것이라는 분석을 내놓았지만, 다른 측면으로 보면 농촌에 가서도 도시에서 해오던 생활을 그대로 할 수 있으면 좋겠다는 생각을 많이들 하고 있음을 보여주는 것이라고 해석할 수도 있다.

그렇다면 도시에서 생활해온 사람들의 이런 은퇴 후 소망, 즉 도시생활을 유지하면서 농촌에서 살고 싶다는 것은 어리석은 생각에 불과한 것일까? 나는 그렇지 않다고 생각한다. 사실 어떻게 보면 현재 귀농자들이 일반적으로 선택하고 있는 방식으로 도시의 은퇴자들이 귀농하는 것에도 문제점이 있다. 평생 도시생활을 해온 사람이 생소한 농사일에 새롭게 몰두해 살아간다는 것은 고통스러운 일일 수도 있기 때문이다. 새로운 삶을 사는 것 자체가 쉬운 일이 아니다. 특히 나이가 50대 이상이 되어 기력이 쇠하고 새로운 것에 대한 적응력이 떨어진 뒤에 거주형태뿐만 아니라 생존에 필요한 일거리까지 모든 것을 처음부터 다시 시작하는 것은 대다수의 평범한 사람들에게는 불가능한 일이라고 생각된다.

그렇다면 어떻게 해야 한다는 말인가? 은퇴한 후에 도시에 그대로 눌러앉아 사는 것도 문제가 있고, 그렇다고 도시를 떠나 농촌에 가서 새로운 삶을 시작하는 것도 문제가 있다면 도대체 어떻게 하라는 말인가? 역시 뾰족한 대책이 없다는 말을 하려는 것인가? 아니다. 어떻게 보면 너무나도 간단한 해결책이 있다. 그것은 바로 농촌에 가서 도시생활을 하는 것이다. 물론 이제까지와는 다른 방식으로 살아야 하는 것은 마찬가지이겠지만, 위에서 제시된 다른 일반적인 인생 후반부 대책들보다는 이렇게 하는 것이 나을 수 있다.

농촌에 가서 도시생활을 하는 방법을 여러 가지로 생각해볼 수 있겠지만, 평범한 사람들도 충분히 실천할 수 있을 뿐만 아니라 일자리 걱정도 할 필요가 없게 해주는 획기적인 방법이 있다. 그것은 바로 인생 후반부를 살아야 하는 사람들끼리 자족하는 공동체를 농촌에 만드는 것이다. 이런 자족할 수 있는 공동체를 나는 '행복공동체'라고 부른다. 젊을 때 도시에서 추구하던 '성공하는 삶'이 아닌 인생 후반부의 '행복한 삶'을 추구한다는 의미에서 '행복공동체'라고 부르는 것이다. '자족하는 삶'은 행복하기 위한 하나의 조건 내지 수단일 뿐이다. 궁극적으로는 인생 후반부를 행복하게 살 수 있는 공동체, 이것이 바로 '행복공동체'의 취지다.

행복공동체가 구체적으로 어떤 것이냐는 앞으로 차례차례 설명하겠다. 여기서는 우선 내가 왜 행복공동체를 생각하게 됐는지에 대해서만 간단히 말하고자 한다. 행복공동체와 유사한 개념은 이미 여러 사람들이 여러 가지로 갖고 있었다. 가장 유사한 개념은 '대안적 삶'이다. 행복공동체가 실제로 마을을 이루고 산다는 측면을 강조하는 개념이라면, 대안적 삶은 경쟁과 성취에 매몰된 현 시대의 왜곡된 삶의 방식 대신 소박하면서도 내적으로 충만한 삶의 방식을 추구한다는 측면을 강조하는 개념이다. 따라서 대안적 삶은 행복에 대한 가치관의 전환이 전제된 삶의 방식이다. 최근에 몇몇 사람들이 모여 실천하는 생태공동체 활동이 그 대표적인 실행형태라고 볼 수 있다. 행복공동체와 생태공동체는 대안적 삶을 추구한다는 점에서는 유사하지만 서로 다른 점도 있다. 예를 들어 행복 공동체는 주된 참여대상자가 평범한 직장 은퇴자이고 수익성도 고려하면서 친환경 농업을 하는 것보다는 자급자족을 우선시한다는 점에서 생태공동체와 다르다고 할 수 있다.

생태공동체도 대안적 삶의 한 형태이고, 행복공동체도 대안적 삶의 한 형태인 셈이다. 즉 행복공동체를 이루고 살기 위해서는 대안적 삶을 선택해야 하는 것이다. 그렇다면 일반적으로 대안적 삶의 구체적인 실천방법은 무엇일까? 이런 질문에 대해 한 가지 답변을 해주는 〈주간동아〉 기사(2006년 10월 10일, 76~77쪽, 555호)를 일부 소개하겠다.

대안적 삶은 '생존'의 문제가 아니라 '의미'의 문제라고 했다. 그러니 사회운동 연구소 정수복 소장이 제시한 '새로운 삶을 위한 7가지 제안'을 눈여겨봐도 좋을 듯하다. ▲자기만의 시간 갖기 ▲내면의 평화 만들기 ▲느림의 생활양식 만들기 ▲가난한 삶 선택하기 ▲성찰성과 영성 키우기 ▲녹색 감수성 키우기 ▲보살핌의 윤리 실천하기가 그것이다.

대안적 삶을 위해서는 전향적 결단이 필요하다. 그것은 일견 혁명적이기까지 하다. 그러나 대안적 삶을 꿈꾸는 이들에게 '경전'으로 통하는 《조화로운 삶》의 저자 헬렌 니어링은 말했다. "생각한 대로 살아라. 그렇지 않으면 사는 대로 생각하게 된다."

**이 기사는 대안적 삶에 대한 학술적 논의도 소개하고 있다.**

2005년 10월 인제대에서 열린 '자본주의 사회의 대안적 삶'이라는 주제의 심포지엄이 그 한 예다. 이 자리에선 돈과 경쟁만을 중시하는 자본주의 사회에서 벗어나 아름답고 풍요로운 진정한 삶의 의미를 찾아보자는 취지에서 자급자족이 가능한 농업 중심의 소공동체, 각자가 지닌 물건·노동력·기술을 교환하자는 지역통화 운동 등이 논의됐다. 그러나 대안적 삶을 누리고 싶다고 해서 "자연으로 돌아가라"던 루소의 말을 따라 우리 모두가 '귀농'이라는 과감한 의식을 치를 수는 없다. 현실적으로 불가능하거니와 바람직하지도 않다. 대안의 선택은 언제나 기존의 것들에 대한 '비움'을 전제로 하는 법이다. 상당수 현대인들에겐 도시를 벗어나는 데서 파생될 '경제적 퇴행'이 큰 고민거리다.

생태공동체운동센터 이근행 사무국장은 "대안적 삶의 정의를 굳이 생태공동체 활동에 국한할 필요는 없다고 본다. 단순히 직업을 바꾸는 정도의 '생업 전환'도 대안적 삶이라고 볼 수는 없다"며 "현재의 삶의 틀을 벗어나되 그것이 궁극적으로 자연과 사회, 타인과 지금과는 다른 지속가능한 '관계 맺음'을 통해 한 단계 거듭날 수 있어야 대안적 삶이라고 부를 수 있을 것"이라고 말한다.

이 기사에서도 지적됐지만, 대부분의 사람들이 대안적 삶이 인생 후반부에 행복한 삶으로 가는 길이 된다는 것을 알고 있음에도 불구하고 과감하게 그것을 실행하지 못하는 이유는 기존 생활방식을 포기해야 한다는 점과 '경제적 퇴행'을 겪을 수 있다는 점을 우려하기 때문이다. 물론 생태공동체라면 그런 우려를 할 수 있을 것이다. 생태공동체는 도시에서도 살아갈 수 있는 젊은이들이 구성원으로 참여하는 방식이기 때문이다. 그러나 이미 도시에서 사실상 퇴출당한 것이나 다름없는 은퇴자들이라면 굳이 그런 염려를 할 필요가 없을 것이다. 내가 행복공동체의 가입대상자를 직장에서 은퇴한 평범한 사람들로 한정하고자 하는 이유가 바로 여기에 있다.

그렇다면 행복공동체가 직장 은퇴자들의 고민을 해결하는 방법이 된다고 내가 자신 있게 말할 수 있는 이유는 무엇일까? 행복공동체의 자세한 내용에 대해서는 나중에 다시 얘기하겠지만, 여기서 그 이유를 개략적으로 설명해보겠다. 우선 도시에서 직장 은퇴자들이 살아가려고 할 때 부닥칠 문제점이 무엇인가를 생각해볼 필요가 있다. 간단히 요약해 말하면 일을 하고 싶어도 마땅한 일자리가 없다는 점, 살아가는 데 비용이 많이 든다는 점, 올바른 인간관계 맺기가 힘들다는 점, 취미생활을 하고 싶어도 돈이 드는 경우가 대부분이라는 점, 느리게 사는 게 용납되지 않는다는 점 등을 거론할 수 있을 것이다. 현재의 일반적인 귀농방식대로 귀농을 할 때 부닥치게 되는 문제점으로는 어떤 것들이 있을까? 농사일을 새로 배워야 한다는 점, 농사로 돈을 벌려면 정신적으로나 육체적으로나 힘들다는 점, 주거환경이 불편하다는 점, 기존의 인적관계가 끊어지는데 농촌 사람들과는 사귀기가 힘들다는 점 등을 들 수 있을 것이다.

그렇다면 몇천 명 정도의 도시 사람들이 시골에 내려가서 함께 자족기능이 있는 행복공동체를 이루는 경우에는 위와 같은 문제들 가운데 어떤 것들이 해결될 수 있을까? 우선 도시에서 부닥치게 되는 문제의 대부분이 해결된다. 행복공동체에서는 일거리를 찾을 수 있고, 사는 데 비용이 별로 들지 않으며, 비슷한 처지의 사람들과 함께 모여 살기 때문에 새로운 인간관계를 맺기가 쉽고, 취미생활을 살려 생업으로 연결시킬 수 있고, 돈을 벌기 위해서가 아니라 자족할 수 있을 정도로만 일을 하기 때문에 힘들지 않게 일하고 느리게 살 수 있다. 그런가 하면 귀농할 때 부닥치게 되는 문제도 대부분 해결된다. 행복공동체 회원들 가운데 농사를 잘 아는 사람들이 있는 경우에는 구태여 내가 농사짓는 법을 배우지 않아도 된다. 돈을 벌기 위해서가 아니라 자급자족하는 정도로만 농사를 지으면 되니 농산물을 외부에 팔려고 아등바등하지 않아도 된다. 행복공동체는 마을을 별도로 이루는 방식이기 때문에 얼마든지 건강에 좋으면서 살기 좋은 주거환경을 만들 수 있다. 지금 일반화된 방식으로 귀농하는 경우에는 기존의 농촌 주민들 속으로 도시 사람들이 개별적으로 이주하게 되기 때문에 농촌 사람들에게 왕따를 당하는 문제가 생긴다. 하지만 귀농자들 중심으로 새로운 마을을 만들면 그런 문제는 발생하지 않을 뿐만 아니라 귀농자들이 기존의 농촌 사람들에게 문화적인 혜택을 비롯한 여러 가지 혜택을 줄 수 있으니 농촌 사람들도 환영하게 될 것이다.

# 행복공동체의 모습

행복공동체는 시골에 만들게 될 자족할 수 있는 규모의 마을이다. 자족할 수 있는 규모란 생각하기에 따라 다르겠지만 일단 1천 명 이상, 최대 5천 명까지의 인원이 살 수 있는 크기를 말한다. 왜 그렇게 사람이 많아야 하느냐고 반문하는 독자들이 있을 것 같다. 가장 큰 이유는 그 마을이 말 그대로 자족할 수 있는 규모가 돼야 한다는 데 있다. 빵집을 하든 미용실을 하든 주민이 적어도 1천 명 정도는 돼야 경제적인 규모로 할 수 있지 않겠는가? 물론 주민 수가 5천 명 정도가 되면 그 마을이 더욱 경제적인 규모가 될 것이다. 그러나 주민 수가 5천 명을 넘게 되면 그 마을이 더 이상 공동체의 기능을 발휘하기 어려울 것으로 생각된다. 이런 숫자는 무슨 학술적인 근거에 입각해 제시하는 것은 아니다. 주민 수가 어느 정도가 돼야 공동체를 이루는 데 이상적이냐 하는 것은 실제로 공동체를 이루어 살아가면서 합의에 의해 결정하는 게 바람직하다고 나는 생각한다.

행복공동체가 자족을 하기 위해서는 구성원의 수도 중요하지만 각자가 자신의 역할을 할 수 있어야 한다. 농사를 짓는 사람만 있어도 곤란하고, 미용을 하는 사람이 너무 많아도 안 될 것이다. 행복공동체가 원활하게 돌아갈 수 있도록 서로 다른 능력을 가진 사람들이 골고루 모이는 것이 이상적이다. 행복공동체의 자족을 위해 농사를 지을 줄 아는 사람은 반드시 있어야 한다. 댄스를 잘 하는 사람과 명상을 가르칠 수 있는 사람도 있다면 행복공동체의 주민들이 풍요로운 생활을 하는 데 도움이 될 것이다. 이렇게 다양한 능력을 가진 사람들이 모여 각자 자신이 잘할 수 있는 일을 하다 보면 행복공동체가 자연스럽게 굴러갈 것이다. 그러면 구성원들이 힘들지 않게 일하면서 생계를 유지할 수 있는 자족의 공동체가 실현될 수 있다.

행복공동체의 구성원들은 몇 가지 기본적인 원칙을 정해서 지켜야 할 것이다. 가장 중요한 원칙은 행복공동체에서는 누구도 돈을 벌려고 하면 안 된다는 것이다. 돈은 행복공동체에 들어올 때 가지고 있었던 것을 지키는 선에서 만족하고, 돈을 버는 일은 생계를 유지할 수 있는 정도로만 해야 한다. 행복공동체의 구성원들이 서로 돈을 벌려고 아등바등하다 보면 다툼이 생겨날 것이 뻔하고, 그렇게 되면 애초에 행복공동체를 만든 의미가 사라질 것이기 때문이다. 행복공동체에 들어오면 기본적인 생활은 보장이 되는 대신에 자신의 개인적인 욕심은 버리고 여유로움 속에서 행복을 찾도록 해야 한다. 그래서 행복공동체에 들어올 수 있는 자격을 가능하면 50세 이상의 직장 퇴직자로 정하려는 것이다. 물론 나이가 절대적인 기준이 돼야 하는 것은 아니다. 자신의 욕심을 내려놓고 최소한의 것만을 누리는 생활을 하면서 행복을 찾고자 하는 사람이라면 누구든 가입할 수 있다. 하지만 일반적으로 50세 이상은 돼야만 직장으로부터, 그리고 자식들로부터 자유로운 입장에서 자신만의 삶을 찾고자 할 수 있을 것이다.

이처럼 욕심을 버리고 자족할 수 있는 정도로 생활하는 데 만족한다면 구태여 힘들게 많은 일을 할 필요가 없다. 그저 자신의 생계를 유지하는 데 필요한 최소한의 일을 하고 남는 시간에는 자신의 행복을 찾는 일을 하면 된다. 가장 기본적으로 해야 하는 일은 농사일 것이다. 생계를 유지할 수 있을 정도로만 농사를 짓는다면 텃밭에서 채소를 가꾸고, 마당에서 닭을 기르고, 뒷산에서 과실수를 키우면 될 것이다. 규모의 경제가 요구되는 농사, 예를 들면 벼농사의 경우에는 그것을 잘하는 사람이 공동체 안에 있다면 나머지 사람들은 품만 팔면 된다. 농산물을 외부에 팔아야 할 필요가 없기 때문에 농약이나 비료를 주지 않아도 될 것이다. 내가 농사일을 잘 모르기는 하지만, 요즘 유기농을 할 수 있는 능력을 가진 사람이 많이 있으니 그런 사람이 가르쳐주는 대로 농사를 지으면 되지 않을까 생각한다. 외부에 농산물을 팔 게 아니라면 생산 비용을 낮추려는 노력을 무리하게 할 필요가 없을 것이다. 생산된 농산물이 자족을 하고도 남는다면 물론 외부에 팔 수도 있을 것이다. 하지만 처음부터 외부에 팔기 위해 농사를 많이 짓는 것은 반대한다. 왜냐하면 욕심을 버리는 것이 행복공동체의 기본적인 원칙이기 때문이다. 외부에 농산물을 팔아 돈을 벌고자 하는 욕심이 개입되면 힘들게 일해야 하는 결과가 초래될 것이다.

행복공동체는 농사 외에도 많은 기능이 필요하다. 예를 들면 의료, 미용, 의복, 문화, 종교 등의 기능이 필요할 것이다. 그런 각각의 기능은 그에 해당하는 능력을 가진 구성원이 제공하면 된다. 의료의 경우를 예로 들면, 은퇴한 의사가 돈을 벌려는 목적에서가 아니라 자신의 능력을 제공하는 데서 행복감을 느낄 목적에서 환자를 돌봐줄 수 있을 것이다. 미용사도 미용실을 운영해서 돈을 벌려고 하지 않고 최소한으로 생계를 유지하는 데 필요한 시간만큼만 미용 일을 하고 나머지 시간에는 스스로 행복해지기 위한 활동을 하면 될 것이다. 그러니까 행복공동체의 구성원들은 농사일을 기본으로 하고 이에 더해 자신이 가진 능력을 발휘할 수 있는 일을 하되 나머지 시간에는 자신의 행복을 추구하면 된다. 예를 들자면 취미활동을 하거나 이웃과 친교를 나누거나 자신이 하고 싶은 일을 하는 것을 통해 행복을 추구하자는 것이다.

자신이 가진 것을 남들과 나누고 공유하는 삶을 살아야 행복을 누릴 수 있다는 점을 충분히 이해한다면 위와 같은 형태의 삶을 살 수 있다. 댄스를 할 줄 아는 사람은 배우고자 하는 사람들에게 댄스를 가르쳐주면 된다. 요가나 명상을 할 줄 아는 사람은 즐거운 마음으로 그것을 다른 구성원들에게 가르쳐주면 된다. 다른 사람들에게 뭔가를 가르쳐준 사람은 그만큼 다른 사람들로부터 다른 뭔가를 배울 권리를 갖게 된다. 뭔가 활동을 해서 공동체에 공헌을 하면 그 대가를 돈으로 받는 게 아니라 공동체 안에서만 통용되는 자체 통화로 받도록 하는 게 바람직하다. 쉽게 얘기하자면, 공동체에 기여하는 활동을 통해 자신의 마일리지를 적립할 수 있게 하고 그 마일리지를 활용해 자신이 배우고자 하는 것, 얻고자 하는 것을 다른 구성원에게서 배우거나 얻을 수 있게 하자는 것이다.

이렇게 자체 통화를 사용해야 하는 이유는 구성원들이 욕심을 버리는 데 그것이 도움이 되기 때문이다. 활동의 대가는 자신의 행복을 위한 수단으로만 쓰여야 한다. 그 밖의 다른 용도로 쓰기 위해 대가를 쌓다 보면 결국 욕심이 생기게 되고, 구성원들 간에 갈등이 생겨나게 되기 때문이다. 행복공동체 자체 안에서 조달되지 못하는 품목이나 서비스를 외부에서 구입하기 위해서는 물론 돈이 필요할 것이다. 하지만 이 문제는 공동체 전체 차원에서 해결하면 된다. 외부에 지불해야 하는 경비, 예를 들면 핸드폰 사용료와 같은 것은 개인별 마일리지를 모아 공동체에서 대신 지불하면 될 것이다. 세세한 규칙은 행복공동체 구성원들이 차츰 만들어가겠지만, 기본적인 원칙은 개인이 자기 재산을 늘릴 수 있게 하는 체제는 바람직하지 않다는 것이다.

구성원 중에 대외활동을 하는 사람들도 있을 것이다. 예를 들면 나 같은 경우에는 강연을 다닌다든가 책을 쓴다든가 하는 작업을 할 수 있을 것이다. 하지만 이런 일도 생계를 유지하면서 자신의 행복을 추구할 수 있는 선에서 그치는 게 바람직할 것이다. 또한 대외활동의 대가로 얻는 수입도 공동체에서 통용되는 마일리지로 바꿔 적립하는 게 바람직하며, 그것을 개인소득으로 돌리는 것은 좋지 않을 것 같다. 행복공동체에서 기업 활동을 하기를 원하는 사람도 있을 것이다. 하지만 확장 위주의 기업 활동은 바람직하지 않다. 자족하고 남은 농산물을 버리느니 외부에 팔기 위한 기업 활동 정도는 허용될 수 있을 것이다. 아니면 이 경우에도 공동체의 재정이 어느 정도 넉넉하다면 남은 농산물은 고아원, 양로원 등에 기부하는 것이 바람직하지 않을까. 행복공동체에서 일반적인 기업 활동을 하는 것에 반대하는 이유는 기업 활동이라는 것 자체가 그 속성상 욕심을 기본으로 하는 것이어서 구성원들 간에 갈등의 요인이 될 가능성이 높기 때문이다.

한 가지 꼭 짚고 넘어가야 할 것은 공동체의 부동산 문제다. 행복공동체에서 자신이 입주해 살 집은 자신이 직접 짓거나 구입하는 것이 원칙이 돼야 한다. 그렇다고 하더라도 부동산의 가격이 오를 경우에 그에 따른 이득이 개인에게 돌아가게 하는 것은 바람직하지 않다. 그 이유는 앞에서도 누누이 설명했지만, 그렇게 하면 자칫 구성원들이 제사보다 젯밥에 눈이 멀게 될 가능성이 있기 때문이다. 아니, 가능성 정도가 아니라 틀림없이 그렇게 될 것이다. 예를 들어 1억 원에 집을 사면서 행복공동체에 들어왔는데 주민 수가 늘어나고 인근 지역이 개발되면서 그 집의 가격이 2억 원으로 올랐다고 하자. 그러면 그 집을 산 사람은 자기가 그렇게 한 것이 부동산 투자였다고 생각하게 될 수 있다. 집값 상승분이 개인의 이득이 된다면 그렇게 되는 것을 본 뒤에 행복공동체에 가입하는 사람들 중에는 행복하기 위해서가 아니라 돈을 벌기 위해서 위장으로 가입하는 경우도 발생할 수 있다. 물론 대부분은 그렇지 않겠지만 한두 사람만이라도 그렇게 위장으로 가입하는 경우가 발생한다면 행복공동체의 취지가 전체적으로 퇴색할 수밖에 없다.

　그렇다면 부동산 문제는 어떻게 해결하는 게 좋을까? 이 문제에 대해서는 나도 아직은 뚜렷한 대책을 갖고 있지 않다. 하지만 행복공동체의 기본 원칙을 지키면서 이 문제를 해결할 수 있는 대책을 행복공동체 구성원들이 만들어낼 것이라고 나는 확신한다. 가능한 해결방안 중 하나는 행복공동체에 가입하는 사람이 집값에 해당하는 돈을 행복공동체에 회비로 내면 행복공동체가 그 돈으로 집을 사거나 짓는 것이다. 그러면 회비를 내고 가입한 사람은 행복공동체가 사거나 지은 집에 임대로 들어가 살면 될 것이다. 만약 그 사람이 행복공동체에서 나가게 되는 경우에는 들어올 때 낸 회비를 찾아갈 수 있게 한다. 이렇게 하면 부동산 가격이 올라도 개인에게는 전혀 혜택이 돌아가지 않을 것이다. "그렇게 하면 행복공동체만 돈을 버는 게 아니냐?"는 질문을 하는 독자가 있을 것 같다. 하지만 잘 생각해보면 그렇지 않다는 것을 알 수 있다. 부동산을 통해 돈을 버는 것은 부동산을 처분할 경우에 가능한 것이지 행복공동체가 지속적으로 유지된다면 그 부동산을 팔지 않을 것이니 부동산 가격이 올라봐야 행복공동체에는 아무런 의미가 없다.

　또 이런 염려도 할 수 있을 것이다. 행복공동체의 구성원들이 다 욕심을 내려놓으면 결국은 행복공동체 자체가 권력기관화하고 행복공동체를 운영하는 소수가 이익을 착복할 수 있지 않겠는가? 이런 염려를 하는 것은 충분히 일리가 있다고 생각한다. 대부분의 공동체들이 안고 있는 문제가 바로 그런 것인 경우가 많기 때문이다. 하지만 행복공동체는 어느 개인이 주동하거나 좌지우지하는 공동체가 아니다. 행복공동체는 구성원들 모두가 주인이다. 행복공동체는 구성원들이 자신들의 행복을 추구하는 방향으로 공동으로 운영해야 한다. 행복공동체를 그런 공동체로 만드는 역할은 행복공동체의 체제를 구체적으로 만들고 가다듬어가는 초창기 회원들의 몫이다. 나는 행복공동체가 그런 방향으로 투명하게 운영될 수 있을 것으로 확신한다. 모든 욕심을 다 내려놓는 마당에 재정을 비롯해 행복공동체의 운영과 관련된 모든 결정을 공개적으로 하고 투명하게 하는 게 무엇이 그리 어렵겠는가? 더구나 지금은 스마트폰을 비롯한 통신기술의 발달로 구성원들 간의 네트워크가 실시간으로 원활하게 작동하기 때문에 일부 사람들의 전횡은 구성원들의 감시로 충분히 방지될 수 있을 것이라고 나는 확신한다.

행복공동체가 얼마나 순조롭게 정착되느냐는 구성원들 간에 공감대가 얼마나 잘 형성되느냐에 달려있다. 욕심을 내려놓고 행복만을 추구한다는 데 충분히 공감이 이루어진 상태라면 무슨 문제가 생기더라도 해결책이 나오리라고 나는 확신한다. 지금은 집단지성(smart mob)의 시대다. 같은 지향을 가진 행복공동체 구성원들이 집단지성을 발휘한다면 해결하지 못할 문제가 없을 것이다. 이렇게 구성원들 간에 공감대가 형성돼야 하기 때문에 애초부터 구성원들을 잘 골라 선택하는 것이 무엇보다 중요하다. 또한 새로 가입하는 구성원들이 행복공동체의 취지와 비전을 잘 이해하도록 그들을 교육하거나 그들과 충분한 토론을 하는 것이 필수적이다.

처음에 행복공동체를 만들 때는 구성원들을 잘 골라 선택하는 게 힘든 일일 수 있다. 하지만 행복공동체가 어느 정도 자리 잡은 다음에는 추가로 새로운 구성원을 받아들일 때 철저한 검증의 절차를 밟기만 하면 된다. 예를 들어 퇴직을 앞둔 사람이 행복공동체에 가입하기를 원하면 휴가기간 등을 활용해 행복공동체에 직접 오게 해서 그에게 사전교육을 하거나 구성원들과 같이 생활하게 하면서 그가 행복공동체의 정신을 받아들일 수 있는 사람인지를 알아봐야 한다. 이런 과정을 거쳐 그를 평가해서 가입승인 여부를 결정하는 것이다. 이것만으로 가입 절차가 끝나는 것은 아니다. 실제로 행복공동체에 들어오기 위해서는 1년 정도의 탐색기간을 갖는 게 바람직하다. 그 기간이 끝나면 예비회원의 이웃에 거주하는 사람들이 판단을 해보고 만장일치로 받아들일 때에만 그에게 정식으로 가입할 수 있게 해주면 된다.

　이런 얘기를 하면 "행복공동체가 뭐 그리 대단한 조직이라고 그렇게 까다롭게 자격심사를 하겠다는 거냐?"라거나 "그렇게 까다로운 가입조건을 내거는 것은 인간을 차별하겠다는 것 아니냐?'라면서 반발하는 사람들도 있다. 하지만 다소 까다로운 가입절차를 두려는 것은 결코 사람을 차별하고자 해서가 아니다. 그보다는 오히려 서로에게 도움을 주고자 하는 것이다. 행복공동체가 원활하게 운영되려면 구성원들 사이에 마음이 서로 맞아야 한다. 한 사람이라도 전체가 추구하는 취지에 반대하게 되면 행복공동체는 의외로 쉽게 깨질 수도 있다. 그렇기에 새로운 회원을 받아들이는 데서 신중한 태도를 취하는 것이 절대적으로 필요하다. 또한 행복공동체에 가입하려는 사람의 입장에서도 행복공동체의 취지가 자신이 추구하는 가치와 다르다는 사실을 뒤늦게 알게 되면 행복해지려고 행복공동체에 가입했다가 오히려 더 불행해질 수도 있지 않겠는가.

　행복공동체의 모습이 어떠한 것인지에 대해서는 여러 가지로 말할 수 있겠지만 한 마디로 요약해 말한다면 '성공을 지향하는 기존의 가치관을 버리고 자연과 조화를 이루는 생활방식을 통해 행복을 추구하는 삶을 사는 공동체' 다. 《오래된 미래(Ancient Future)》라는 책을 쓴 언어학자이자 환경운동가인 헬레나 노르베리 호지는 인도의 최북단에 있는 라다크 사회를 통해 진정한 행복이 무엇인가를 설명하고 있다. 그가 라다크에서 확인한 사실은 '풍요'가 늘어나면 늘어날수록 자연환경이 파괴되고, 문화와 커뮤니티가 와해되며, 사람들 사이의 관계가 소홀해진다는 것이다. 이런 현상은 우리도 경험하고 있는 것이다. 그가 제시한 해결책은 지역 커뮤니티의 활성화다. 지역 커뮤니티에 자신이 소속돼 있다는 인식이 바로 행복의 열쇠라는 것이다. 행복공동체가 추구하는 '자족할 수 있는 지역공동체'가 바로 그런 것이다. 행복공동체는 인맥을 맺는다는 단순한 의미에 그치는 것이 아니다. 행복공동체는 구성원에게 소속감을 주게 되고 그럼으로써 구성원이 행복감을 느낄 수 있게 해줄 것이다.

그 밖에도 여러 가지 의문이 있을 수 있다. 행복공동체와 관련해 자주 듣게 되는 질문들에 대해서는 뒤의 2부에서 살펴보도록 하고, 여기서는 한 가지만 더 언급하기로 하겠다. 행복공동체 안에서 기본적인 생활이 다 이루어진다고 하더라도 가끔은 외부에서 활동을 해야 할 필요가 있을 수도 있지 않겠느냐는 질문을 자주 듣게 된다. 예를 들어 해외여행을 가고 싶으면 여행경비 문제를 어떻게 해야 하느냐는 것이다. 원칙적으로는 해외여행을 가고 싶은 사람이 개인적으로 원래 갖고 있던 자기 돈을 쓰면 될 것이다. 하지만 해외여행의 내용에 따라서는 행복공동체의 마일리지를 사용하는 것이 허용될 수도 있을 것이라고 생각한다. 해외여행을 하는 목적과 방법이 무엇인지가 중요할 것이다. 해외에 나가 골프를 치기 위한 여행이나 기타 호화여행을 하기 위한 것이라면 그런 해외여행에는 마일리지를 사용할 수 없게 하는 것이 바람직하다. 하지만 성지순례나 문화탐방을 하기 위한 여행과 같이 누가 봐도 행복을 추구하는 것을 목적으로 한 해외여행이라면 행복공동체에서 부담할 수 있는 범위 안에서는 행복공동체의 마일리지를 해외여행 경비로 사용할 수 있도록 해야 할 것이다.

지금까지 여러 가지 예를 들어가며 행복공동체에 관한 얘기를 했지만, 그 가운데 가장 근본적인 얘기는 행복공동체의 구성원들은 진정한 행복을 추구하기 위해 서로 공감할 수 있는 공통의 목표를 세우고 그 목표를 달성하는 방법을 스스로 찾아가리라는 것이다. 행복은 다른 누군가가 만들어주는 게 아니며, 각자가 스스로 행복을 찾아가는 과정 자체가 행복이기 때문이다.

# 나는 왜
# 행복공동체를 만들려고 하는가

나는 요즘 누구를 만나든 행복공동체 얘기를 하고, 그럴 때마다 신이 난다. 대부분의 경우에는 내가 먼저 행복공동체 얘기를 꺼내지만, 상대방이 내가 매주 보내주는 뉴스레터에서 행복공동체에 관한 글을 읽었다면서 먼저 행복공동체 얘기를 꺼내는 경우도 점점 더 늘어가고 있다. 이는 행복공동체에 대해 관심을 갖는 사람들이 많아지고 있다는 뜻으로 해석되어서 나로서는 기쁘다. 하지만 아직도 대부분의 반응은 "이상은 좋지만 실현이 되겠어요?"다. 다소 적극적인 사람들은 행복공동체의 구체적인 모습에 대해 물어보기도 하고 "어디에 열 것이냐?", "부지는 매입했느냐?"라는 등 앞서가는 질문을 던지기도 한다. 가끔씩만 듣게 되는 질문이지만 "왜 행복공동체를 만들려고 하느냐?"고 묻는 사람도 있다.

그 가운데 "왜 행복공동체를 만들려고 하느냐?"는 질문을 제외한 다른 질문들에 대해서는 이 책의 2부에서 답해보려고 한다. 행복공동체는 나를 포함해 어느 개인이 아닌 행복공동체 구성원 모두가 주도적으로 만들어가는 것이긴 하지만, 그래도 내가 가장 먼저, 그리고 가장 심각하게 행복공동체에 대해 생각해왔으니 그렇게 생각해온 바를 얘기해보겠다는 것이다. 따라서 이 책에서 내가 말하는 답은 완전한 정답이 아니며, 단지 행복공동체에 대한 논의의 시발점 정도라고 이해주었으면 한다.

그럼 이제부터 "왜 행복공동체를 만들려고 하느냐?"에 대해 답을 해보겠다. 사실 어떻게 보면 답은 아주 간단하다. 한마디로 나 자신이 그런 행복한 공동체에서 살고 싶기 때문이다. 나는 나름대로 인생 후반부에 대한 준비를 해왔다. 《행복하게 나이 들기》라는 책도 썼고, 나 스스로 그 내용에 따라 건강, 일 찾기, 마음준비 등도 실천해오고 있다. 하지만 그렇게 준비를 해도 자신이 없기는 여전했다. 책을 쓰고 강의를 해도 수입이 들쭉날쭉하고, 도시에서 나이 들어 프리랜서로 생활한다는 게 쉬운 일이 아니다. 갈수록 빨라지는 세상의 변화에 적응하기도 힘들다. 스마트폰, 트위터, 페이스북 등 다양한 SNS(Social Network Service)를 통해 젊은이들을 따라가는 것도 버겁다. 책을 쓰고 강의를 하려니 세상의 변화를 쫓아가고 더 나아가 앞서 가기도 하는 것이 필요한데 실상은 그렇지 못하니 갑갑하기만 하다. 나름대로는 온라인 활동도 적극적으로 하고 있고 기업과 대학에서 강의 요청도 받고 있지만 언제까지 이렇게 살 수 있을지는 자신이 없다.

은퇴를 준비해야 한다고 주장하며 그 방법까지 얘기하는 나도 이렇게 마음이 답답한데, 대책은커녕 직장생활 하기에도 바쁜 사람들은 오죽할까? 나는 고민을 하다가 이런 질문을 던져봤다. '변하는 세상을 따라잡는다고 해서 내가 행복하게 살 수 있을까?' 그러자 '성공하려면 따라가는 게 맞지만, 행복하려면 이건 아니다'라는 생각이 문득 들었다. 오히려 인간으로서의 본성에 맞춰 진정한 자아를 찾는 것이 행복으로 갈 수 있는 길이 아닐까? 특히 인생 후반부에도 계속해서 세상을 따라가려고 발버둥치는 것은 방향이 잘못된 것이라는 결론에 이르게 됐다. 이제까지 세상을 쫓아가며 살아왔다면 이제부터는 진정한 나를 찾고 나 자신의 행복을 좇는 삶을 살아야겠다는 생각을 하게 된 것이다.

그런데 그 길은 나 혼자서 갈 수 있는 길이 아니었다. 물론 구도의 길을 찾아 떠나는 스님들처럼 속세를 등지고 모든 것을 버리면 혼자서도 갈 수 있겠지만, 그렇게 할 용기까지는 나지 않는다는 게 문제였다. 《공지영의 지리산 행복학교》에 나오는 버들치 시인이나 낙장불입 시인과 같이 산에 들어가 '자발적 가난'의 삶을 살기에도 나는 좀 덜 떨어졌다. 또 기업인의 마음자세로 귀농을 해서 성공하고 싶다는 의지도 없다. 이제부터 농사를 배우고 손발에 물집이 생기도록 농사일을 할 만한 체력도 용기도 갖고 있지 않다. 그렇다고 농산물 유통에 뛰어드는 것은 그동안 도시생활을 하면서 닦아놓은 길보다 불확실성이 더 높다고 생각된다. 이미 수많은 사람들이 그 길로 뛰어들어 열심히 일하고 있지 않은가.

그래서 나는 도시생활 방식을 유지하면서 귀농을 통해 자족하는 삶을 실현하는 행복공동체를 만들고자 한 것이다. 그런 공동체에서 내가 할 수 있는 역할만 하면 가난하더라도 편안하고 행복하게 살 수 있지 않을까? 이것은 가능하다는 생각이 들었다. 어떻게 보면 소박한 꿈이고, 어떻게 보면 상당히 몽상가다운 꿈이다. 하지만 '꿈은 이루어진다'고 하지 않았던가. 더욱이 많은 사람들이 같이 꾸는 꿈이면 얼마든지 이루어질 수 있다고 나는 확신한다. 물론 그 길이 평탄하고 수월하지는 않겠지만, 그러니까 더욱 도전해볼 만한 가치가 있는 게 아니겠는가. 더구나 나 자신의 행복을 위해서 하는 일이니 말이다. 엄청나게 노력해도 안 되는 일도 아닌 것 같고, 특정한 자질이나 배경이 있는 사람들만 갈 수 있는 길도 아닌 것 같은데, 그렇다면 시도해볼 만하지 않은가. 평범한 사람도 누구나 마음만 먹으면 행복해질 수 있는 방법이라면 그 방법을 통해 행복을 찾는 것이 좋지 않겠는가.

사람들이 나에게 던지는 "왜 행복공동체를 만들려고 하느냐?"는 질문은 그 이면에 '혹시 혹세무민하려고 하는 거 아냐?' 라는 뜻도 포함하고 있다는 것을 나는 안다. 사이비 종교 교주가 나름대로의 공동체를 만들어놓고는 가입하는 사람들의 재산을 가로채는 경우를 수도 없이 많이 봐왔기 때문에 갖게 되는 당연한 의문이라고 생각한다. 하지만 나는 그런 카리스마도 없고, 그런 욕심도 없다. 물론 내가 아닌 다른 누군가가 그런 욕심을 낼 소지는 있다. 하지만 '구더기 무서워서 장 못 담그나' 라는 속담대로, 그런 염려 때문에 행복공동체는 안 된다고 성급하게 결론을 내리는 것은 잘못이라고 생각한다. 그러나 그런 염려를 하는 것도 일리가 있기 때문에 나는 행복공동체를 만드는 과정 자체에 회원들이 같이 참여해야 한다고 생각한다. 나중에 실제로 행복공동체를 만들어 운영할 때에도 가능하면 모든 결정을 구성원들이 직접 하는 방법으로 운영했으면 한다. 또한 재정을 비롯한 행복공동체의 모든 일에 대한 운영의 내용을 투명하게 공개하고, 믿을 수 있을 만한 외부의 기관으로 하여금 상시적인 감사를 하게 하는 체제를 갖추었으면 한다. 행복하게 살기 위해 모인 사람들이 무얼 숨기고 무얼 공개 못 하겠는가. 특히 요즘은 컴퓨터의 발전과 스마트폰 등 개인 IT 기기의 발전으로 주민들이 직접 공동체의 결정에 참여하는 것이 과거보다 훨씬 쉬워졌다고 생각한다.

이런 의문을 갖는 사람들도 있을 것이다. '나쁜 의미의 지역주의나 학연 등에 의한 편 가르기가 행복공동체가 제대로 운영되지 못하도록 방해하지 않을까?' 이것은 구성원들의 마음자세에 달린 문제라고 생각한다. 그렇기 때문에 구성원으로 참여할 수 있는 자격조건을 엄격하게 정하고, 미리 충분한 시간을 두고 서로 탐색해보아야 하며, 이런 과정을 거쳐 서로 마음이 맞고 행복공동체의 취지에 충분히 공감하는 사람들만 참여하도록 해야 한다. 일단 행복공동체의 구성원이 된 사람은 문제가 있다고 해도 나중에 퇴출시키기가 쉽지만은 않을 것이기 때문이다. 나중에 퇴출시킬 사람이라면 아예 처음부터 참여시키지 않는 것이 바람직하다. 누군가가 퇴출의 대상이 되는 사태가 일어나면 서로 불행해질 것이다. 행복해지려고 하다가 서로 불행해지면 안 되지 않겠는가. 그러므로 행복공동체에 새로 참여하려는 사람은 행복공동체에 대해 교육을 받고 체험도 충분히 해본 뒤에 실제로 참여할 것인지의 여부를 판단하도록 해야 할 것이다.

나는 행복공동체가 제대로 자리를 잡기까지는 나름대로 선도적인 역할을 할 것이다. 왜냐하면 무슨 일에서든 누군가가 앞장서서 추진해야만 같은 뜻을 가진 사람들이 뭉칠 수 있기 때문이다. 나는 초기에는 구심점의 역할을 마다하지 않을 것이다. 하지만 행복공동체가 자리를 잡게 되면 나는 거기서 한 사람의 평범한 구성원으로서 행복하게 살고 싶다. 행복공동체의 모든 것을 시스템으로 만들어 어느 한 사람에게 의존되지 않게 하는 것이 내 꿈이다. 행복공동체 구성원들에 의한, 행복공동체 구성원들을 위한, 행복공동체 구성원들의 진정한 행복공동체를 실현하는 것은 얼마든지 가능하다고 나는 믿는다. 평범한 사람들이 서로 믿고, 서로 의지하고, 서로 도우면서 행복하게 살아갈 수 있는 행복공동체가 실현되어 나 자신이 그 일원이 되는 날이 빨리 오기를 기대해본다.

# 행복공동체 추진계획

행복공동체는 정해진 틀에 따라 진행되는 것이 아니라 구성원들이 스스로 의논하면서 만들어가야 하는 것이고, 그래서 추진일정도 확정돼있지 않다. 다만 일이 너무 늦게 진행되면 추진력이 상실될 염려가 있고, 반대로 너무 급하게 서두르다 보면 시행착오를 겪게 될 가능성이 있기 때문에 앞으로 4~5년 안에 행복공동체가 실제로 장소를 정하고 입주에 들어가는 게 바람직하지 않을까 생각하고 있다. 2~3년이면 너무 짧아서 참여하는 사람들의 생각을 모으는 게 힘들 것으로 생각되고, 10년이면 너무 길어서 일을 추진하는 동안에 동력이 상실될 염려가 있을 것으로 보이기 때문이다.

나는 2010년 1월 25일에 링크나우에 '행복공동체' 라는 클럽을 개설했고, 이 클럽을 통해 그동안 논의된 대로라면 2015년 1월에는 온라인상에서가 아닌 현실에서 실체를 가진 행복공동체의 모습을 구현하는 것을 목표로 삼는 게 어떨까 하고 생각한다. 방금 실체라고 말한 것은 행복공동체가 입지할 지역을 정하고 일부 회원들은 거기에 들어가 살기 시작하는 수준을 말한다. 한꺼번에 그런 일을 다 이룰 수는 없을 것이다. 내가 이 책을 쓰고 있는 시점에는 이미 1년간의 예비단계는 지나갔다. 그동안 온라인과 오프라인의 소통과

모임을 통해 공감하는 회원들을 모았다. 다음 단계는 기획단계로 20~50명의 실행위원들이 행복공동체에 대한 비전을 수립하고 그 실행계획을 짜는 단계다. 현재가 바로 이런 기획단계의 시작에 해당되는데, 이 단계는 앞으로 2년 정도 거쳐야 할 것으로 생각된다.

기획단계에서는 실행위원들이 수시로 모임을 갖고 기획에 참고할 만한 모임이나 사람들을 찾아다녀야 할 것이다. 이미 공동체를 이루고 살고 있는 장소, 농촌의 생태공동체, 개인적으로 귀농해서 살고 있는 사람들, 동호회원 마을, 실버타운 등을 방문하면서 필요한 정보를 얻고 아이디어를 가다듬어 가게 될 것이다. 주말농장 운영, 농촌체험 행사, 친환경 농가들과 제휴해 농산물 거래를 하는 사업 등을 하는 것도 이 과정에서 이루어질 것이다. 행복공동체 모임에 참여하고 있는 사람들은 2010년 12월에 실행위원 20여 명의 1차 모임을 가졌고, 2011년 1월에는 전라남도 구례에서 1박2일의 워크숍을 가졌다. 앞으로도 이런 실행위원들의 모임을 통해 행복공동체에 대한 의견을 모으고, 그 내용을 온라인으로 회원들에게 공개해 보다 폭넓게 의견을 모으는 작업을 반복하다 보면 행복공동체의 구체적인 모습이 차차 그려지리라고 생각한다.

행복공동체의 추진과정을 굳이 단계별로 나눠보면 다음과 같다. (1) 온라인상에 행복공동체 모임 만들기, (2) 정기모임과 농촌체험 행사를 통한 회원 확보, (3) 행복공동체의 실현을 위한 기획을 하고 공동체에 실제로 참여할 실행위원들의 모임(20~50명) 구성, (4) 구체적인 실행방안 마련과 공동체에 실제로 참여할 실행회원 200명 모집, (5) 소규모로 행복공동체 실행, (6) 입주회원 늘리기(최대 5천 명). 그동안 (1)번과 (2)번 단계는 실행됐고, 이제는 (3)번 단계가 실행되고 있다. 현재는 링크나우에만 행복공동체 모임을 만들었지만, 필요하다면 다른 온라인 사이트에도 행복공동체 모임을 만들려고 생각하고 있다. 현재는 실행위원이 30명 정도 확보된 상태이지만, 이들 외에 잠재적으로 실행위원으로 참여할 수 있는 사람들도 많다.

위에서 구분해본 6개의 단계 가운데 어느 단계가 가장 힘들까? 각각의 단계마다 다 어려운 점이 있겠지만, 나는 (4)번 단계로 넘어가는 과정이 가장 어려울 것이라고 판단하고 있다. 사실 (3)번 단계까지는 나의 개인적인 역량이나 나 자신을 보고 참여한 사람들의 면면으로 미루어보건대 어느 정도는 어렵지 않게 실행될 수 있을 것으로 생각한다. (4)번 단계로 넘어가는 과정의 어려움을 극복하고 그 단계의 과제를 달성하고 나면 행복공동체가 실체적인 모습을 드러내게 될 것이다. 그러면 그때 추가로 참여할 사람은 많을 것이라고 확신한다. 그래서 나는 (5)번 단계에 대해서는 그리 걱정하지 않고 있다. 또한 (6)번 단계에 들어가면 행복공동체에 참여하고자 하는 사람들이 넘쳐나서 적합한 회원들을 어떻게 가려내느냐가 문제가 될 것이라고 나는 생각한다.

나는 가장 어려울 것으로 생각되는 (4)번 단계를 달성하는 방안을 여러 가지로 고심하다가 행복공동체에 관한 책을 써서 펴내기로 결심했다. 바로 이 책이 그런 의도로 씌어진 책이다. 행복공동체를 실현하는 데 가장 핵심이 되는 부분은 행복공동체에 대한 비전을 공유하는 사람들을 모으고 그들 사이에 공감대를 형성하는 것인데, 나는 이 책이 그런 방향으로 도움이 되기를 바란다. 또한 행복공동체 관련 모임을 갖다 보면 행복공동체의 방향에 대해 궁금해 하는 사람들을 늘 만나게 되고 모인 사람들이 그 방향에 대해 왈가왈부하게 된다. 특히 모임을 가질 때마다 새로운 회원이 추가로 참석하곤 하므로 행복공동체의 취지와 비전에 대해 설명하다가 시간을 다 보내는 경우가 많다. 물론 나는 행복공동체가 내가 마련한 청사진에 의해 일사불란하게 진행돼야 하는 것은 아니라고 생각한다. 행복공동체에 참여할 회원들 모두가 스스로 행복공동체의 비전과 실행계획 등을 만들어야 한다. 왜냐하면 행복공동체의 주인은 바로 행복공동체에 참여한 회원들이기 때문이다. 하지만 다양한 생각을 가진 회원들의 생각을 한 방향으로 모으기 위해서는 일단 내가 생각해온 밑그림을 토대로 논의를 하는 것이 바람직할 것으로 생각된다.

이 책의 내용이 바로 그 밑그림이다. 내가 이 책을 통해 제시하는 나의 생각을 놓고 행복공동체 모임의 참여자들, 그중에서도 특히 실행위원들이 논의를 해나가면서 보태고 빼고 하다 보면 행복공동체의 모습이 점점 더 구체적으로 그려질 것이라고 생각한다. 이것이 이 책을 펴내는 첫 번째 목적이다. 그냥 백지에 여러 사람이 중구난방으로 그 모습을 그리는 것보다는 일단 이 책에서 제시되는 밑그림을 희미하게 그려놓은 뒤에 조금씩 고쳐나가는 게 효율적일 것이다. 물론 이 책 자체도 내가 쓴 1차 원고를 행복공동체의 실행위원들과 일부 일반 회원들에게 보여주고 그들이 말해주는 의견을 반영해 보완한 2차 원고를 가지고 만든 것이다. 이 책의 두 번째 목적은 행복공동체에 대해 아직 잘 모르는 다른 여러 사람들에게 행복공동체라는 희망을 알리는 것이다. 나를 보고 참여하는 사람들뿐만 아니라 내가 갖고 있는 생각에 동조해서 참여하는 사람들까지 폭넓게 모아야만 실행회원 200명을 달성할 수 있을 것이기 때문이다.

실행회원 200명 모집은 2013년까지 달성해보려고 한다. 실행위원 200명이 달성되면 본격적으로 행복공동체를 만들 장소를 정하는 작업에 들어갈 수 있을 것이다. 물론 실행회원 수를 200명까지 늘리기 전에 마쳐야 할 작업은 행복공동체에 대한 비전을 정립하고 실행계획을 세우는 것이다. 이런 일은 현재의 실행위원들이 앞으로 2년 동안 수행해야 할 과제다. 실행위원의 역할과 자격을 간략하게 정리해보면 다음과 같다.

### 실행위원의 역할

1. 행복공동체의 비전과 목표를 설정한다.

2. 행복공동체를 실현하기 위한 조사활동을 한다.

3. 토론을 통해 행복공동체의 규약을 만든다.


### 실행위원의 자격

1. 행복공동체의 취지를 이해하고 적극적으로 참여할 분.

2. 나이제한은 없지만 행복공동체의 필요성에 공감할 수 있는 40대 중반 이후가 우선.

3. 직장생활을 열심히 하고 있으나 인생 후반부에 대해 불안을 느끼고 행복을 찾기를 원하는 분.

4. 최소한의 활동경비를 스스로 부담하면서 조사활동과 토론 등에 적극적으로 참여할 수 있는 분.

5. 가능하면 여러 분야에서 활동하는 분들(예: 농사짓는 분, 사업가, 과학자, 의사, 법률가, 회계·건축·토목·전기 분야에 전문성이 있는 분 등).


실행위원은 행복공동체의 방향을 정해가는 과정에서 중요한 역할을 하는 사람이기 때문에 지원한다고 해도 모두 다 될 수 있는 것은 아니다. 그동안 행복공동체 활동에 어느 정도 참여해왔거나 행복공동체의 취지에 충분히 공감한다고 판단되는 사람들이 우선적으로 실행위원 후보가 된다.

행복공동체의 취지에는 이미 공감하지만 실제 참여는 행복공동체가 구체적으로 만들어진 뒤에 하려고 생각하는 사람들도 있을 수 있다. 굳이 실행위원을 하면서 고생할 필요 없이 행복공동체가 실현되면 그때 참여하면 되지 않겠느냐고 생각할 수 있는 것이다. 하지만 행복은 자신이 스스로 주체가 되지 않으면 찾을 수 없다고 나는 생각한다. 행복은 조건이 충족된 뒤에 생겨나 제 발로 우리를 찾아오는 것이 아니다. 행복은 이미 존재하고 있으나 우리가 보지 못하고 있는 것이니 우리가 스스로 눈을 크게 뜨고 찾아야 하는 것이다. 실행위원을 하면서 다른 실행위원들과 같이 행복을 찾다 보면 그 자체로 스스로 행복해지는 것을 느낄 수 있을 것이다. 어쩌면 이것이 바로 행복공동체의 실행위원들만이 누릴 수 있는 특전일지도 모른다.

행복공동체는 비전을 공유하는 것이 중요하기 때문에 행복공동체를 실제로 만든 뒤에도 참여하고자 하는 사람들에게 일정한 자격심사를 받게 할 것이다. 자격심사란 행복공동체의 취지에 공감하고 같이 살아갈 마음의 자세가 돼있는지를 살펴보는 과정이다. 실행위원이 되면 스스로가 그런 자격심사를 거친 것이나 다름없을 뿐만 아니라 자격심사의 기준도 직접 만들게 되기 때문에 실행위원의 역할을 수행하는 것이 결코 시간낭비가 아니다.

앞으로 실행위원 모임은 가능하면 한 달에 한 번 정도 가지려고 한다. 두 달에 한 번은 지방에 거주하는 실행위원의 집 근처에서 시간을 내어 그곳에 갈 수 있는 실행위원들이 1박2일로 모임을 갖고, 한 번은 주로 서울(가끔 지방)에서 전체모임을 갖는 형식으로 진행하면 어떨까 한다. 예를 들면 1월에는 지방에서 1박2일 회의를 가졌다면 2월에는 서울에서 전체회의를 갖고 3월에는 다시 지방에서 1박2일 회의를 갖는 식으로 하면 될 것이다. 실행위원들 모두가 매달 빠짐없이 모임에 참석할 수는 없을 것이다. 하지만 핵심적인 몇 명의 실행위원들은 가능하면 매달 빠짐없이 모임에 참석하는 것이 바람직하다. 왜냐하면 모임에서 같은 내용의 논의를 반복하지 않기 위해서는 논의의 진행 과정을 따라가고 정리해주는 역할을 누군가는 해야 하기 때문이다. 실행위원들을 분과로 나누고 각 분과에서 적어도 한 명 이상은 매달 빠짐없이 모임에 참여하도록 하는 것도 논의의 연속성을 유지할 수 있는 한 가지 방법이 될 수 있다.

전체 실행위원 수는 50명 이내로 제한하려고 한다. 실행위원이 너무 많으면 의견을 모으기가 힘들고, 너무 적으면 회원들 전체의 의견을 논의에 반영하기가 힘들 뿐만 아니라 매달 빠짐없이 참석하는 실행위원 수가 지나치게 적을 수 있기 때문이다. 격월로 지방에서 여는 1박2일 모임은 일종의 실행위원 워크숍이라고 할 수 있는데, 이렇게 지방에서 모임을 갖고자 하는 것은 농사를 지어본 경험이 있는 지방 실행위원들의 참여도를 높이고 그들의 의견을 논의에 반영하기 위해서다. 그래서 격월로 지방에서 갖는 실행위원 모임은 지방 실행위원의 거주지를 중심으로 지역별로 돌아가며 열려고 한다. 지방에서 1박2일로 실행위원 모임을 가질 때에는 단순히 회의만 하는 것이 아니라 그곳 실행위원의 농장이나 근처의 참고할 만한 공동체를 방문하기도 할 것이다.

실행위원들이 지방에서 1박2일 동안 같이 지내며 심도 있게 논의한 내용과 근처의 농장 또는 공동체를 방문해본 결과는 그 다음 달에 서울에서 열리는 전체회의에 보고되어 검토를 받게 될 것이다. 실행위원 전체회의에서 논의된 내용은 온라인상의 행복공동체 사이트에 게시해 일반 회원들이 그것을 보고 의견을 낼 수 있도록 할 것이다. 따라서 실행위원들이 행복공동체의 추진에서 핵심적인 역할을 하게 된다. 실행위원들은 물론 그런 활동을 하는 데 드는 시간과 경비를 스스로 부담하면서 일종의 자발적인 봉사를 하는 것이다. 그래서 실행위원들은 행복공동체의 취지에 적극적으로 공감하는 동시에 행복공동체의 실현을 위해 적극적으로 나서려는 열정을 갖고 있어야 한다.

실행위원으로는 지방으로 이미 귀농한 분과 도시에서 직장생활을 하고 있는 분 등 그 구성상 골고루 참여하는 게 바람직하다. 다양한 분야에서 일하는 사람들이 실행위원으로 골고루 참여해야만 다양한 의견이 반영될 수 있어 누구나에게 적합한 행복공동체를 만들 수 있을 것이기 때문이다. 특히 지방으로 이미 귀농한 실행위원의 경우에는 자신의 거주지에서 실행위원들이 모임을 가질 수 있도록 초청해주고, 그 지역의 농장이나 공동체를 방문할 수 있도록 주선해주는 역할을 해야 한다. 지방의 실행위원은 이 밖에도 서울에서 열리는 전체회의에 가끔씩이라도 참석하고 온라인상에 자신의 의견을 수시로 피력해주어야 한다.

실행위원들이 2년 동안 모임을 가지면서 행복공동체의 비전과 실행계획을 마련하는 동시에 행복공동체에 실제로 참여할 실행회원을 추가로 모아 실행위원 수를 200명으로 늘리는 것이 (4)번 단계에서 해야 할 일이다. 이 단계에서는 실행회원들을 중심으로 행복공동체 회원들이 농촌체험 행사에 참여하면서 농촌과 가까워지려고 노력해야 한다. 농촌체험 행사는 1년에 두 번 정도의 대규모 정기 행사와 수시로 실시하는 소규모 행사로 나누어 실시하려고 한다. 또한 서울 근교에서 실행회원들이 공동으로 소규모 주말농장을 운영하면서 친목도 다지고 농사체험도 하면 좋겠다고 생각하고 있다. 주말농장 운영은 주말에 자연스럽게 모여 농사도 짓고 친목도 다질 수 있게 해주는 이점이 있을 것으로 보인다.

2013년 1월까지 실행위원 200명이 확보되면 행복공동체 추진실무팀이 구성될 것이다. 추진실무팀은 그동안 실행위원들이 만들어놓은 추진계획에 따라 어디에 어떤 규모로 행복공동체를 만들 것인지를 결정하고 실행해나갈 것이다. 장소를 정하는 문제에 대해서는 2부에서 다시 설명을 하겠지만, 지방자치단체와 주변 주민들과의 의견조율이 가장 중요한 변수가 될 것으로 보인다. 지방자치단체와 주변 주민들이 행복공동체를 얼마나 호의적으로 보고 받아주느냐가 장소를 정하는 데 가장 큰 요인이 되지 않을까 생각된다.

장소가 정해지면 실무적으로 해야 할 일이 상당히 많아질 것이다. 행정적인 절차도 밟아야 하고, 어떤 시설을 지어야 할 것인지도 결정해야 하고, 부지도 정리해야 하고, 실제로 입주할 실행회원들의 집도 설계해 지어야 하기 때문이다. 이때부터는 몇몇 개인들의 역량에 의해서가 아니라 시스템에 의해 일이 진행돼야 할 상황이 될 것이다. 입주할 구성원들이 각자 역할을 맡아 자신의 개인적인 의견도 반영하고 행복공동체 전체를 위해 자신의 역할도 수행해야 하는 '고달픈' 시간을 보내게 될 것이다. 아마 이때쯤이면 행복공동체의 비전과 실행계획을 아무리 잘 세웠다고 해도 세세한 부분에서 갈등이 생기고 잡음이 일어날 가능성이 있다. 실질적으로 조직에 의해 행복공동체 계획이 실행되는 첫 번째 단계이기 때문에 시행착오를 겪을 가능성이 높다. 예를 들어 부실공사에 대한 우려가 제기될 수도 있고, 건설회사 선정과 관련해 잡음이 생길 수도 있을 것이다. 이런 문제점은 실행회원 중에서 건설 분야의 전문가들이 나서서 해결할 수 있을 것이다. 아예 회원들이 직접 공사를 하는 방법도 고려해볼 만하다. 아무튼 이런 문제점은 실제로 일을 진행하면서 해결해야 할 것이다. 따라서 이 단계에서는 상이한 이해관계와 다양한 의견을 조정하고 조율하는 기능이 필수적으로 요구될 것이다.

실제로 행복공동체 마을이 건설되기 시작하는 시기는 2015년쯤이 되리라고 기대하고 있다. 행복공동체 마을은 처음에는 자족할 수 있는 최소규모, 즉 100명 내지 200명 정도의 규모로 시작하는 게 바람직할 것으로 보인다. 행복공동체가 자족할 수 있기 위해서는 그 마을이 어느 정도의 규모는 돼야 하지만, 다른 한편으로는 입주자들 전체의 의견을 모으는 데 크게 힘이 들지 않는 정도로 규모를 제한할 필요가 있기 때문이다. 따라서 처음부터 행복공동체의 취지에 대해 공감하고 서로 의견을 나누면서 일을 진행해온 회원들이 같이 생활해가면서 문제점을 파악하고 시정해나가는 과정을 먼저 거쳐야 할 것이다. 이런 과정을 거치면서 문제점을 파악하고 전체 의견을 모아 고쳐나가면서 행복공동체의 아이덴티티를 만들어야 나가야 한다.

일단 소규모의 행복공동체 마을이 조성되면 그 뒤로는 조금씩 신입 주민들을 받아들이면서 주민 수를 늘려가면 된다. 신입 주민의 자격을 별도로 둘 필요는 없지만, 직장생활을 은퇴하고 부양가족에 대한 부담이 없는 사람들, 즉 일반적으로는 50세 이상이 바람직하다고 생각된다. 왜냐하면 행복공동체 마을은 기본적으로 먹고 살 수 있는 정도로 최소한의 활동을 하면서 '자발적인 가난'의 삶을 살기로 한 사람들이 모이는 곳이기 때문이다. 행복공동체에 들어와서도 돈을 벌어야 한다는 부담을 갖고 있다면 도시에서 생활하는 것과 별로 다르지 않은 생활을 하게 되고, 그로 인해 주민들 간에 갈등이 생길 소지가 많기 때문이다. 따라서 자발적 가난을 택하고도 행복하게 살 수 있는 사람들을 골라 그들에게 행복공동체의 정신을 알려주고 그것에 동의하는지를 확인하는 과정을 거쳐야 한다. 또한 그들로 하여금 실제로 행복공동체에서 일정한 기간 거주하게 하면서 기존의 행복공동체 주민과 그들이 서로 마음이 맞는지를 확인하는 과정을 거쳐야 한다. 이런 과정을 거쳐야만 행복공동체의 취지가 손상되지 않는 가운데 주민 수를 늘려갈 수 있을 것이다. 신입 주민을 받아들이는 데서는 이렇게 신중을 기해야겠지만, 일단 받아들인 뒤에는 당사자나 기존 주민들이나 죽을 때까지 같이 행복하게 살겠다고 마음먹어야 한다.

행복공동체는 농사체험, 명상, 자아를 찾는 프로그램, 트레킹 등의 분야에서 다양한 사업을 벌일 수 있을 것이다. 이런 사업은 행복공동체의 정신을 자연스럽게 널리 알리는 기회가 될 것이다. 행복공동체의 이런 사업에 고객으로 참여했다가 행복공동체의 정신에 진정으로 공감하게 된 사람들은 자신도 행복공동체에 참여하기를 원하게 될 것이고, 그러면 행복공동체는 그런 사람들을 심사해 받아들일지의 여부를 결정하게 될 것이다. 이런 과정을 통해 한 해에 수십 명 내지 수백 명씩 주민이 늘어나게 되면 행복공동체의 자족성은 더욱 높아질 것이다. 그러나 주민 수가 너무 많이 늘어나는 것은 바람직하지 않다. 앞에서도 말했지만 최대인원은 5천 명 정도로 보고 있다. 이 최대인원은 과학적인 근거에 의해 정한 것이 아니기 때문에 앞으로 실제 상황에 따라 조정될 것이다. 최대인원을 조정할 때에는 행복공동체의 정신을 유지하면서 그 자족기능과 의사결정 과정에 부담을 초래하지 않는 선에서 조정해야 할 것이다.

최대인원이 차게 되면 다른 곳에 또 하나의 행복공동체를 만드는 것도 고려해 봄직하다. 두 번째 행복공동체를 만드는 일은 이미 행복공동체를 만들어본 경험이 있는 상태에서 이루어지기 때문에 그리 어렵지 않을 것으로 생각된다.

# 유사한 공동체 살펴보기

내가 행복공동체라는 것을 처음으로 생각하게 된 계기는 2009년 3월에 출간된 《부동산 신 투자전략》이라는 책을 쓰기 위해 자료를 찾다가 미국 애리조나 주의 관광레저형 기업도시인 선시티(Sun City)를 알게 된 것이었다. 선시티는 새로운 개념의 실버타운으로 애리조나 주의 주도인 피닉스에서 45분 거리에 위치해 있으며 인구는 약 4만 명이다. 선시티는 1960년대부터 실버타운 전문 개발회사인 델웹(Del Webb)이 건설한 도시이며 그 안에서 100퍼센트 자급자족할 수 있는 정주요건을 갖추고 있다. 기존의 다른 실버타운에서는 은퇴자들이 퇴물 취급을 받으며 살아야 하는 반면에 선시티에서는 은퇴자들이 사회적 교류를 하며 일상생활을 할 수 있다. 이런 방식으로 개발됐기 때문에 선시티는 은퇴자들로부터 많은 인기를 얻게 됐다. 선시티에서 사는 은퇴자들은 주민들끼리 서로 봉사활동도 할 수도 있고, 자기계발을 위해 인근의 애리조나 주립대학교와 피닉스 대학교를 이용할 수도 있다. 단순히 주택을 지어 공급하는 방식으로 개발된 기존의 실버타운과 달리 선시티는 주택도 공동체를 조성하는 수단으로 지어지고 관리되는 방식으로 개발됐고, 이 때문에 선시티가 성공할 수 있었다고 한다.

비슷한 형태로 미국 펜실베이니아 주에 윌로밸리(Willow Valley)라는 대규모 은퇴자 커뮤니티가 있다. 미국에서 은퇴자 커뮤니티라고 하면 고령자 전용 집합주택 단지를 말한다. 윌로밸리는 펜실베니아 주의 대도시 필라델피아에서 자동차로 2시간 거리에 있는 랭커스터라는 인구 6만 명의 작은 도시 안에 자리 잡고 있다. 윌로밸리에는 80만 제곱미터의 넓은 부지에 2천 가구의 주택이 들어서 있다. 윌로밸리는 자기완결형 주택단지로서 그 운영이 입주자들이 참여하는 방식으로 이루어진다. 윌로밸리는 매년 4월부터 10월 사이에 100명 내지 200명 단위로 단지 견학을 안내해주는 행사를 여러 차례 개최한다. 이런 행사에 참여해 윌로밸리를 견학한 사람이 그곳에 입주하게 되면 그 사람을 안내했던 사람에게 임대료를 깎아주는 등 경제적인 인센티브도 제공한다.

미국에는 선시티나 윌로밸리와 같은 건강한 시니어를 위한 실버타운이 많이 건설돼있다. 내가 생각하는 행복공동체는 선시티나 윌로밸리와 비슷한 점도 있지만 다른 점도 있다. 다른 점으로 중요한 것은 행복공동체는 그러한 선시티나 윌로밸리와 달리 건설에서부터 운영에 이르기까지 조성과 관리의 모든 과정을 입주자(구성원)들이 주체가 되어 직접 실행한다는 점이다. 선시티나 윌로밸리가 기존의 실버타운과 달리 입주자들이 그 운영에 참여하거나 일상생활을 할 수 있도록 조성됐다고는 하지만 그 건설의 주체도, 관리의 주체도 부동산 개발회사다. 어찌 보면 선시티나 윌로밸리는 입주민들이 그 안에서 자기계발 활동이나 자원봉사 활동을 할 수 있고 입주민들에 의해 자치적으로 운영된다는 점 정도가 기존의 실버타운과 다르다고 할 수도 있다. 결국 선시티나 윌로밸리도 부동산 개발회사의 수익을 위한 프로젝트일 따름이다. 그 수익이 입주자들이 내는 임대료에서 나올 수도 있고 부동산 가격 상승에서 나올 수도 있지만, 어쨌든 입주자들의 이익보다는 부동산 개발회사의 이익이 먼저인 것만은 틀림없는 사실이다. 이와 달리 행복공동체에는 부동산 개발회사가 끼어들지 않는다. 또한 행복공동체는 임대료 수익이나 부동산 개발에 따른 이익을 추구하지 않는다. 행복공동체가 추구하는 목표는 오로지 '구성원들의 행복한 삶'에 있다. 그 행복한 삶은 부동산 개발회사를 비롯해 외부에서 제공해주는 것이 아니라 행복공동체 구성원들이 스스로 직접 만들어가는 것이다. 또 그 행복한 삶은 부동산 가격이 오르거나 일을 통해 돈을 많이 벌어서 얻는 게 아니다. 먹고 살 수 있을 정도로만 최소한의 일을 하고 나머지 시간에는 자신이 좋아하는 일을 함으로써 행복을 찾자는 것이다.

한국에서 공동체라고 하면 가장 먼저 떠오르는 게 박태선 장로의 '신앙촌'으로 대표되는 신앙공동체일 것이다. 일부 사람들이 공동체라는 말 자체에 거부감을 보이는 것도 어쩌면 이런 폐쇄적인 신앙공동체를 연상하기 때문일 것이다. 신앙공동체는 같은 신앙을 가진 사람들끼리 모여서 생산적인 일(박태선 장로의 신앙촌의 경우에는 간장을 생산)을 하면서 수입을 올려 공동체를 유지해나가는 형태다. 이런 신앙공동체에서 문제가 되는 것은 개인 재산을 헌납해야 한다는 점과 노동에 대한 대가를 충분히 받지 못한다는 점 등이다. 즉 신앙공동체의 유지를 위해 개인들이 희생을 감수해야 한다. 물론 신앙공동체 구성원들이 자신의 신앙을 보존하고 신앙공동체의 이익을 위해 자신을 희생하는 것도 행복이라고 생각한다면 별 문제가 없을 수도 있다. 하지만 외부에서 보기에는 그런 공동체에 가입하는 것은 위험스럽다고 생각하는 것이 문제가 된다.

그렇기 때문에 평범한 사람들이 신앙공동체에 가입해 행복을 느끼기 위해서는 신앙에 근거한 자신의 희생을 감수해야 한다. 그러나 행복공동체는 그런 희생을 할 필요가 없고, 오히려 일거리를 제공받음으로써 최소한의 노동으로 생존을 보장받게 된다. 즉 신앙공동체는 기본적으로 자족과 행복을 추구한다는 점에서는 행복공동체와 유사한 측면이 있지만, 특정한 신앙을 갖고 있는 사람들에게만 그 행복추구 방법이 적용된다는 점에서 행복공동체와 다르다. 행복공동체는 일반적인 사람이라면 누구나 보편적으로 받아들일 수 있는 방법으로 공동체를 이루어 행복을 추구하는 것이다.

행복을 추구하기 위해 만들어진 공동체는 전 세계적으로 다양하게 상당히 많이 존재하고 있다. 미국의 경제 전문지인 〈포브스〉의 인터넷판이 전 세계에 현존하는 유토피아 도시로 선정한 8곳도 모두 이러한 공동체라는 특징을 가지고 있다. 그 내용을 번역해 전한 〈매일경제신문〉의 기사 '미 아르코산티 · 일 야마기시…세계 8대 유토피아 도시' (2008년 4월 12일, 유주연 기자) 가운데 일부를 소개한다.

미국 애리조나 주의 사막 한가운데 만들어진 친환경 생태도시 아르코산티. 이곳은 사막 위의 낙원으로 불린다. 이탈리아 출신 생태건축학자인 파올로 솔레리가 1970년 현무암 사막지대를 생태도시로 설계해 첫선을 보인 곳이다. 아르코산티 사람들은 태양열 에너지를 이용하고 유기농법으로 농작물을 재배하며 차 없이 걸어 다니는 소박한 환경친화적 삶을 산다. 아르코산티는 인구 5000명을 수용하는 도시를 목표로 지금도 꾸준히 건설되고 있다. 이곳을 찾는 전 세계 관광객만 해도 매년 수만 명에 이른다.

〈포브스〉가 선정한 현대판 유토피아는 미국의 아르코산티를 비롯해 호주의 크리스털워터스, 미국의 에코빌리지 등과 같은 생태도시들이다. 거주자의 대부분은 대학을 졸업하고 뉴욕 등 대도시에서 버젓한 직장생활을 하다 새로운 삶을 선택한 이들이다. 빌 메카프 그리피스대학 사회학자는 "친환경적인 삶을 동경할 뿐 아니라 디지털 시대에 점차 사라지고 있는 인간적인 유대관계를 그리워하는 현대인들이 늘어나면서 에코빌리지에 대한 관심이 크게 증가하고 있다"고 말했다.

호주 퀸즐랜드 주에 위치한 크리스털워터스는 1987년에 건설돼 현재 240명이 살고 있는 자족적 생태공동체다. 거주민들은 나무와 흙으로 집을 짓고 빗물을 담아 태양열로 데워 쓴다. 유기농법으로 퇴비를 만들고 텃밭을 가꾸며 산다. 미국 뉴욕 주 이타카에 위치한 에코빌리지도 마찬가지. 유기농법과 환경을 파괴하지 않는 지속가능한 기술을 통해 환경파괴를 최소화하며 살아간다. 1991년에 건설돼 현재 60가구가 거주 중이다.

스코틀랜드의 핀드혼 공동체는 명상을 중시하고 자연과 더불어 사는 가운데 의식주를 자연친화적으로 바꾸는 작업을 하고 있다. 대표적인 '계획공동체(intentional community)'로 꼽힌다. 미국 버지니아 주 트윈옥스 커뮤니티는 100가구의 거주민들이 모든 재정수입과 자원을 공유하는 것이 특징이다. 해먹과 두부를 만드는 커뮤니티 기업에서 일하는 이들도 있고, 공동체 마을을 부양하기 위해 기업체와 연구소에서 일하는 사람들도 있다. 1967년 설립된 이래 트윈옥스는 비폭력, 평등, 환경을 삶의 가치로 내세우고 있다.

〈포브스〉는 700여 명의 주민이 거주하는 일본 미에 현에 위치한 야마기시 공동체, 비폭력적인 삶을 추구하는 독일의 제크 공동체도 현대판 유토피아로 소개했다. 야마기시는 안정되고 행복한 공동체를 건설하는 것을 목표로 하는 자급자족 공동체로 1960년대 이래 일본에 30여 개가 생겨났다. 베를린에서 남서쪽으로 80km 부근에 설립된 제크 공동체는 서구적 개인주의와 더불어 삶의 조화를 실험하는 곳이다.


한국에도 경기도 화성의 산안마을에 무아집, 무소유를 모토로 하는 야마기시즘을 실천하며 사는 야마기시 공동체가 있다. 2008년을 기준으로 산안마을의 가족 수는 8세대(그들은 그냥 '한 가족'이라고 말한다) 32명(성인 18명, 아이 14명)이다. 야마기시 공동체는 무소유 공동체(그들은 '일체'라 한다)를 추구한다. 산안마을에서는 공동노동을 통한 수입은 있지만 소유는 없다. 공동소유를 하는 것도 아니고, 분배를 하지도 않는다. 다만 필요에 따라 번 돈을 쓰기는 한다. 야마기시즘의 또 다른 특징은 야마기시 농법에 의해 친환경적으로 농사를 짓고 가축을 가르는 것이다. 야마기시 농법의 핵심은 자연과 자연, 자연과 사람이 조화를 이루게 하는 것이고, 그 구체적인 실천방법은 유축순환농법이다.

이들 공동체의 특징은 기존의 도시생활 방식과는 다른 가치관에 입각한 자연친화적 삶을 산다는 점에 있다. 야마기시 공동체와 같이 무소유를 추구하는 곳도 있고 미국 버지니아 주의 트윈옥스 커뮤니티와 같이 공동소유를 추구하는 곳도 있지만, 대부분의 공동체는 그런 무소유나 공동소유보다는 자연친화적인 삶, 자발적인 가난, 인간적인 유대관계를 중시하는 편이다. 행복공동체도 자연친화적인 삶을 추구하기는 하지만, 그 자체가 목표는 아니다. 무소유나 공동소유는 추구하지 않을 것이다. '자발적인 가난' 을 통해 행복을 추구하기는 하지만, 각 개인의 기존 재정상태는 유지하는 것을 목표로 한다. 즉 행복공동체는 공동체 안에서 생활에 필요한 수준 이상으로 많은 돈을 버는 것은 허용하지 않지만, 개인의 재산은 인정한다. 이런 여러 가지 특징을 종합적으로 보면 행복공동체는 다른 형태의 공동체들에 비해 도시생활의 형태를 보다 많이 인정하는 편에 속한다. 이렇게 하는 것은 평범한 사람이 그동안 살아오던 생활방식을 갑자기 버리는 것이 쉬운 일이 아니기 때문이다. 또 도시적인 생활방식을 유지하더라도 더 이상 돈을 벌려고 애쓰지만 않게 된다면 충분히 행복한 생활을 누릴 수 있을 것이라고 생각하기 때문이다.

최근에는 한국에서도 자연친화적인 농업을 통해 생태적인 삶을 추구하는 공동체가 늘어가고 있다. 경북 울진군 왕피리에서는 (사)돌나라 한농복구회가 유기농·친환경 농법을 적용해 농사를 짓는 생태공동체를 만들어 운영하고 있다. 충남 서천군에 있는 산너울 생태마을의 경우는 규모는 작지만 친환경 농법을 적용해 농사를 지으며 몇 가구가 모여 사는데, 공동체라기보다는 모여 사는 정도의 마을로 보인다. 이런 규모의 생태공동체는 전국적으로 상당히 많다. 특히 개신교를 중심으로 신앙생활을 접목한 생태공동체 운동이 활발하게 진행되고 있다.

그 밖에 예술인들이 모여 차별화된 삶을 추구하는 헤이리 예술마을도 넓은 의미에서는 공동체라고 볼 수 있다. 하지만 헤이리 예술마을은 무소유라든가 친환경이라든가 하는 이념적인 것을 추구하기보다는 예술을 하는 사람들이 같이 모여 살면서 공동체의 지명도도 높이고, 찾아오는 사람들을 대상으로 각종 예술활동이나 영리목적의 사업을 하는 게 주목적인 것으로 보인다. 즉 공동체를 만든 목적 자체가 투자에 있고, 영리를 주목적으로 운영되고 있다는 점이 헤이리 예술마을이 다른 공동체들과 다른 점이다.

현재 한국에서 형성되고 있는 대부분의 생태공동체는 주로 친환경 농법으로 농산물을 생산하여 외부에 판매함으로써 개인적인 이익 또는 공동체 전체의 이익을 추구하는 것으로 보인다. 반면에 행복공동체는 친환경 농법을 적용하여 농산물을 생산하되 자급자족을 우선으로 한다는 점이 다르다. 즉 행복공동체에서 친환경 농법을 적용하여 농산물을 생산하는 것은 농산물의 가치를 높여 차별화하거나 가격을 올리기 위해서가 아니라 자연을 보호하고 공동체 구성원들의 건강을 스스로 지키기 위한 것이다. 물론 행복공동체에서 자급자족하고도 남은 농산물은 외부에 판매할 수도 있겠지만, 공동체의 재정이 아주 곤란하지 않은 한 남은 농산물을 가난한 이웃들에게 무상으로 기부하는 것이 바람직하다고 생각한다. 행복공동체에서 농사를 짓는 것은 수익을 올리기 위한 것이 아니라 자급자족하기 위한 것이기 때문이다. 물론 행복공동체 안에서 생산된 농산물이 자급자족하는 데 모자라는 경우에는 외부에서 구매를 해야 할 것이다.

행복공동체는 이제까지 제시된 그 어떤 공동체도 시도하지 않았던 독특한 방식으로 인생 후반부의 행복을 추구하려는 노력이다. 즉 행복공동체는 이제까지 시도된 다른 어떤 공동체 형태보다도 평범한 사람들이 더 손쉽게 실천할 수 있는 방법을 통해 행복을 추구하려고 하는 것이다. '자발적인 가난' 이라는 마음자세를 요구하지만, 도시에서 살면서 익숙해진 생활방식을 가능한 한 최소한으로만 바꾸도록 요구한다. 행복공동체는 특수한 몇몇 사람들을 위한 운동이 아니라 성실하게 살아가고 있는 모든 평범한 직장인들에게 행복을 여는 열쇠가 될 것이다.

# 2부

# 행복공동체에 대해 자주 듣는 질문들

# 과연 행복공동체가
# 실현가능할까요?

행복공동체에 대해 얘기하다보면 듣는 사람이 처음에는 좀 관심을 갖다가 나중에는 "근데 행복공동체가 정말로 실현될 수 있을까요?"라고 묻곤 한다. 어떤 사람은 "에이, 그렇게 많은 사람들이 모여 사는 게 쉽겠어요? 꿈속에서나 가능한 얘기네요"라고 아주 단정적으로 부정적인 말을 하기도 한다. 나도 물론 행복공동체를 만드는 과정이 쉬우리라고는 생각하지 않는다. 역설적으로 말하면, 그와 같은 부정적인 생각 자체가 행복공동체의 실현을 가로막는 가장 큰 장애물이라고 생각한다. 행복공동체를 만드는 가장 큰 목적은 서로 의지하면서 네트워크를 만들어 행복하게 살자는 것이다. 그런데 이제까지 경쟁을 해서 남을 이겨야만 살아남을 수 있다는 생각에 젖어있던 우리가 상호신뢰를 바탕으로 하는 공동체를 만들 수 있겠는가? 이런 생각을 하는 것이 어쩌면 당연할 수도 있다. 하지만 나는 어떤 일을 이루는 과정이 어렵다는 것과 불가능하다는 것 사이에는 천지차이가 있다고 생각한다. 행복공동체를 이루는 것은 그렇게 하는 과정이 어려운 것은 사실이지만, 그렇다고 해서 불가능한 일은 절대로 아니다.

우선 행복공동체는 인생 후반부를 행복하게 살아가려는 사람들에게 꼭 필요한 것이라는 점에 주목해야 한다. 앞에서도 언급했지만 지금 1년에 100만 명 가깝게 쏟아져 나오는 직장 은퇴자들이 도시에서나 시골에서나 그동안과 같은 삶의 방식 그대로 살아가는 것은 참으로 어려운 일이다. 대부분의 직장 은퇴자들의 경우에 이제까지 살아오던 도시생활의 방식으로 살아가려면 퇴물 취급을 받을 수밖에 없다. 그렇다고 농촌으로 가서 농사를 지으며 사는 것도 어려움이 많다. 행복공동체는 이런 어려움을 해결할 수 있는 아주 적절한 삶의 방식이다. 도시생활과 농촌생활을 융합해 농촌에서 도시적인 삶을 살자는 게 바로 행복공동체다. 물론 도시에서와 같은 화려한 삶을 버리고 자발적 가난을 선택해야 하는 것은 맞지만, 그렇게 하는 것이 바로 행복한 삶의 전제조건이라고 생각해야 할 것이다. 도시의 화려한 삶은 한낱 허울뿐인 가짜 행복이기 때문이다. 농촌에서의 삶도 현실적으로 녹록하지 않다. 그런데 같이 모여서 산다면 각자의 부족한 점을 서로 보완할 수 있고, 공동체에 대한 소속감을 갖고 살면서 자신이 좋아하는 일을 할 수 있다. 그게 바로 행복한 삶이 아니고 무엇이겠는가.

도시생활에 젖어 있는 사람들이 근본적으로 사고방식을 바꿔야 하는 행복공동체에 대해 의구심을 갖는 것은 아주 당연한 일이라고 생각한다. 따라서 행복공동체에 동참하기 위해 생각을 바꾸는 과정에 있는 동안에는 언제든지 원래의 도시생활로 돌아갈 수 있는 길을 터놓는 것이 중요하다고 생각한다. 이를 위한 첫 번째 조치는 기존의 개인 재산은 그대로 유지하게 하는 것이다. 자신의 재산을 전부 행복공동체에 투자한다면 재산을 잃을 위험도 부담해야 하고, 혹시 행복공동체를 떠날 때 갈 곳이 없을 수도 있다. 그러나 개인 재산을 그대로 소유하고 있으면 언제든지 행복공동체를 떠날 수 있지 않겠는가.

행복공동체에 입주할 때 얼마간의 투자는 해야 하는 게 아니냐고 반문할 수도 있겠다. 맞는 말이다. 하지만 원하기만 한다면 돈을 거의 들이지 않고도 행복공동체에서 실험적인 삶을 살아볼 수 있을 거라고 생각한다. 예를 들면 행복공동체의 부지 안에 빈 집이 있으면 그것을 싼 가격에 임대해서 살 수도 있을 것이다. 도시에서 살더라도 지출해야 하는 수준 이하의 임대료를 부담하며 행복공동체에서 살아보다가 나중에 정식으로 참여할 것인지의 여부를 결정해도 되는 것이다. 이렇게 한다면 별도의 투자는 하지 않아도 된다. 아니면 최소한의 주거환경만 갖추고 살아볼 수도 있다. 움막을 짓고 살아볼 수도 있고, 컨테이너 집에 살아보다가 싫으면 처분할 수도 있다. 땅값은 어떻게 하느냐고 묻는 사람들도 있다. 이 질문에는 아직 명확한 대답을 할 수 있는 단계가 아니지만, 아마도 땅 문제는 무상으로 또는 아주 싼값에 임대하는 방향으로 추진하면 해결되지 않을까 생각한다. 행복공동체가 입주하려는 장소는 도시에서 아주 멀리 떨어진 곳일 테니 땅값은 걱정해야 할 정도의 문제는 아니라고 생각한다.

도시에서 살더라도 어차피 지출해야 하는 정도 또는 그 이하의 비용으로 행복공동체에서 살아보다가 마음에 들면 그대로 눌러앉아 살고, 그렇지 않으면 행복공동체를 떠나 다시 원래의 삶으로 돌아갈 수 있다. 그렇다면 행복공동체가 실현불가능하다고 단정하고 시도도 해보지 않을 이유가 없지 않겠는가.

행복공동체가 실현가능하느냐는 것은 추진 초기의 단계에나 제기되는 문제일 것이다. 일단 어느 정도의 규모가 되는 마을, 예를 들어 주민 수가 200명 정도 되는 마을이 형성되면 거기서 다양한 입촌 프로그램을 만들 것이기 때문에 누구나 원하는 사람은 그 프로그램에 참여해 직접 체험을 해본 뒤에 입주 여부를 판단할 수 있을 것이다. 이런 점과 관련해 초창기 실행위원들과 회원들의 역할이 무엇보다도 중요하다는 말을 하고 싶다. 초창기에는 아무래도 예기치 못한 상황이 발생할 수 있기 때문에 위험 부담이 있는데다가 실행위원으로서 활동하기 위해서도 적잖은 비용을 개인적으로 지출해야 하기 때문이다. 더구나 기반시설이 갖추어지지 않은 상태에서 행복공동체를 만들어나가면서 겪게 될 고생이 적지 않으리라고 생각된다. 하지만 이렇게 고생하면서 문제를 하나하나 해결해나간 사람들과 다른 사람들이 만들어 놓은 틀에 맞추어 그냥 들어온 사람들 중에 어느 쪽이 더 행복감을 느낄까? 나는 당연히 앞의 사람들, 즉 고생하면서 행복공동체를 일군 사람들이 더 행복할 거라고 확신한다. 그렇기 때문에 나도 더 행복하기 위해 이렇게 열심히 뛰고 있는 것이다. 나는 행복공동체가 부지를 선정하고 현지에서 구체적인 마을 조성이 시작되면 곧바로 내려갈 수 있도록 만반의 준비를 하고 있다. 내가 주로 하는 일인 저술과 강연은 전국 어디서나 할 수 있는 일이니 행복공동체에 가서 해도 아무런 문제가 없다. 내가 하는 일 가운데 그 밖의 다른 일들은 언제든지 그만둘 수 있도록 조치를 취해놓고 있다.

나는 대한민국의 모든 직장 은퇴자들이 다 행복공동체에 참여하리라고 기대할 정도로 어리석지는 않다. 물론 행복공동체가 성공적으로 정착하게 되면 너도나도 가입하려고 줄을 설 수도 있겠지만 말이다. 그러나 그건 나중 얘기이고 지금은 선구자적인 삶의 자세를 갖고 있는 소수의 사람들이 필요하다. 나는 그런 사람들이 분명히 있다고 생각한다. 내가 해야 할 일은 그런 사람들을 발견해내고 그들에게 확신을 주면서 그들 스스로 한 곳으로 힘을 모을 수 있도록 하는 것이다. 현재 활동하고 있는 실행위원들이 그런 사람들이다. 커다란 눈덩이를 만들기 위해서는 처음에 그 중심이 될 자그마한 눈뭉치가 필요한데, 실행위원들이 바로 그런 역할을 하고 있다. 나는 주먹 안에서 꾹꾹 눌러 만든 자그만 눈뭉치가 굴러서 거대한 눈덩이가 되리라는 확신을 가지고 그들과 함께 손을 호호 불면서 행복공동체를 열심히 굴릴 것이다.

# 행복공동체를 어디에
# 만들 건가요?

행복공동체를 어디에 만들 것인가는 미리 결정돼있는 것이 아니다. 그것은 행복공동체에 참여하는 실행위원들이 중심이 되어 회원들이 스스로 결정하게 될 것이다. 하지만 행복공동체의 취지를 달성하기 위해서는 입지의 문제에서도 몇 가지 기본적인 조건이 충족돼야 한다. 우선 행복공동체는 가능하면 서울에서 멀리 떨어진 곳에 만들어야 한다. 행복공동체가 서울에서 멀리 떨어져야 하는 이유로는 다음 두 가지를 들 수 있다.

첫째, 행복공동체는 그야말로 자족을 해야 하는데, 서울에 가까이 있으면 여러 모로 서울에 의존하게 된다. 행복공동체 구성원들은 물론 전국에서 모이겠지만 그래도 서울에서 살던 사람들이 참여하는 비중이 상당히 높을 수밖에 없을 것이다. 따라서 서울이 생활권 안에 들어오는 곳에 행복공동체가 자리 잡게 되면 서울에서 살던 사람들은 서울에 있는 친구라든가 서울을 무대로 하는 사업 등에 마음이 가는 게 당연할 것이다. 즉 서울이 가깝다는 것은 도시생활을 잊고 행복공동체의 자발적 가난에 참여하고 그 공동체 안에서 인간관계를 맺는 데 방해를 받게 된다는 것과 같다. 그렇지 않아도 이미 익숙한 도시생활 방식을 버리기 힘든데, 서울과 가까운 곳에 행복공동체가 있으면 거기서 도시생활 방식을 버리는 게 아예 불가능할 수도 있다. 도시생활에 대한 미련을 과감하게 버릴 수 있을 정도로 서울에서 멀리 떨어진 곳에 행복공동체를 만들어야 하는 이유가 바로 여기에 있다.

둘째, 행복공동체가 서울과 가까운 곳에 있으면 자연스럽게 부동산 투자에 관심이 가게 된다. 행복공동체의 목표는 부동산 투자를 통해 돈을 벌자는 것이 아니다. 하지만 행복공동체가 서울과 가까운 곳에 있게 되면 자연히 부동산 투자에 관심이 있는 사람들이 어떤 형태로든 행복공동체에 관여하게 되고, 그러면 결국 행복공동체의 근본 취지를 달성하기가 어렵게 될 것이다. "부동산 투자를 통해 돈도 벌고 공동체를 통해 행복도 찾으면 좋지 않은가?" 라고 반문할 사람도 있을 수 있다. 하지만 일단 구성원들의 관심이 돈을 버는 데로 쏠리게 되면 행복 추구는 물 건너간 것이나 마찬가지다. 행복공동체의 구성원들 가운데 한두 사람만이라도 부동산 투자에 관심을 갖게 되면 행복공동체가 추구하는 '자발적 가난'은 우선순위에서 밀려나게 되고, 결국 구성원들은 돈을 버는 데 눈이 멀게 될 것이다. 그래서 구성원들이 부동산 투자에 관심을 돌리게 되면 구성원들 사이에 갈등이 생길 가능성이 높아진다. 돈을 버는 것이 반드시 나쁘다는 말은 아니다. 돈을 버는 것도 목표로 하는 공동체를 찾는 사람이라면 굳이 행복공동체에 참여할 필요가 없다. 그런 공동체는 달리 많이 있다. 행복공동체는 자발적 가난을 통한 행복 추구가 가장 큰 목표다. 이를 위해서는 자족하는 수준 이상의 돈 벌기는 포기해야만 한다. 즉 관심을 돈을 버는 데가 아니라 행복을 추구하는 데로 돌려야 한다는 것이다.

그러면 서울에서 얼마나 떨어진 곳에 행복공동체를 만들어야 할까? 사실 이제는 고속도로 등 교통망이 잘 발달되어 대한민국 전체에서 서울에서 3시간 이상 걸리는 곳은 많지 않다. 하지만 그렇게 3시간 이상 떨어진 곳에 행복공동체를 만드는 것이 바람직하다고 생각된다. 따라서 고속도로에서 벗어난 뒤에도 다시 한참 더 들어가는 외딴 산골짝 같은 곳에 자리를 잡는 게 바람직할 것이다. 3시간 이상은 되어야 심리적으로도 서울로부터 독립할 수 있고, 부동산 투자의 유혹도 자연스럽게 멀리 할 수 있을 테니까 말이다. 농사를 지을 수 있고 충분히 넓기만 하다면 섬도 괜찮을 것 같다. 섬은 배를 타고 가야 하니 서울로부터 확실하게 독립할 수 있고, 독립적인 공동체를 만드는 데도 유리할 수 있다. 어쨌든 시골의 인구가 계속 줄어들고 있는 상황이라는 점과 우리나라는 지형적인 특성상 산이 많다는 점을 고려하면 서울에서 3시간 이상 떨어진 곳 가운데 행복공동체를 만들기에 적합한 장소를 찾는 일은 그리 어렵지 않을 것으로 생각된다.

행복공동체의 입지와 관련된 또 하나의 조건으로, 해당 지역의 지방자치단체와 주민들로부터 호응을 받을 수 있는 곳이어야 한다. 아무리 독립적인 공동체를 만든다고 해도 해당 지역의 지방자치단체나 기존의 인근 주민들이 반대를 한다면 사업추진을 하기가 힘들 것이다. 그러나 행복공동체는 지방자치단체의 재정과 이미지에 도움이 될 것이 분명하기 때문에 오히려 지방자치단체가 먼저 행복공동체에 유치의 손길을 뻗어올 가능성도 있다. 실제로 그렇게 된다면 행복공동체 회원들은 어느 지방자치단체가 어느 정도의 인센티브를 제공할 것인지를 비교해보고 가장 유리한 곳을 행복공동체의 입지로 정하게 될 것이다. 왜냐하면 행복공동체에 기반시설을 설치하려면 자체 재원만으로는 사업추진이 힘들 것이기 때문이다. 부동산 투자는 행복공동체의 목적이 아니므로 부동산에 지나치게 투자를 하는 것은 바람직하지 않고, 따라서 가능한 한 자연을 그대로 살리는 방향으로 기반시설도 설치해야 할 것이다. 그래도 기본적으로는 도로를 닦는다든지, 상하수도 시설을 설치한다든지, 여러 가지 허가사항에 대한 관공서의 협조를 받는다든지 하는 부분에서는 지방자치단체의 보조와 지원을 받는 것이 좋을 것이다. 지방자치단체의 입장에서도 그런 보조와 지원을 해줄 명분이 있다. 왜냐하면 행복공동체가 들어서는 지방자치단체는 그 덕분에 인구가 늘어날 뿐만 아니라 행복공동체에서 생산적인 일도 이루어질 것이기 때문에 나중에는 행복공동체가 오히려 지방자치단체에 재정적으로도 큰 도움이 될 것이기 때문이다.

실제로 전국의 대다수 지방자치단체들, 특히 행복공동체가 입지할 만한 조건을 갖추고 있는 '서울에서 멀리 떨어진 곳의 군 단위 지방자치단체' 들은 귀농하는 사람들을 대상으로 갖가지 지원시책을 펴고 있다. 경북 청송군, 강원도 횡성군, 경북 봉화군, 전남 해남군, 전북 완주군 등 대부분의 군 단위 지방자치단체들은 귀농인을 지원하기 위한 조례를 제정해 시행하고 있다. 지원시책의 내용은 영농정착금 지급, 농지취득 시 세금감면 혜택, 귀농센터를 통한 정보제공 등이 주를 이루고 있다. 경북 청송군의 사례를 소개한 '경북 청송군, 귀농자에 정착금 400만 원 지원' 이라는 〈매일경제신문〉 기사(2008년 10월 6일)를 읽어보자.

경북 청송군이 본격적으로 귀농자 지원에 나선다. 2008년 10월 6일 청송군에 따르면 최근 제정된 귀농자 지원 조례에 따라 본격적인 귀농자 유치와 지원 사업을 실시할 계획이다. 청송군은 조례에 따라 귀농연도 1월 1일 현재 만 60세 이하로 전입한 지 3년이 안 된 주민에게 농가당 영농정착금 400만 원을 지원하는 것을 비롯해 농지구입에 따른 세금과 취득세, 등록세를 200만 원까지 지원할 방침이다. 또한 귀농자가 주택을 구입하거나 2년 이상 빌렸을 경우에 집수리 등에 드는 비용을 300만 원까지 지원하고 귀농학교 수강료 30만 원도 지원할 계획이다.

이 밖에도 귀농자의 어려움을 덜어주고자 지역 농민과 공무원 등이 참가하는 귀농자 멘토링 제도를 운영하는 한편 군청과 9개 읍면에 귀농상담 창구를 설치할 계획이다. 청송군 관계자는 "점점 고령화돼가는 농촌지역에 활기를 불어넣고 미래의 농사인력을 확보한다는 뜻에서 귀농자 지원에 나서게 됐다"라고 말했다.

그럼 구체적으로 어떤 지역이 행복공동체의 입주대상 후보지역이 될 수 있을까? 서울과 경기도를 제외한 전 지역이 1차적인 후보지가 될 수 있을 것이다. 다만 강원도에서 춘천이나 원주와 같은 대도시나 서울에서 가까운 지역은 배제돼야 할 것이다. 마찬가지로 충청도에서도 대전 일대나 세종시 등 대규모 개발이 이미 진행되고 있는 지역과 서울에서 가까운 지역은 제외돼야 한다. 그 밖의 다른 지방에서도 대도시와 가까운 지역은 제외돼야 한다. 제주도도 물론 후보지역에 포함될 수 있다. 제주도에서도 중산간 지역은 아직 땅값이 싸고 사람들이 별로 살지 않기 때문에 그런 곳에 수도시설 등만 설치할 수 있다면 5천 명 정도의 인구가 자리 잡는 데 큰 문제가 없다. 제주도는 심리적으로 서울로부터 확실히 독립할 수 있고 경관에서도 유리하다는 장점이 있다. 다만 제주도의 경우에는 땅이 척박해 농사를 지을 조건이 별로 좋지 않은 게 문제가 될 수 있고, 수목원 운영 등 수익사업을 할 경우에 다른 지방에 비해 상대적으로 수익성이 낮을 가능성이 있다는 문제도 있다.

이렇게 생각해보면 농사를 짓기에 유리하고 기후가 온화한 전남과 경상도가 바람직한 후보지역으로 떠오른다. 한농복구회가 자리 잡고 있는 경북 울진군도 좋은 후보지역이고, 지리산 자락에 있는 구례 근처도 좋은 후보지역으로 꼽을 수 있다. 전라남도 해안에 자리 잡고 있는 여러 섬들도 좋은 후보지다. 강원도 정선 등지의 산간지역은 농사를 짓기에 적합하지 않다는 문제점이 있지만, 그 지역에 알맞은 과수작물 등을 잘 선정할 수만 있다면 좋은 후보지가 될 수 있다.

아무튼 앞으로 시간을 두고 실행위원들이 각 지역을 돌아다니면서 이미 귀농한 현지의 실행위원을 만나 얘기를 들어보기도 하고 행복공동체와 유사한 공동체들을 찾아다니면서 조사도 해보고 하면서 행복공동체가 입지할 지역을 선정할 것이다. 또한 행복공동체의 청사진이 어느 정도 구체화되면 실행위원들이 여러 지방자치단체들과 접촉해보고 좋은 조건을 제시하는 곳을 우선적인 후보지역으로 고려하게 될 것이다.

# 땅은 어떻게 마련하나요?

행복공동체에 대해 얘기하다 보면 "행복공동체를 어디다 만드실 건가요?"와 함께 꼭 나오는 질문이 "행복공동체에서 살려면 돈이 얼마나 듭니까?"다. 이 질문을 받게 되면 나는 "아마도 돈 한 푼 안 들이고도 들어가 살 수 있을 겁니다"라고 대답한다. 그러면 다들 눈이 동그래지면서 "어떻게 그게 가능하냐?"고 반문한다. 나는 "생각을 바꾸면 가능합니다"라고 대답한다.

어떻게 해서 생각을 바꾸면 그런 일이 가능한지를 살펴보자. 나는 행복공동체의 규모가 처음에는 200~400명, 최종적으로는 1천~5천 명 정도가 돼야 한다고 생각하고 있다. 물론 이런 규모의 공동체를 여러 개 만들 수도 있다. 이런 정도의 인원이 모이면 그 규모 자체가 힘이 된다. 지금 지방자치단체들은 줄어드는 인구와 쇠퇴하는 지역경제력 때문에 고민하고 있다. 앞으로 몇 년 후부터 인구가 본격적으로 줄어들기 시작하면 그런 문제의 심각성이 더욱 커질 것이다. 인구통계를 보면 2014년부터 한국의 인구감소가 시작된다고 한다. 인구감소의 직격탄은 서울이나 대도시보다 지방의 농촌에 더 심각한 타격을 입힐 것이다. 그런데  일할 수 있는 200명이 우선 입주하고 최종적으로는 5천 명이 정착을 한다고 하면 보조를 안 해줄 지자체가 있겠는가? 입주 예정자 몇천 명이, 그것도 상당한 경제력과 능력을 갖춘 성인들로만 구성된 몇천 명이 단계적으로 간다고 할 때 싫다고 할 지방자치단체가 있을까? 싫다고 하기는커녕 오히려 적극적으로 환영할 것이다. 앞에서 말했지만 농림수산식품부의 자료에 의하면 2009년 현재 한국의 전체 귀농가구 수는 4천 가구를 약간 넘는다(〈매일경제신문〉 2010년 3월 12일, 이재화 기자 외). 행복공동체의 인구가 5천 명 정도라면 가구 수로는 2천 가구가 넘을 테니 한국 전체의 2009년 현재 귀농가구 수의 절반을 넘는 수치다. 지방자치단체마다 몇백 명 정도의 귀농자를 끌어들이기 위해 조례를 제정하거나 개정하면서까지 각종 혜택을 제공하겠다고 나서고 있는데, 2천 가구가 넘는 행복공동체라면 그것을 끌어들이기 위해 특별대우를 해주는 것은 당연한 일이 아니겠는가.

어떤 지자체에서 행복공동체를 유치한다고 해보자. 그러면 그 지자체의 인구가 우선 늘어나고, 이어 행복공동체가 그 지역에 갖가지 경제적인 이익을 가져다준다. 행복공동체 자체가 생산력을 가진 경제단위이기 때문이다. 게다가 행복공동체가 펼치는 사업은 외부 사람들을 끌어들이는 효과가 있을 것이다. 지방자치단체들이 일시적으로 외부 사람들을 끌어들이기 위해서도 막대한 예산을 들여가며 갖가지 축제행사를 벌이고 있는데, 가만히 있어도 1년 내내 외부 사람들이 찾아오는 행복공동체는 해당 지방자치단체의 복덩어리가 될 것이 분명하지 않겠는가. 행복공동체가 무슨 사업을 하기에 외부 사람들을 그렇게 끌어들일 수 있느냐고 묻고 싶은 독자들도 있을 것이다. 어떤 사업을 할 것인지는 아직 확정되지 않았다. 그러나 행복공동체가 있다는 것만으로도 궁금해서 찾아오는 사람들이 있을 것이다. 외부 사람들을 끌어들일 수 있는 사업의 예로는 요즘 뜨고 있는 명상을 하고 싶어 하는 사람들을 위한 프로그램을 만들어 운영할 수도 있고, 자연림이나 수목원을 조성해 개방할 수도 있고, 펜션을 운영할 수도 있을 것이다. 또 대안학교를 만들어 운영할 수도 있고, 자체적으로 생산한 유기농 농산물로 방문객들을 위한 친환경 음식을 만들어 팔 수도 있을 것이다.

이 모든 사업은 행복공동체 안에 다양한 사람들이 모이게 된다면 어렵지 않게 할 수 있다. 또 다양한 사람들이 모이다 보면 더 좋은 사업도 생각해 낼 수 있을 것이다. 물론 행복공동체의 사업은 더 많은 부를 축적하기 위한 것이 돼서는 안 된다. 사업의 목표는 행복공동체에서 생활하는 사람들에게 즐겁게 일할 수 있는 기회를 제공하고, 공동체 운영에 필요한 재원을 조달하는 데 두어야 한다. 아무튼 행복공동체가 위와 같은 사업들을 할 수 있는 정도의 공동체가 된다면 지방자치단체에서 땅을 무상으로 제공받을 수도 있다고 나는 생각한다. 더 나아가 만약 여러 곳의 지방자치단체들이 행복공동체를 서로 유치하려는 경쟁을 벌이게 된다면 땅 외에 갖가지 다른 혜택까지도 덤으로 받을 수 있을 거라고 나는 확신한다.

땅 문제가 해결된다고 해도 집을 지으려면 돈이 들어갈 것 아니냐고 생각할 수 있다. 하지만 조금만 노력하고 아이디어를 내면 공짜로 또는 거의 돈을 들이지 않고도 집을 마련할 수 있다. 요즘 정부에서 시행하는 갖가지 지원제도 가운데 신재생 에너지의 보급을 확대하기 위한 지원제도나 전통 한옥마을 조성사업 등의 지원제도를 활용해 보조를 받는다면 집을 공짜로 또는 저렴하게 지을 수 있다. 정부의 보조를 받는다는 것에 대해 좀 켕기는 점이 있다고 생각하는 사람도 있을 수 있다. 하지만 잘 생각해보면, 정부의 입장에서 행복공동체에 투자하는 것은 손해 보는 장사가 아니라 남는 장사이기 때문에 행복공동체 쪽에서 미안해 할 필요가 없다. 연금이나 축낼 것 같았던 나이든 사람들이 행복공동체에 모여 생산적인 활동을 하면서 자립할 수 있게 된다면 정부의 입장에서 보조금을 조금 주어 그런 행복공동체가 실현되도록 돕는 것이 훨씬 더 남는 장사일 것이다. 어차피 지금 인구구조나 정부재정의 형편을 보면 정부가 노인층을 놀리면서 전부 부양하는 것은 힘든 일이다. 또한 노년층 인구가 급증하고 젊은층 인구는 줄어들고 있어 우리나라 경제가 성장동력을 잃어버릴지도 모른다는 우려가 제기되고 있는 상황에서 노년층에 접어드는 연령대의 사람들이 행복공동체와 같은 곳에 모여 생산적인 활동을 하며 산다면 그들에 대한 정부의 보조는 일석이조의 효과를 거둘 수 있다. 즉 이런 경우에는 정부의 보조가 경제의 성장동력을 강화시키는 동시에 노년층 부양을 위한 재정부담도 줄이는 방법이 될 수 있는 것이다.

다만 행복공동체가 이와 같이 정부와 지방자치단체의 지원을 이끌어내면서 사업을 추진하기 위해서는 한 가지 원칙을 지키는 것이 반드시 필요하다. 그것은 행복공동체를 부동산 투자의 하나로 보지 말아야 한다는 것이다. 이 문제는 앞에서도 언급했지만, 행복공동체의 성패를 좌우할 수 있을 정도로 중요한 사안이기 때문에 여기서 다시 강조한다. 행복공동체가 유명해져서 주변의 땅값이 오르게 되더라도 억울해 하지 말아야 한다. 행복공동체를 통해 행복한 삶을 사는 것 자체를 목적으로 삼아야 하다. 부를 축적하겠다는 욕심을 품게 되는 순간 모든 게 물거품이 되고 만다. 그것은 마치 더 많은 황금을 얻기 위해 황금알을 낳는 거위의 배를 가르는 것과 같은 어리석음이다. 이는 행복공동체를 서울에서 멀리 떨어진 곳에 만들어야 하는 이유다.

행복공동체의 터전이 될 땅은 가능한 한 국유지나 지방자치단체의 땅 등을 임대해 사용하고, 행복공동체의 주택과 각종 시설을 건설하는 비용도 정부와 지방자치단체로부터 가능한 한 많은 지원을 받아 충당하는 게 바람직하다. 이렇게 해야 하는 이유는 돈이 별로 없는 사람이라도 행복공동체에 들어와 살고 싶다면 경제적인 부담 없이 그렇게 할 수 있게 하는 게 좋기 때문이다. 각자가 자기 돈으로만 땅을 사고 집을 지어야 한다면 아무래도 빈부격차가 나타날 수밖에 없다. 돈이 많든 적든 사람들이 서로 간에 별 차이를 느낄 수 없는 상태가 바로 행복공동체의 모습이 아니겠는가. 그런 모습의 행복공동체를 실현하기 위해서는 행복공동체에 입주하는 비용이 가능한 한 적게 되도록 하는 것이 바람직하다. 행복공동체의 최고 목표는 행복하게 사는 것이지 돈을 많이 버는 것이 아니다. 그런데 만약 자기 돈을 많이 들여 집을 짓고 행복공동체에 들어가야 한다면 개인적으로는 아무래도 그 돈에 대한 집착이 생기게 되고, 행복공동체 전체로는 그 결과로 근본 취지가 훼손될 가능성이 있다.

어느 한 사람 또는 몇 사람이 행복공동체 부지의 전부 또는 일부를 땅으로 기부하는 경우도 생각해볼 수 있다. 이 경우에는 신중하게 생각해봐야 할 문제점이 많이 있다. 가장 큰 문제점은 아무래도 땅을 기부한 사람의 입김이 행복공동체에 작용하게 되고, 이로 인해 어쩌면 나중에 분쟁의 소지가 생길 수 있다는 점이다. 물론 기부자가 기부하는 조건을 살펴봐서 행복공동체에 대한 간섭을 염려하지 않아도 된다면 기부를 받아들이는 것도 고려해볼만한 가치가 있다고 나는 생각한다.

행복공동체가 자리 잡을 땅을 마련하는 것은 상당히 어려운 과제일 수도 있지만, 어찌 보면 아주 쉽게 풀릴 수도 있는 문제다. 빈집이 점점 더 늘어나는 농촌의 현실과 여의도의 36배에 달하는 면적의 서해 간척지 조성 등으로 인해 농지가 남아돌 가능성이 점점 더 커지고 있기 때문이다. 더구나 앞으로 우리나라의 전체 인구는 줄어들게 되는데 사람들은 점점 더 많이 도시로 몰릴 것으로 예상된다는 점을 고려하면 농촌에, 그것도 서울을 비롯한 도시에서 가급적 먼 곳에 자리 잡으려는 행복공동체가 필요한 땅을 마련하는 것은 의외로 쉬울지도 모른다.

# 행정조직과 마찰이 있지 않을까요?

행복공동체가 별도의 마을을 형성하게 되면 해당 지역 행정조직과 마찰이 일어나지 않겠느냐고 걱정하는 사람들도 많다. 예를 들어 5천 명의 구성원들이 사는 행복공동체라면 군 단위의 행정에 미치는 영향력이 상당히 클 것이다. 더구나 구성원들은 거의 모두가 유권자이기 때문에 선출직 공무원인 지방자치단체장이나 국회의원이 그들을 무시할 수 없는 세력으로 여길 수 있다. 선출직 공무원을 뽑는 선거에서 어느 후보자에게 투표를 할 것인지는 행복공동체 구성원 각자의 판단에 맡기겠지만, 아무래도 후보자들이 행복공동체를 가만히 놔두지 않을 가능성이 높다. 또한 행복공동체의 구성원들도 행복공동체에 우호적인 후보자에게 표를 줄 가능성이 높을 것이다. 하지만 행복공동체는 자발적 가난을 통해 행복을 추구하는 것이 목표이므로 공동으로 후보자를 낸다든가 특정한 후보자를 공공연하게 지지하는 행위는 바람직하지 않다고 생각한다. 선출직 공무원 선거에서 유권자로서의 권리는 행사해야겠지만, 행복공동체가 선거싸움에 휘말리는 일은 절대로 없어야 할 것이다.

일반 행정조직과의 관계는 어떻게 해야 하는지를 궁금해 하는 사람들도 있다. 행복공동체가 독자적인 삶의 방식을 추구한다고 해서 일반 행정조직과 마찰을 빚을 이유는 없다고 생각한다. 물론 건축을 한다든가 편의시설을 설치하는 경우와 같이 인허가 등과 관련해 행정기관의 협조가 필요한 경우에는 마찰이 있을 수 있다. 이런 종류의 민원과 관련된 문제는 행복 공동체만의 문제가 아니기 때문에 일반적인 법규와 관례의 기준에 의해 처리하면 될 것이다. 그러나 행복공동체 구성원들이 큰 욕심을 갖고 있지 않을 것이므로 행복공동체가 행정기관과 마찰을 빚을 가능성은 상대적으로 낮을 것으로 보인다. 행정기관과 지역주민들 사이에 마찰을 일으키는 요인으로 중요한 것으로는 지역주민들이 자신들의 이익을 극대화하기 위해 어떤 요구를 하는 것과 공공이익에는 도움이 되지만 지역주민들이 기피하는 이른바 혐오시설을 행정기관이 설치하려고 하는 것 등이 있다. 특히 혐오시설 설치와 관련해 님비현상이 문제가 되고 있지만, 행복공동체의 경우에는 이런 갈등의 소지가 일반적인 경우보다 훨씬 적을 것이다. 행복공동체 구성원들은 자신들의 요구를 지나치게 내세우는 경우가 적을 것이다. 왜냐하면 그들은 자발적 가난을 택한 사람들이고, 무리를 하면서까지 돈을 벌려는 욕심을 버린 사람들이기 때문이다. 아울러 그들은 공동체 의식이 강할 수밖에 없기 때문에 행복공동체 전체의 이익을 위한 시설들, 예를 들면 화장장, 납골당 등의 설치에도 쉽게 동의하지 않을까 생각한다.

행복공동체의 자치를 어느 정도 허용하느냐가 행정기관의 고민거리가 될 수 있다. 하지만 행복공동체는 신앙이나 다른 기준에 의해 타인을 배척하는 폐쇄적인 공동체가 아니라는 점에서 행정기관이 관리하기가 쉬울 것이다. 그렇더라도 행복공동체의 취지를 살리기 위해 필요한 행복공동체의 자치 기능은 행정기관의 입장에서 허용하는 것이 좋을 것이다. 이제는 행정기관도 주민 위에 군림하는 것보다는 주민들이 더욱 행복해지게 하는 것을 목표로 삼아야 한다고 볼 때 행복공동체에 자치 기능을 허용하는 것이 큰 문제가 되지는 않을 것이다. 행복공동체 주민들에 대한 행정기관의 행정업무도 가능하면 행복공동체의 인력을 최대한 활용하는 방향으로 하면 서로 윈윈할 수 있지 않을까 생각한다. 예를 들어 주민복지를 주된 업무분야로 하는 면사무소나 읍사무소 등의 대주민 업무는 행복공동체가 자체적으로 수행할 수 있도록 하면 좋을 것이다. 가능하다면 소방이나 경찰 분야의 업무 가운데서도 일부에는 주민들을 활용하면 더욱 좋겠다. 보건소의 의료진에도 주민 중에서 의사 면허가 있는 사람을 선임하면 좋을 것이다. 또한 주민에게 맡겨도 될 정도의 행정업무는 행정경험이 있는 주민에게 맡기는 것이 행복공동체와 행정기관 양쪽 모두에 도움이 된다고 나는 생각한다.

이와 같이 행정업무 집행에 지장이 없는 범위 안에서 주민들에게 행정업무를 맡기면 주민들이 자신들의 일을 스스로 하게 되기 때문에 더욱 열성적으로 일을 할 것이고, 행정기관에서 주민들이 원하는 바를 보다 효율적으로 알아낼 수 있게 되므로 행정의 효율이 올라갈 것이다. 주민들의 입장에서는 일자리도 늘어나고 주민들에게 진정으로 도움이 되는 행정을 구현하는 데도 힘을 보탤 수 있으므로 일석이조가 될 것이다. 행정기관 쪽에서는 숙련된 고급 인력을 좀 낮은 보수를 주고 활용할 수 있을 뿐만 아니라 그 인력을 통해 주민들과의 소통이 원활해지는 이점도 거둘 수 있을 것이다.

행정조직과 주민자치조직의 이중구조 문제는 어떻게 해결할 것이냐는 의문이 들 수도 있겠다. 하지만 이런 의문은 그야말로 기우에 불과하다. 주민자치조직은 최소한의 기능을 유지하는 선에서 주민들의 뜻을 모으는 기능만 수행하면 되기 때문이다. 주민자치조직에 대한 구체적인 구상은 아직 갖고 있지 않지만, 예를 들어 예산집행을 투명하게 하기 위한 조직, 일을 효율적으로 분배하기 위한 조직, 어떤 사업을 할 것인가를 결정하는 조직의 성격을 가져야 할 것이다. 다시 말해 주민자치조직의 기능은 주민들의 행복을 추구하는 업무를 수행하는 정도에 그칠 것이다. 이런 수준에서는 주민자치조직의 기능이 행정조직의 기능과 전혀 중복되지 않는다. 만약 중복된다면 주민자치조직을 별도로 둘 필요가 없다. 또한 주민자치조직이 운영된다고 하더라도 최종적인 의사결정은 주민들이 직접 참여해 하는 방식을 취하는 것이 맞다고 생각한다. 언제 그 많은 주민들의 뜻을 모으느냐고 반문할 수도 있을 것이다. 하지만 행복공동체에서는 효율이 최고의 덕목이 아니라 행복이 최고의 덕목이라는 점을 상기한다면, 시간이 좀 걸리더라도 전체의 뜻을 모으는 게 중요하다는 생각을 당연히 하게 될 것이다. 그리고 그렇기 때문에 가능하면 처음부터 같은 뜻을 가진 사람들을 선별해 주민으로 받아들이는 것이 중요하다.

# 구성원들 사이에 갈등이 생기면 어떻게 하나요?

행복공동체에 대해 "아이디어는 좋지만 너무 이상적이라 실행되기 힘들 것 같다"는 의견을 피력하는 사람들은 다른 어떤 문제보다도 "구성원들끼리의 갈등을 해결하는 것이 쉽지 않을 것 같아서"라는 말을·많이 한다. 서로 좋아서 같이 살기 위해 결혼한 부부도 실제로 같이 살다 보면 갈등이 생겨 이혼하기도 하는데, 각양각색인 수백, 수천 명의 사람들이 모여서 갈등 없이 살기란 불가능에 가까울 것이라는 점은 나도 인정한다. 그런 문제가 있기에 대부분의 다른 공동체들에서는 신앙을 앞세우는 교주가 그런 갈등을 잠재우는 힘을 발휘하든가, 아니면 각자 자기가 좋아하는 방식대로 살아가면서 세상의 방식대로 서로 간의 갈등을 해결한다. 하지만 행복공동체의 경우처럼 같은 뜻을 가지고 모여 살지만 어느 한 개인이 갈등을 중재할 수 있는 힘을 갖지 않는 공동체에서는 구성원들 사이에 갈등이 생기면 그것을 해결하기가 곤란한 것이 사실이다.

그렇다면 어떻게 해야 할까? 구성원들 사이의 갈등이라는 문제에 대한 해결책을 찾기 위해서는 무엇보다 먼저 행복공동체의 근본 취지를 상기할 필요가 있다. 갈등을 해결하는 가장 좋은 방법은 갈등이 생길 소지를 없애는 것이다. 구성원들 모두가 행복공동체의 취지를 제대로 이해하고 실천한다면 갈등이 생길 소지가 없다. 구성원들 사이에 생기는 갈등은 대부분 자신의 욕구를 더 많이 만족시키고 싶기 때문에 생길 것이다. 구성원들이 충족시키고 싶은 욕구를 적게 가지고 있거나 전혀 가지고 있지 않다면 갈등이 생길 소지가 없을 것이다. 각자가 다른 구성원들과 자신을 비교하지 않고 오직 자신의 진정한 행복만을 추구한다면 다른 구성원들과 다툴 이유가 없다. 물론 갈등을 없애려면 행복공동체의 운영이 투명하고 공정해야 하는 것은 말할 필요도 없다.

구성원들 사이에 갈등이 생기지 않도록 하기 위해 구성원들이 행복공동체의 취지를 충분히 이해하게 하려면 어떻게 해야 할까? 가장 중요한 일은 구성원을 선발하는 과정에서 제대로 선발하는 것이다. 행복공동체의 취지를 정확하게 전달하는 사전교육을 실시하고, 실제로 1년 정도 살아보면서 탐색기간을 갖게 하는 것도 한 가지 방법이다. 일단 구성원으로 뽑은 다음에 그 사람의 자세를 바꾸는 것은 불가능하다고 봐야 한다. 행복공동체의 취지 가운데 가장 중요한 것은 '자발적 가난'을 통해 행복을 추구하는 것이다. 돈을 더 벌고 명예를 높여서 행복을 추구하는 게 아니라 자신의 욕구를 낮춰서 행복해지려는 마음가짐을 갖는 것이 가장 중요하다는 얘기다. 행복공동체의 구성원이 되기 위해서는 이렇게 자발적 가난을 선택할 마음의 자세를 갖추는 것이 가장 중요하다.

구성원을 제대로 뽑는 것 다음으로 중요한 것은 행복공동체의 취지에 대한 끊임없는 재교육과 토론이다. 행복공동체의 취지는 모두가 행복하자는 것이기 때문에 구성원들이 늘어나는 과정에서 구성원들 사이의 토론을 통해 행복공동체의 취지를 계속해서 수정해나갈 필요가 있다. 방금 수정이라는 말을 사용했지만, 행복공동체의 근본 취지가 바뀌는 것이라기보다는 그 근본 취지가 확대된 구성원들의 언어로 재구성되는 것으로 봐야 할 것이다. '자발적인 가난을 통한 행복 추구' 라는 행복공동체의 근본 취지를 구성원들의 언어로 가장 잘 표현할 수 있는 방법을 찾는 노력이 지속돼야 한다. 이런 토론의 과정을 거치다 보면 구성원들이 스스로 만든 취지를 실행하는 입장이 되기 때문에 더욱더 자율적으로 행동하게 될 것이고, 결국은 서로 더욱더 잘 소통할 수 있게 될 것이다.

이렇게 노력했는데도 예기치 않은 갈등이 생긴다면 어떻게 할 것인가? 이런 경우에는 다양한 생각을 가진 사람들이 모여 살기 때문에 갈등을 겪는 것은 당연하다고 생각하는 자세가 갈등을 해결하는 데 실마리가 된다고 나는 생각한다. 어떻게 보면 그런 갈등을 풀어가는 과정 자체가 삶이고 행복이라고 생각하자는 것이다. 물론 갈등 중에는 여러 사람들이 모여 토론을 하거나 중재를 시도하는 방식으로 해결할 수 있는 갈등도 있을 것이다. 아니면 갈등이 너무 심각해서 법으로 해결해야 하는 경우도 있을 수 있다. 하지만 누구 한 사람의 독단으로 갈등의 원인이 된 문제를 처리하는 것은 바람직하지 않다고 생각한다. '누가 더 옳으냐' 를 따지며 시시비비를 가리는 방법보다는 서로 상대방을 이해하고 상대방의 말에 귀를 기울이는 자세를 갖는 것이 행복하게 살아가는 방법이라고 생각한다.

나는 책을 읽고 배운 것과 경험을 통해 느낀 것을 토대로 '행복하게 사는 부부' 를 주제로 한 강연을 가끔 한다. 그 강연에서 내가 가장 핵심적으로 말하는 것은 부부가 각각 무조건 참으려고 하기보다는 서로 상대방을 인정하고 상대방이 나와 다른 생각을 가질 수 있다는 생각을 해야 한다는 것이다. 부부는 생각하는 방식도 다르고 자라온 환경도 다르기 때문에 어떤 일에 대한 대응방식에서도 다를 수 있다는 것을 서로 인정하는 것이 부부간 갈등을 해결하는 첫걸음이다. '상대방이 틀린 게 아니라 다만 나와 다를 뿐' 이라는 점을 인정하기만 해도 부부간 갈등은 반쯤 해결된 것이나 마찬가지다. 부부싸움을 해소하는 데서 가장 중요한 것은 자신의 감정을 객관적으로 정확하게 표현하는 것이다. 즉 자신이 상대방에 대해 느낀 바를 정확하게 말로 전달하고 상대방이 그 말에 대해 다시 자신의 느낀 바를 정확하게 말로 얘기할 때 그 말을 그대로 받아들일 수 있다면 문제는 거의 해결된 것이나 마찬가지다. 대부분의 경우에 부부싸움이 커지는 것은 부부싸움의 원인이 된 것 자체보다는 서로 자신을 비난하는 상대방의 말투에 기분이 상하고 감정이 격앙되기 때문이다.

행복공동체 구성원들 사이의 갈등에 대해 얘기하다가 왜 갑자기 부부싸움 얘기를 꺼내는 거냐고 의아해하는 독자들도 있을 것이다. 구성원들 사이의 갈등도 부부싸움과 원리는 똑같다고 볼 수 있다. 상대방이 틀린 게 아니라 나와 다른 것임을 인정하고 상대방에 대해 자신의 느낀 바를 그대로 전달한다면 풀어내지 못할 갈등은 하나도 없다고 나는 생각한다. 행복공동체 구성원 중에 전문적인 상담을 해본 경험이 있는 사람이 있다면 그 사람과 수시로 상담함으로써 각자 자신과 관련된 갈등의 소지를 미리 없애는 노력을 할 수도 있을 것이다.

# 입촌 자격과 퇴촌 조건은 무엇인가요?

행복공동체의 주민이 되기 위한 조건은 어떻게 보면 간단하고, 어떻게 보면 상당히 까다로울 수 있다. 가장 중요한 조건은 물론 행복공동체의 근본 취지인 '자발적인 가난을 통한 행복 추구'에 동의하고 이를 실천할 수 있느냐다. 이 조건을 만족하면 누구나 행복공동체의 일원이 될 수 있다. 하지만 실질적으로 이 조건을 만족할 수 있는 사람은 그리 많아 보이지 않는다. 일반적으로 보아 자발적인 가난을 선택하기 위해서는 주위 환경으로부터 자유로워야 한다. 예를 들어 자식에게 투자하기 위해 돈을 벌어야 한다는 생각을 하고 있으면 자발적인 가난을 선택할 수 없다. 물론 자식에게도 세상이 성공이라고 생각하는 좋은 대학, 좋은 직장 가기를 바라지 않고 자유롭고 행복하게 살 수 있게 하고 싶다면 자식이 있더라도 자발적인 가난을 선택할 수 있겠지만.

자발적인 가난을 선택할 수 있는 조건을 갖춘 사람들은 50세 후반에 자식들을 다 키우고 직장에서도 은퇴를 한 사람들이라고 볼 수 있다. 그래서 행복공동체의 1차적인 참여대상은 50대 이상의 직장 은퇴자들이다. 물론 50대 이상의 직장 은퇴자들이라고 해서 모두 자발적인 가난을 선택할 거라는 보장은 없다. 50대 이후에도 활발한 사회활동을 통해 도시에서 자신의 역량을 발휘하면서 사는 걸 좋아하는 경우도 있을 것이다. 또한 직장 은퇴 후 사회생활에서 밀려나긴 했지만, 그런 상태 자체를 즐기고 도시를 벗어나길 원하지 않는 사람들도 있을 것이다. 가난 자체를 죄악시하면서 어떻게든 도시생활의 끝자락이라도 붙잡고 있고 싶은 사람들도 있을 수 있다. 그 자체는 잘못도 아니고, 틀린 것도 아니다. 어떤 삶을 선택할지는 각자의 가치관에 달린 문제이니 말이다.

아무튼 행복공동체의 입촌 자격은 '자발적 가난을 통한 행복 추구'를 하고자 하는 마음이다. 다른 특별한 자격은 없다. 물론 행복공동체의 다른 구성원들과 잘 협력해야 행복할 수 있다는 마음가짐도 상당히 중요한 요소다. 단순히 자발적 가난만을 택하기 위해서라면 굳이 공동체를 구성할 필요가 없기 때문이다. 지금도 많은 사람들이 그런 삶을 추구하고 있다. 행복공동체는 거기서 한 걸음 더 나아가 지역공동체를 형성하여 자족하는 삶을 살고, 소속감을 갖고 공동체 내 인간관계를 형성하는 과정에서 더 큰 행복을 얻을 수 있다고 믿는 사람들이 만들고자 하는 것이다. 그들은 서로 부족한 점을 보충해주고 서로에게 힘이 되어줌으로써 한 차원 높은 행복을 추구할 수 있다고 믿는다.

"가난한 사람도 행복공동체의 구성원이 될 수 있는가?" 또는 "행복공동체의 구성원이 되기 위해서는 돈이 얼마나 있어야 하는가?"라는 질문을 하는 사람들이 가끔 있다. 땅을 마련하고 집을 짓고 가재도구를 마련하려면 돈이 필요한 것이 사실이다. 하지만 도시에서 월세라도 사는 사람이면 기본적인 돈은 있지 않겠는가. 만약 정말로 돈이 없다면 행복공동체가 임대한 땅에 자신이 손수 집을 지을 수도 있다. 움막을 짓고 살면 또 어떤가? 행복공동체의 다른 구성원들과 마음이 맞기만 한다면 서로 도와가며 집을 지을 수도 있지 않겠는가. 물론 이런 경우에는 돈을 많이 들여서 좋은 집을 짓고 사는 사람과 돈이 없어서 움막을 짓고 사는 사람 사이에 위화감이 생길 수 있지 않겠느냐고 걱정을 할 수도 있다. 하지만 행복공동체의 근본 취지에 공감하는 사람이라면 화려한 삶을 위해 돈을 많이 들여가며 남에게 위화감을 줄 정도의 집을 짓지는 않을 것이라고 나는 확신한다. 만약 여유가 있어 돈을 다소 많이 들여서라도 단열이 잘 되고 태양에너지와 지열 등 신재생 에너지를 활용하는 스마트 홈을 만드는 것이라면 오히려 바람직하지 않을까? 아무튼 다양성이 인정되지만 서로에게 위화감을 주지 않는 정도라면 아무 문제가 없을 것이라고 생각한다.

어떤 사람들은 노숙자나 사회적 약자를 행복공동체가 받아들여야 하는 것 아니냐고 묻기도 한다. 하지만 나는 행복공동체의 주민이 되는 조건과 행복공동체가 해야 하는 활동의 내용은 확실히 구분할 필요가 있다고 생각한다. 노숙자나 사회적 약자라고 해서 행복공동체의 주민이 되지 말란 법은 없다. 그들이 스스로 자발적 가난을 택하고 남에게 기대는 마음을 갖지 않는다면 행복공동체는 그들도 구성원으로 환영할 것이다. 하지만 행복공동체는 구휼을 주된 목적으로 하는 공동체가 아니다. 물론 행복공동체의 사업 가운데 하나로 노숙자나 사회적 약자를 돕는 활동을 할 수는 있겠지만, 행복공동체가 꽃동네와 같은 구휼기관이 되어서는 안 된다고 나는 생각한다. 이는 비행기에서 비상사태가 발생해 산소호흡기를 착용해야 할 경우에 자신이 먼저 산소호흡기를 착용하고 나서 옆자리에 있는 어린이나 노인을 도와야 하는 것과 마찬가지 이치다. 우선 행복공동체가 중심을 잡고 서야만 다른 사람들을 돕는 일도 할 수 있지 않겠는가. 행복공동체가 원래의 정체성을 잃어버리고 자선활동에 매진하게 된다면 행복공동체로서 존속할 수 없을 게 당연하다.

행복공동체의 퇴촌 조건은 아직 정해지지 않았다. 약간 추상적으로 얘기하자면 앞에서 언급한 입촌 자격, 즉 '자발적 가난을 통한 행복 추구'를 하기를 원하지 않는 사람이 퇴촌 대상이 되지 않을까 생각한다. 물론 자발적으로 퇴촌을 원할 경우에는 약간의 사무적인 절차만 거치면 될 것이므로 아무런 문제가 없다. 하지만 강제 퇴촌을 해야 하는 경우라면 문제가 복잡할 것이다. 가능하다면, 아니 절대로 이런 최악의 일은 일어나지 않도록 미리 대비하는 지혜가 요구된다. 평소에 구성원들이 서로간의 갈등을 해결할 수 있도록 대화의 통로를 만들고 교육과 토론을 통해 구성원들 모두가 공통의 가치관을 가질 수 있도록 하는 게 최선의 방법이 아닐까 생각한다. 만약 나중에 행복공동체가 여러 개 만들어진다면 그때에는 갈등의 당사자들이 끝까지 화해할 수 없는 경우에는 각각 다른 공동체로 전출을 가게 하는 것도 한 가지 방법이 될 수 있을 거라고 생각된다. 그 전에는 구성원들이 충분히 협의해서 갈등을 원만하게 해결해 강제 퇴촌이 발생하지 않게 하는 방법을 찾아야 할 것이고, 나는 그런 방법이 반드시 찾아질 것이라고 믿는다.

　다만 다른 구성원에게 금전전인 폐를 끼치는 행위를 했거나 형사사건에 해당하는 범죄를 저지른 사람의 경우에는 충분한 소명의 기회를 준 다음에 퇴촌시키는 것이 타당하다고 생각한다. 예를 들어 다단계 계를 조직한다거나 경마 등 사행성 게임을 하도록 주민들을 부추긴다거나 하는 것은 행복공동체의 근본 취지를 훼손하는 행위이기 때문에 단호히 대처해야 한다고 생각한다. 물론 애초부터 그렇게 할 만한 사람은 행복공동체에 발을 붙이지 못하게 해야 할 것이다. 개인적인 금전거래라든가 남녀간의 애정문제 등은 행복공동체에서 관여할 문제라기보다는 일반 사회의 도덕적 기준에 의해 판단할 문제일 것이다.

# 기존에 가지고 있던 개인 재산은 어떻게 하나요?

행복공동체에 들어온다고 해서 기존의 개인 재산을 처분할 필요는 없다고 생각한다. 물론 자발적인 가난을 선택하고 행복공동체에 들어온 이상 많은 재산은 오히려 행복에 방해가 된다고 생각해서 사회에 환원한다고 한다면 그것은 전적으로 개인적인 문제다. 행복공동체에서는 현재의 재산 상태를 유지하면서 경제적 불안감에서 벗어나 여생을 행복하게 사는 것이 목적이 돼야 한다. 현재 가지고 있는 재산을 처분해 행복공동체에 몽땅 투자하면 불안하다고 생각하는 사람이라면 굳이 그렇게 해서 재산을 없앨 필요가 없다. 다만 행복공동체 안에서 자기 재산을 과시한다든가 해서 다른 구성원들과의 사이에 갈등 요인을 만들어내지만 않는다면 기존의 자기 재산을 그대로 유지하는 것은 아무런 문제가 없다고 생각한다. 행복공동체의 초창기에는 구성원들이 불안을 느낄 수밖에 없을 것이다. 행복공동체에 들어갔는데 그곳이 마음에 들지 않는다면 어떻게 하느냐고 불안해 할 수도 있다. 그런데 이런 경우에도 기존의 재산을 처분하지 않고 가지고 있다면 언제든지 행복공동체를 떠나 원래의 생활로 돌아갈 수 있기 때문에 불안한 마음을 덜 수 있을 것이다.

물론 가장 이상적인 방식은 기존의 개인 재산을 모두 정리해서 필요하다

면 일부는 자식들에게 물려주고 일부는 사회에 환원한 다음에 그야말로 남
는 재산만을 가지고 행복공동체에 올인하는 것이다. '자발적 가난'을 택하
려면 그야말로 마음자세를 바꾸지 않으면 안 된다. 이제까지 도시생활에 익
숙해진 마음자세를 완전히 바꾸려면 올인하는 태도가 필요하기 때문이다.
하지만 이것은 강요해서 될 문제가 아니다. 개인별로 알아서 결정할 문제다.
행복공동체는 공산주의를 하자는 조직도 아니고, 재산을 헌납하기를 요구하
는 사이비 종교집단도 아니다. 다만 서로 마음을 합쳐 행복을 추구하는 공동
체일 뿐이다.

기존의 개인 재산을 유지할 수 있게 한다면 행복공동체에도 빈부격차가
나타나지 않겠느냐고 항변하는 독자도 있을 것이다. 그것은 맞는 말일 수도
있다. 하지만 가만히 잘 생각해 보면, 다른 사람들에 비해 자신이 더 많은 재
산을 갖고 있다고 해서 행복해지는 것이 아니다. 행복공동체에서는 자신의
행복을 스스로 절대적으로 추구해야 한다. 자신을 다른 사람들과 비교해서는
안 된다. 자신의 방식대로 행복하면 되는 것이다. 건강이 유지되고, 최소한의
생활이 보장되고, 즐거운 마음으로 할 수 있는 일이 있고, 사귀고 싶은 사람들
이 주위에 많이 있다는 것 그 자체가 행복 아닌가. 더 많이 가졌다고 해서 행
복한 것은 아니다. 아니, 진정으로 행복하기 위해서는 무소유의 진리를 깨달
아야 한다. 물론 무소유라고 해서 아무것도 갖지 않는 것은 아니다. 무소유를
주창한 법정 스님의 말씀대로 무소유란 불필요한 것을 갖지 않는 것이다. 행
복공동체에는 행복에 필요한 모든 것이 다 있는데, 굳이 불필요한 것을 가지
려고 애쓸 필요가 있겠는가.

탈무드와 성경을 보면, 사람은 두 주인을 섬길 수 없다고 했다. 우리는 돈
이라는 주인을 섬기면서는 진정한 행복을 맛볼 수 없다. 우리의 마음속에 들
어있는 물질적인 소유욕을 털어버리는 순간 진정한 행복을 가져다주는 많은

것들이 눈에 들어오게 된다. 그래야 아름다운 자연풍경, 싱그러운 햇살, 땀 흘려 재배해서 수확한 농산물, 환한 얼굴을 한 이웃과의 따뜻한 대화…, 이 모든 것에서 행복을 느낄 수 있을 것이다. 내 머릿속을 돈이라는 주인이 온통 차지하고 있는 동안에는 이웃의 따스한 인사도 내 돈을 탐내는 행동으로 보일 것이다. 만약 아파트를 세놓고 왔다면 월세를 수금하는 문제, 계약만료 시에 입주자를 새로 구하는 문제, 세금을 잘 챙겨 내야 하는 문제 등 그 아파트와 관련된 이런저런 문제에 대한 걱정과 근심에서 벗어날 수 없을 것이다. 특히 아파트의 가격이 하락하든가 세입자가 월세를 안 내든가 하는 일이 벌어지는 날에는 몸은 행복공동체에 있어도 마음은 항상 아파트에 가 있게 될 것이다. 이런 정신적인 불편함 내지 고통을 감수하고라도 재산을 계속 갖고 있겠다고 한다면 그건 개인이 알아서 결정할 문제다.

아파트와 같은 자산뿐만 아니라 연금을 포함한 소득도 개인별로 상당히 차이가 날 것이다. 어떤 사람은 매일 비싼 골프를 치고 수시로 해외여행을 다녀와도 괜찮을 정도로 지속적인 수입이 있는 반면에 어떤 사람은 수입이 한 푼도 없을 수 있다. 하지만 이런 경우에도 한 가지 원칙만 지킨다면 개인적인 수입을 어떻게 사용하든지 아무런 상관이 없다고 생각한다. 그 원칙이란 누구나 행복공동체의 일원이기 위해서는 최소한의 일은 해야 한다는 것이다. 행복공동체에서는 누구나 자족할 수 있을 정도의 최소한의 일만 하면 기본적인 생활은 할 수 있기 때문에 남는 시간을 어떻게 보내느냐 하는 것은 각자가 개인적으로 알아서 결정하면 된다. 돈 많은 사람이 골프를 치든, 돈 없는 사람이 뒷산을 오르든 그것은 각자가 알아서 할 일이다. 그렇다고 비싼 골프를 치는 사람이 돈이 들어가지 않는 등산이나 명상을 하는 사람보다 더 행복하다는 보장은 없다. 골프 치는 사람을 부러워하는 마음을 갖고 있는 사람은 그런 마음의 짐을 내려놓기를 바란다. 골프를 치면서는 행복을 느낄 수도 있고 스트레스를 받을 수도 있다. 하지만 등산이나 명상을 하면서 스트레스를 받는 경우는 보지 못했다. 행복공동체에서는 자기를 다른 사람들과 비교하지만 않는다면 얼마든지 행복할 수 있다.

　돈이 드는 취미생활 중에서 예를 들어 그림 그리기나 악기 연주하기를 배우는 것과 같은 활동은 허용될 수 있을 것이다. 자기가 그린 그림을 팔아서 그림을 그리는 데 필요한 재료나 도구를 산다든가, 악기를 다룰 줄 아는 사람들이 연주회를 열고 그 수익금으로 더 좋은 악기를 마련한다든가 하는 것도 허용될 수 있다고 본다. 해외여행 가운데 행복공동체 안에 수목원을 조성하는 데 도움이 되는 해외 수목원 탐방이나 자원봉사 활동을 겸해 하고자 하는 해외 낙후지역 방문 등의 경우에는 행복공동체가 필요한 경비를 일부 지원하는 것도 좋을 것이다. 그러나 순전히 개인적인 목적의 해외여행은 개인의 부담으로 가고, 돈을 낭비하는 방식의 해외여행은 삼가는 것이 맞는다고 본다.

# 사생활이 너무 노출되는 것 아닌가요?

행복공동체에 관심은 갖고 있지만 참여하기는 꺼려진다고 말하는 사람들 중에 행복공동체에서는 사생활이 너무 많이 노출되는 게 아니냐는 염려를 하는 이들이 있다. 그러나 이런 염려는 공동체라는 용어 자체가 모여 사는 것을 가리키기 때문에 생겨나는 오해 탓이라고 생각한다. 어떤 관계에서든 원만한 관계를 유지하기 위해서는 '너무 가까워서 델 정도'도 아니고 '너무 멀어 얼어버릴 정도'도 아닌 적정한 거리를 유지하는 것이 필요하다. 행복공동체도 일종의 공동체이므로 거기에 모여 사는 사람들이 서로에 대해 잘 알게 되는 것은 자연스러운 현상일 것이다. 하지만 사생활이 없어질 정도가 돼서는 안 된다고 생각한다. 특히 사람에 따라서는 사생활 노출을 극히 꺼리는 경우도 있을 수 있다. 나도 사람들을 만나는 것은 좋아하지만 아무나 내 집의 침실까지 들어올 수 있게 되는 것에는 반대한다. 사람마다 성격과 습관이 다르니 사생활을 어느 정도 노출할 것인지는 각자가 알아서 결정할 수 있게 해야 한다. 가장 바람직한 방식은 각자가 사생활의 공간을 지키면서 교류는 공개적인 별도의 공간에서 하는 것이라고 나는 생각한다.

사생활 보호를 위해 주거형태도 각자가 자기의 취향에 따라 정하도록 해야 한다. 생활의 편의를 위해 저층 아파트나 빌라 같은 주거형태를 원하는 사람도 있을 것이고, 뚝 떨어진 다소 외진 곳에 단독주택을 짓고 살고 싶은 사람도 있을 것이다. 따라서 주거형태에 대해서도 서로 상대방의 생각과 취향을 인정하고 존중해주는 게 바람직할 것 같다. 하지만 공동으로 지켜야 하는 규칙, 예를 들어 농사에 필요한 최소한의 노동력 제공이나 공동생활의 유지에 필요한 재능 나누기 등은 누구에게나 예외 없이 적용돼야 한다. 물론 그런 규칙에 따른 일을 하고 남는 시간에 다른 사람과 교류할 것인지, 아니면 혼자 지낼 것인지는 각자의 취향에 따라 결정하게 해야 한다. 이렇게 하는 것이 사람마다 다름을 인정하는 행복공동체의 근본 취지에 부합한다고 생각한다. 자신의 사생활보다는 다른 사람과의 교류가 더 중요하다고 생각하는 사람도, 다른 사람과의 교류는 최소한으로만 하고 자신의 사생활을 더 많이 지키고 싶은 사람도 똑같이 존중받는 공동체가 바로 행복공동체의 참모습이 아닐까.

그러면 일반적으로 다른 사람들과의 교류에 어느 정도의 시간을 배정하는 것이 적절할까? 우리가 공동체를 만드는 이유는 상호 부족한 점을 보완하자는 데도 있지만 공동체에 대한 소속감을 가짐으로써 행복감을 극대화하기 위해서다. 공동체에 대한 소속감이 어느 정도인지는 다른 구성원들과 교류하는 데 사용되는 시간으로 측정할 수 있다. 제러미 리프킨은 그의 저서《공감의 시대》에서 인간과 가까운 영장류의 경우에 동료의 털을 골라주는 데 하루 중 20퍼센트 정도에 해당하는 시간을 보낸다고 한다. 또한 어떤 인류학자의 관찰 결과를 보면, 지금도 남아 있는 채집수렵 사회에서는 남녀가 평균적으로 하루에 약 25퍼센트 정도의 시간을 사교적인 일에 할애하고 있다는 것이다. 그렇다면 행복공동체에서도 공동으로 일을 하는 시간을 포함해 구성원들이 서로 교류하는 시간이 하루 중 25퍼센트 이상은 돼야 하지 않을까 생각한다. 즉 잠자는 시간을 제외하고 하루가 16시간이라고 한다면 4시간 정도는 서로 사교하는 시간에 보내야 할 것으로 판단된다. 나머지 12시간을 계속 다른 사람들과 교류하면서 보낼 것인가, 아니면 자신만의 시간을 가지며 그 시간을 보낼 것인가는 각자의 판단에 맡기는 게 옳다고 여겨진다.

사실 공동체의 취지를 살리기 위해서 교류하는 시간을 어느 정도로 잡아야 할 것인가는 판단하기가 상당히 어려운 문제다. 사생활이 없을 정도가 되어서도 안 되고, 그렇다고 공동체의 취지가 무색해질 정도가 되어서도 안 된다. 방금 얘기한 4시간은 인류학자들의 견해를 참고해 제시해본 하나의 기준에 불과하다. 앞에서도 언급했듯이 사생활 노출의 문제에 대해서는 각자의 판단을 존중해야 할 것이다. 나의 경우라면 집을 별도로 짓더라도 그중 일부 공간은 다른 사람들과 교류하는 공간으로 할당하고 일부 공간은 나만의 사생활 공간으로 지키고 싶다. 더 욕심을 부리자면 누구나 만날 수 있는 공공의 장소에서 필요할 때 다른 사람들을 만날 수 있고, 내 집으로 돌아오면 사생활이 철저하게 지켜질 수 있는 게 나로서는 가장 바람직하다.

# 나이가 들어 아프면 어떻게 하나요?

행복공동체에 가입하고 나서 활동을 할 수 있을 때는 괜찮을 것 같지만 나중에 아프게 되면 어떻게 하느냐는 질문도 많이 받는 편이다. 어쩌면 행복공동체에 가입하고 나서도 개인 재산을 갖고 있어야 하는 이유 가운데 하나도 바로 아플 때를 대비해야 하는 데 있다고 생각되기도 한다. 사실 행복공동체의 가입대상이 50대 이후의 장년층이기 때문에 아무리 좋은 자연환경 속에서 건강하게 산다고 하더라도 결국은 나이가 더 들면서 몸이 아프게 될 수밖에 없다. 물론 처음에는 구성원들이 다 건강하겠지만, 세월이 흐르면서 아픈 사람들이 늘어나면 구성원들이 다시 불행해지는 것 아니냐는 걱정도 할 수 있다.

그러니 행복공동체가 수익활동을 해서 자금을 어느 정도 축적할 수 있다면 아픈 사람들이 이용할 수 있는 요양원을 짓는 게 어떨까 하는 생각을 해본다. 물론 돈이 있는 사람들에게서 조금씩 기부를 받아도 될 것이고, 정부의 보조를 받을 수 있으면 더욱 좋을 것이다. 행복공동체에서 구성원들이 생산해 자급자족하고 남은 농산물을 외부에 팔거나 그 밖의 다른 수익사업을 영위해 돈이 축적되면 그 돈으로 요양원을 짓는 데 쓰면 될 것이다. 일단 요양원이 지어지고 나면 그 운영비를 최소화하는 방법을 여러 가지로 강구해야 할 것이다. 우선 의사와 간호사는 은퇴한 인력을 활용하면 된다. 의사는 최소한의 근무시간만 지키면 된다. 요양원을 이용하는 사람들은 대부분 거동이 불편한 노인 환자일 것이므로 자원봉사자도 많이 필요할 것이다. 행복공동체의 주민 가운데 요양원에서 봉사하고자 하는 사람들이 자원봉사자로 일하면 봉사한 시간을 마일리지로 저축하게 하는 것도 좋은 방법일 것이다. 이렇게 하면 자원봉사자 자신이 나중에 몸이 아프게 되면 저축된 마일리지로 요양원을 이용할 수 있을 것이다.

행복공동체의 요양원은 영리를 추구하는 게 목적이 아니기 때문에 누구나 거의 무료에 가까운 저렴한 비용으로 이용할 수 있을 것이다. 그래도 그 비용을 부담하기 위해서는 행복공동체에서 부과되는 최소한의 일 외에 추가적인 수입을 올려야 하겠지만, 이 문제는 그리 어려운 문제가 아니라고 생각한다. 행복공동체의 구성원이 된 사람들은 나중에 자신이 요양원을 이용하게 될 때 소요될 비용을 생각해 미리 추가적인 수입을 올려 저축하면 될 것이다. 사람에 따라서는 나이가 아주 많이 들어서도 건강한 사람도 있을 것이고, 행복공동체에 가입하고 나서 얼마 지나지 않아 요양원 신세를 져야 하는 사람도 있을 것이다. 이런 문제에 대해 어떻게 대응해야 하는가에 관한 여러 기준은 차츰 해결해가야 할 과제로 남겨두기로 하겠다. 다만 이런 문제와 관련해 한 가지 제안을 하자면, 행복공동체의 가입자격에 건강 항목을 넣는 것도 한 가지 방법이다. 그런데 이 경우에도 그렇다면 어느 정도나 건강한 사람이어야 하느냐는 복잡한 문제가 생길 수 있다.

또 하나 생각해봐야 할 점은 요양원을 만들 경우에 그것을 이용하고 싶어 하는 외부 사람도 받아들일 것이냐 하는 점이다. 외부 사람을 받아들인다면 어떤 조건으로 받아들일 것인가도 문제가 될 것이다. 하지만 이런 세세한 문제들은 나중에 걱정해도 되리라 생각한다. 일단 행복공동체가 만들어지면 병원과 요양원을 갖추는 문제가 거론될 수밖에 없으니 그때 그런 세세한 문제도 논의하면 될 것이다. 병원과 요양원을 갖추는 것은 반드시 해결해야 할 과제다. 병원과 요양원을 만들자고 하는데 반대할 행복공동체 주민은 아마 한 사람도 없을 것이다. 왜냐하면 행복공동체 구성원 각 개인에게 시급한 문제이기 때문이다. 아무리 건강에 자신이 있는 사람이라도 나이가 들면 건강을 장담할 수 없다. 더구나 나이가 들어서 걸리는 병은 암을 비롯해 대체로 긴 치료기간을 요하는 경우가 많고, 개인적으로 그런 병을 치료하려면 비용이 너무 많이 든다.

병원과 요양원을 갖추는 것 다음으로 생각해봐야 할 문제는 죽는 사람을 어떻게 해야 할 것인가일 것이다. 가장 합리적이고 간단한 방법은 화장장과 납골당을 설치하는 것이다. 화장을 받아들이기 어려운 사람들을 위해 수목원 안에 아름다운 공원묘지를 꾸밀 수도 있겠지만, 궁극적으로는 화장하는 문화가 정착돼야 할 것이다. 따라서 화장장과 납골당은 필수적으로 설치해야 할 시설이라고 생각된다. 국가 전체적으로도 분묘가 늘어나 좁은 국토가 분묘로 꽉 차는 것을 방지해야 한다는 공감대가 형성되면서 이제는 화장장과 납골당을 이용하는 것이 자연스럽게 대세로 자리 잡고 있다. 문제는 누구나 그렇게 해야 할 필요성은 인정하지만 자기가 사는 지역에는 화장장과 납골당이 설치되는 것을 싫어하는 님비현상이 강하게 나타나고 있다는 점이다. 그러나 행복공동체에서는 화장장과 납골당을 설치하는 것이 쉽게 받아들여질 것이라고 생각한다. 왜냐하면 행복공동체의 구성원들은 어차피 죽을 때까지 거기서 살기로 작정한 사람들이고, 화장장과 납골당이 설치됐다고 해서 땅값이 떨어진다고 해도 걱정할 필요가 없는 사람들이기 때문이다.

병원, 요양원, 화장장, 납골당 등의 시설을 외부 사람도 이용할 수 있게 해야 하느냐는 문제는 앞으로 주민들이 논의해 결정해야 할 사안이다. 나의 개인적인 생각으로는 적어도 화장장은 주민들이 자주 사용하지 않을 것이기 때문에 외부 사람도 이용할 수 있게 해도 큰 문제가 없을 것으로 생각된다. 하지만 병원, 요양원, 납골당을 외부 사람도 이용할 수 있도록 개방하면 문제가 좀 복잡해질 소지가 있다. 특히 요양원과 납골당은 시설이용에 한계가 있게 마련인데, 외부의 수요가 아주 많다면 행복공동체 주민들이 이용하는 데 지장을 초래할 수 있기 때문이다. 외부 사람도 이용할 수 있도록 하되 선별해서 제한적으로만 그렇게 하는 방법도 있겠지만, 그럴 경우에는 어떤 기준으로 선별을 하느냐는 문제가 생긴다. 자칫하면 특혜시비 등의 뒷말이 나올 수도 있다. 따라서 병원, 요양원, 납골당은 인근 지역의 주민을 비롯해 특수한 경우에만 외부 사람의 이용을 허락하고 그 외에는 행복공동체 주민들만 이용하는 것을 원칙으로 하면 어떨까 싶다.

# 젊은 사람은 참여할 수 없나요?

자주 듣게 되는 질문은 아니지만, 행복공동체의 참여자격이 너무 까다롭다고 불평하는 사람들이 던지는 질문 가운데 하나가 "왜 젊은 사람은 행복공동체에 받아들이지 않느냐?"는 것이다. 행복공동체의 주된 참여대상은 50대 이상으로 직장에서 은퇴한 사람들이지만, 그렇다고 해서 젊은이들이 무조건 참여대상에서 배제되는 것은 아니다. 그러나 행복공동체는 가급적이면 젊은이는 받아들이지 않으려고 한다. 그 이유로는 크게 두 가지가 있다.

첫 번째 이유는 젊은이는 도시에서 치열한 삶을 살아볼 기회를 갖는 게 바람직하다고 생각하는 데 있다. 행복공동체가 추구하는 자발적 가난을 택하려면 우선 도시생활을 통해 치열한 삶을 살아볼 필요가 있다. 도시생활의 삭막함과 인생의 절실함을 경험해보지 않고 곧바로 행복공동체의 삶을 선택하면 나중에 행복공동체의 삶에 대해 회의를 느끼게 될 가능성이 높다. 나는 젊은이는 우선 도시생활을 해봄으로써 행복공동체의 삶을 선택하는 것이 얼마나 소중한 결정인지를 알게 되기를 바란다. 도시생활을 경험해보지도 않고 행복공동체의 삶을 선택하는 젊은이는 도시생활을 동경하게 될 가능성이 높고, 따라서 행복공동체의 다른 주민들에게 부담이 될 수 있다. 또한 젊은이는 젊은이다운 삶의 패기를 가져야 하고, 중년 이후에나 추구해야 할 삶의 안정을 추구하는 것은 젊은이의 특성에도 맞지 않는다고 나는 생각한다.

두 번째 이유는 젊은이는 행복공동체의 자발적 가난을 택하기에는 제약이 많을 가능성이 높다는 데 있다. 특히 결혼을 한 젊은이라면 자신이 부양해야 할 가족을 생각해야 하고, 특히 자녀양육 문제를 고려하지 않을 수 없다. 자녀를 양육하려면 아무래도 돈을 벌어야 하는데, 행복공동체의 삶은 돈을 벌기에는 적합하지 않다. 물론 자녀를 도시에서 키우는 것보다 자연 속에서 큰 욕심 없이 키우고 싶어 하는 젊은이라면 그를 행복공동체가 받아들이지 못할 이유는 없다. 젊은이 당사자와 자녀가 모두 자발적 가난을 택할 자세가 돼있다면 행복공동체는 그 젊은이와 가족을 환영할 것이다. 어린아이가 없을 가능성이 높은 행복공동체의 여건에서 젊은이가 어린아이까지 데리고 들어온다면 행복공동체의 다른 주민들이 그를 적극적으로 환영하고 여러 모로 도움도 주려고 할 것이다.

젊은이들은 간접적으로 행복공동체에 참여하는 방법을 고려해볼 것을 권한다. 즉 행복공동체에 직접 참여하기보다는 젊은이들만의 별도의 공동체 네트워크를 만들어 행복공동체와 연계된 활동을 하는 것이다. 이렇게 하면 도시에서 직장생활을 하면서도 행복공동체와 유기적인 관계를 가질 수 있다. 이런 공동체 네트워크에 참여하는 젊은이가 많아지면 행복공동체에서 대안학교를 세워 운영하는 경우에 그들이 지원해주고 도움을 주는 일을 할 수 있을 것이다. 행복공동체의 구성원 중에는 교사로 일하다가 은퇴한 사람을 비롯해 대안학교를 운영하거나 대안학교에서 학생을 가르치기에 적합한 인재가 많을 것이다. 행복공동체가 그런 인재들을 활용해 대안학교를 세워 운영하게 된다면 그 대안학교는 인건비를 걱정할 필요가 없기 때문에 학비를 저렴하게 하거나 무상으로 할 수도 있을 것이다. 더구나 행복공동체 자체가 대안학교 학생들의 체험학습장이 될 수 있기 때문에 그 대안학교에 자녀를 보내는 부모는 그 자녀를 자기 삶의 주인으로 키울 수 있을 것이다. 어릴 때부터 자연의 소중함과 진정한 행복의 의미를 깨달으면서 자라난다는 것은 얼마나 좋은 일인가.

행복공동체의 입장에서 젊은이가 필요한 경우가 많이 있을 것이다. 따라서 행복공동체와 연계된 젊은이들의 공동체 네트워크가 형성된다면 양쪽 사이에 진정한 의미의 상생관계를 만들 수 있을 것이다. 한 예로 젊은이들이 공동으로 행복공동체 인근에 농장을 세워 운영하게 된다면 행복공동체 주민들이 그곳을 일터로 확보할 수 있을 것이고, 젊은이들의 입장에서는 그곳에서 생산된 농산물에 대한 확실한 수요처로 행복공동체를 확보하는 셈이 될 것이니 경쟁력 있는 농장 운영이 가능할 것이다. 이 밖에도 행복공동체가 젊은이들과 연계관계를 갖는다면 젊은이의 힘과 지식이 필요한 경우에 그 젊은이들의 도움을 받을 수 있을 것이다. 예를 들어 행복공동체에서 어떤 일을 하는 데 첨단 IT기술을 응용해야 하는 경우에는 아무래도 젊은이의 도움을 받는 것이 훨씬 낫지 않겠는가.

# 아이들이나 연로한 부모와 함께 가입할 수 없나요?

요즘은 늦둥이를 낳는 게 이상한 일이 아니다 보니 50세가 넘어 퇴직을 했는데도 아직 자녀가 미성년인 경우도 있을 것이다. 이런 경우에는 어떻게 해야 하는가? 부모가 자발적 가난을 통한 행복 추구라는 행복공동체의 근본 취지에 어긋나지 않게 생활할 수만 있다면 미성년인 자녀와 함께 행복공동체에 참여하는 데 문제가 없을 것이다. 특히 부모가 기존 재산으로 미성년 자녀에 대한 경제적 지원을 충분히 할 수 있는 경우나 미성년 자녀를 행복공동체에서 추구하는 삶의 방식에 맞게 키우고 싶다고 한다면 아무런 문제가 없을 것이다. 행복공동체에서 부모와 같이 거주하는 자녀들은 그곳의 대안학교에서 자연과 더불어 사는 법을 배우며 교육을 받으면 된다. 그 대안학교에 다니는 데는 학비가 거의 들지 않을 것이기 때문에 부모가 별로 경제적 부담을 느끼지 않으면서 자녀를 교육시킬 수 있을 것으로 본다. 물론 자녀가 대학에 진학하고자 하거나 사회에 진출하고자 한다면 약간의 경제적 뒷받침이 필요할 것이다. 나는 행복공동체의 재정에 여유가 생겨 그것을 가지고 행복공동체에 기쁨을 준 구성원의 자녀들에게 장학금 혜택을 줄 수 있게 되기를 바란다.

　연로한 부모와 함께 행복공동체에 참여하려고 하는 경우에는 어떻게 해야 하는가? 이런 경우는 자녀가 있는 경우보다 약간 더 복잡할 수 있다. 왜냐하면 행복공동체에 참여하는 당사자가 몇십 년 동안 건강하고 행복한 생활을 영위하는 동시에 나중에 아프게 되거나 죽을 때를 대비하자는 것인데, 연로한 부모는 그렇게 대비할 시간이 거의 없거나 짧을 가능성이 높기 때문이다. 연로한 부모와 같이 행복공동체에 참여하는 사람은 행복공동체의 다른 구성원들에게 불이익을 주게 될 수 있다는 문제점이 있다. 그렇다고 연로한 부모를 외면하고 자기만 행복공동체에 들어오라고 할 수는 없는 노릇이 아닌가. 연로한 부모를 외면하고 자기만 행복공동체에서 생활한다면 진정으로 행복할 수도 없다.

이 문제를 해결하는 구체적인 방법은 앞으로 실행위원들이 논의해 찾아낼 것이다. 다만 여기서 한 가지 가능한 방안을 제시해보겠다. 그것은 연로한 부모도 행복공동체의 다른 주민들과 똑같은 조건으로 가입할 수 있도록 하되, 만약 '일정하게 정해진 최소기간' 내에 부모가 아프게 되면 그에 따라 발생하는 비용은 그 자녀가 부담하게 하는 것이다. 자녀가 부담할 비용은 일정하게 정해진 최소기간에 미달하는 부분만큼의 기간에 행복공동체 주민으로서 축적했어야 할 마일리지에 해당하는 금액 정도로 하면 되지 않을까. 아무튼 다른 주민들이 부당함을 느끼지 않을 정도의 수준에서 기준을 정해 시행하면 되지 않을까 생각된다. 만약 행복공동체가 구성원의 연로한 부모와 관련된 비용을 감당할 수 있을 정도로 재정기반을 갖추게 된다면 그때에는 그런 비용을 행복공동체에서 부담할 수도 있을 것이다.

이 밖에도 다른 방법을 찾아보면 채택할 수 있는 방법이 있을 것이다. 연로한 부모와 함께 행복공동체에 참여하는 경우에 보험회사에 일정 금액의 보험을 들게 할 수도 있을 것이다. 연로한 부모를 수혜자로 해서는 보험에 가입하기가 어렵다는 현실적인 문제가 있지만, 행복 공동체 구성원들이 공동으로 보험회사와 잘 협상하면 이런 문제도 어느 정도는 해결할 수 있으리라고 나는 생각한다. 행복공동체가 자체적으로 병원과 요양원을 지어 운영하는 경우에는 연로한 부모가 아프게 되더라도 도시에서보다는 의료비용이 훨씬 적게 들 것이기 때문에 보험회사의 보험금 지급 부담이 적을 것이라는 점도 보험회사와의 협상에 유리하게 작용할 수 있다. 행복공동체가 자체적으로 공제조합 형태로 대책을 마련하는 것도 가능할 것이다. 이런 문제는 어차피 위험을 분산하는 것이 핵심이기 때문에 연로한 부모를 위해 자녀가 매달 일정액을 부담하기로 한다면 전체적으로는 재정적인 부담을 덜 수 있을 것이다.

연로한 부모가 이미 아픈 상태에서 그 자녀가 연로한 부모와 함께 행복공동체에 참여하고자 하는 경우에는 그에 합당한 부담을 그 자녀가 지게 하면 될 것이다. 이에 대한 기준도 행복공동체의 다른 주민들이 부당함을 느끼지 않는 수준에서 정하면 될 것이다. 만약 자녀에게 재정적인 능력이 없다면 행복공동체에서 할당되는 최소의 일보다 좀 더 많은 양의 일을 하게 하는 것도 한 가지 대안으로 생각해볼 수 있겠다.

아무튼 다양한 경우의 각각에 대해 지금 자세한 규칙을 정할 수는 없다. 그런 규칙은 행복공동체의 근본 취지인 '자발적 가난을 통한 행복 추구'라는 원칙을 훼손하지 않는 범위 안에서 행복공동체 주민들이 앞으로 차츰 만들어 나가야 할 것이다.

# 종교가 개입되는 건 아닌가요?

공동체하면 가장 먼저 떠오르는 게 신앙을 매개로 한 공동체다. 신앙공동체는 나름대로 의미가 있고, 공동체로서 존속할 수 있는 조건을 여러 가지로 갖추고 있다. 신앙공동체는 우선 주민들이 같은 신앙과 지향을 갖고 있으므로 서로간의 갈등을 해결하기가 쉬운데다가 신앙이 토대가 되기 때문에 자발적인 가난을 택하기도 쉽다. 문제가 생기더라도 종교지도자의 리더십에 의해 해결하기 쉽다는 장점도 있다. 문제는 신앙 자체가 잘못된 것일 경우, 즉 사이비 종교의 공동체인 경우나 종교지도자가 공동체를 잘못 이끄는 경우에 제어를 할 방법이 없다는 데 문제점이 있다. 일부 신앙공동체는 개인 재산을 헌납하도록 강요하거나 각종 비리로 말썽을 일으켜 사회적인 문제가 되기도 했다. 행복공동체는 신앙공동체가 아니지만 공동체이기는 마찬가지이니 신앙공동체가 갖고 있는 문제와 비슷한 문제가 발생할 가능성을 경계해야 할지도 모른다.

행복공동체는 신앙을 매개로 한 신앙공동체가 아니다. 그렇다고 신앙을 멀리 하지도 않는다는 것이 행복공동체의 원칙이다. 그리고 행복공동체 주민의 신앙생활은 행복공동체의 취지에 맞게 이루어져야 할 것이다. 나는 행복공동체에서도 신앙의 자유는 보장돼야 마땅하다고 생각하지만, 폐쇄적이거나 배타적인 신앙생활에는 반대한다. 주민들은 각자의 자유로운 의사에 따라 신앙을 선택하고 신앙생활을 할 자유를 최대한 보장받아야 한다. 사람에 따라 기존의 신앙을 유지할 수도 있고, 행복공동체에 참여한 뒤에 다른 사람들과 교류하다가 새롭게 어떤 신앙을 선택할 수도 있을 것이다. 그렇지만 타인의 신앙을 부정하거나 극성스러운 전교를 통해 타인에게 특정한 신앙을 강요하는 행위는 못 하게 하는 장치는 필요하다고 나는 생각한다. 행복공동체의 주민들은 서로 열린 마음을 갖고 서로를 배려해야 하는데, 종교적인 문제로 주민들 사이의 관계에 문제가 생긴다면 행복공동체 전체에 갈등을 조장할 가능성이 높기 때문이다.

행복공동체 주민들의 신앙생활을 돕기 위해 불교의 스님, 천주교의 신부님, 개신교의 목사님 등이 행복공동체의 주민으로 온다면 환영할 것이다. 다만 한 가지 조건이 있다. 그것은 행복공동체에서는 종교행사나 신앙활동도 행복공동체의 취지에 맞게 이루어져야 한다는 것이다. 신앙생활이 행복공동체 주민들의 행복지수를 높이는 기능을 하게 하기 위해서는 도시에서의 신앙생활과는 약간 다른 형태가 돼야 한다고 나는 생각한다. 예를 들어 도시에서는 어느 종교에서든 신자에게 헌금을 낼 것을 요구한다. 종교단체에서는 신자들이 낸 헌금으로 성직자와 사무원들의 임금을 비롯한 각종 운영경비를 충당한다. 그러나 행복공동체에서는 성직자를 비롯한 종교지도자와 종교단체 사무원도 공동체의 일원으로서 최소한의 노동을 하는 의무를 지게 하는 것이 바람직하다. 절이나 교회의 운영비를 행복공동체 주민들 전체의 공동부담으로 할 수도 있을 것이고, 절이나 교회의 운영에 필요한 일을 신자들의 자원봉사로 해결하는 등의 다른 방법을 찾는다면 절이나 교회에서 헌금을 받지 않아도 될 것이다. 행복공동체에서 포교활동을 적극적으로 할 필요가 없다면 어느 종교에서든 헌금을 굳이 강요하려고 하지 않을 것이다.

간단히 말해, 나는 행복공동체에서는 종교단체가 헌금 없이 운영되게 함으로써 주민들이 그야말로 순수한 신앙생활을 할 수 있게 되면 좋겠다는 생각을 해본다. 이렇게 되려면 행복공동체에 참여하는 종교지도자도 가능하면 젊은 성직자이기보다는 은퇴한 성직자인 것이 더 바람직하다고 생각된다. 신자들이 헌금 없는 절이나 교회를 다니며 순수한 신앙생활을 할 수 있다면 그것이 오히려 종교의 원래 목적에도 부합하는 것이 아닐까? 여기서 종교의 목적을 논하기는 뭐하지만, 어쨌든 종교의 목적이 진정한 행복을 추구하는 데 있다면 순수한 신앙생활을 할 수 있게 해주는 행복공동체식 종교활동이 더 나은 종교활동이 아니겠는가.

나는 개인적으로 따로 신앙이 있지만 불교도 좋아하고 개신교 친구도 많이 있다. 나는 행복공동체 안에서는 개신교 신자와 천주교 신자도 스님을 찾아가 함께 차를 마시면서 대화를 나눌 수 있기를 바란다. 모두 다 명상을 하면서 자기 자신을 돌아보고 사월 초파일과 성탄절에는 행복공동체의 주민들이 다 함께 축하하는 분위기가 됐으면 좋겠다. 서로 상대방의 신앙을 존중하고 좋은 점을 서로 본받기를 바라고, 종교를 위해 우리가 존재하는 것이 아니라 종교가 우리의 행복을 위해 존재하기를 바란다. 이런 의미에서 기독교는 별도의 교회, 불교는 별도의 법당을 각각 지을 것이 아니라 마을회관을 기독교의 예배장소와 불교의 법회장소로 공동으로 이용하면 어떨까? 이렇게 하면 종교활동에 드는 비용이 줄어들어 헌금이 필요 없는 신앙이 실현되는 데 도움이 되지 않을까?

나를 비롯한 행복공동체 주동자(?)들이 지금은 순수한 생각을 갖고 있지만 나중에 사이비 종교를 강요하거나 사리사욕을 채우려고 할 수도 있지 않느냐는 의심을 품는 사람들도 있을 수 있다고 생각된다. 하지만 이런 문제는 행복공동체와 관련된 모든 것을 투명하고 공개적으로 진행하면서 행복공동체의 시스템도 그렇게 만든다면 충분히 해결할 수 있다고 생각한다. 그러기 위해서는 행복공동체의 주민들 모두가 행복공동체의 주인이라는 생각을 가져야 한다. 갈등이 생겼을 때 누군가가 나서서 대신 해결해주기를 바라거나 결정할 일이 있을 때 자신의 의견을 밝히지 않으면 결국 한 사람 또는 몇 사람에게 행복공동체의 운영을 맡기게 되는 불행한 일이 발생할 가능성이 높다. 나는 요즘 새로운 시대의 대세인 집단지성(smart mob)을 믿는다. 각자 깨어 있는 상태에서 서로 충분한 소통을 한다면 어느 한 똑똑한 개인보다 평범한 사람들의 집단지성이 훨씬 더 나은 해결책을 제시할 수 있다고 나는 믿는다. 더구나 행복공동체는 같은 뜻을 갖고 모인 사람들의 공동체가 아닌가. 행복공동체의 주민들은 그야말로 집단지성의 전형적인 사례가 될 것이다. 집단지성이 제대로 작동되면 행복공동체에서 어느 한 사람의 독단을 막는 것은 전혀 문제 될 것이 없다고 확신한다.

# 수익사업이 있어야 하는 거 아닌가요?

사람이 빵만으로는 살 수 없듯이 행복공동체 주민들이 아무리 자발적 가난을 선택했다고 해도 일상생활 외에 문화생활이나 여행 등을 하기 위해서는 돈이 필요할 테니 어느 정도의 수익사업은 필요하지 않겠느냐는 질문을 많이 받게 된다. 더구나 행복공동체 안에 병원, 요양원, 화장장, 납골당을 설치하려면 상당한 재원이 필요할 것이다. 그래서 행복공동체 전체 차원의 수익사업은 필요하지 않을까 하는 생각이 든다. 그런데 여기서 신중하게 생각해야 할 문제가 많다. 사람들이 살아가면서 겪게 되는 갈등의 대부분은 돈과 관련해 일어난다. 행복공동체의 주민들은 각각 자발적 가난을 선택하고 그런 삶을 살고 있는데 행복공동체 전체 차원에서는 수익사업을 한다면 뭔가 앞뒤가 맞지 않는 느낌이 들기도 한다. 따라서 수익사업 문제는 신중하게 생각해야 한다.

그렇다고 수익사업을 하지 않으면 행복공동체의 운영과 시설에 들어가는 돈은 어떻게 확보할 것인가가 문제가 된다. 이런 문제를 해결하기 위해서는 수익사업을 하되 무리가 되지 않는 최소한의 범위 안에서 하고, 수익사업의 목표를 명확하게 설정하는 것이 필요하다고 생각된다. 이와 더불어 수익사업의 수입과 지출을 투명하게 공개하는 것이 필수적이다. 이런 시스템만 확실하게 갖춰진다면 행복공동체 전체 차원에서 수익사업을 하는 것은 큰 문제가 없을 것으로 보인다. 물론 수익사업의 규모와 방향은 행복공동체의 근본 취지를 거스르지 않는 방향, 즉 행복공동체 주민들의 행복을 감소시키지 않는 범위 안에서 결정돼야 한다. 자칫 수익사업을 위한 수익사업으로 치달아 주민들에게 스트레스를 주고 그에 따라 주민들 사이에 갈등이 일어난다면 수익사업은 당연히 중단해야 할 것이다. 수익사업도 장기적인 관점에서 주민들에게 행복을 줄 경우에 추진할 가치가 있는 것이지, 수익 자체를 위해 추진되는 수익사업이라면 그게 무슨 의미가 있겠는가.

행복공동체를 형성하는 초기에는 수익사업을 많이 추진할 필요가 있을 것으로 보인다. 행복공동체 주민들을 위한 여러 가지 시설을 설치해야 하고, 예기치 못한 자금수요가 발생할 수도 있기 때문이다. 하지만 행복공동체가 어느 정도 자리를 잡은 다음에는 가능하면 수익사업을 최소화하는 것이 바람직할 것이다. 수익사업의 종류도 행복공동체에서 이루어지는 활동에서 자연스럽게 생겨나는 사업으로 한정할 필요가 있다. 또한 수목원 사업, 행복공동체 체험행사, 명상센터 운영과 같이 행복공동체 주민들에게 일거리를 제공하는 사업으로 국한할 필요가 있다. 수익사업에서 많은 수익이 발생할 경우에는 지체 없이 그것을 가지고 나눔을 실천하는 게 바람직하다. 돈이 모이는 곳에는 쉬파리가 몰려들기 마련이다. 누군가가 그 돈에 욕심을 내기 시작하면 갈등이 생길 수 있고, 그 결과는 행복공동체의 분열이 될 것이기 때문이다.

수익사업을 어떻게 추진할 것인가와 수익사업으로 벌어들인 돈을 어떻게 사용할 것인가에 대한 결정은 사전에 주민들의 동의를 얻는 절차를 철저하게 거쳐야 하고, 사후에도 투명하게 검증받는 절차를 거쳐야 한다. 주민이 많으면 동의를 받는 절차가 번거로울 수 있지만, 그렇더라도 동의를 받는 절차는 반드시 필요하고 결정은 만장일치에 의해 이루어져야 한다. 만장일치가 되지 않으면 시간이 걸리더라도 충분한 토론과 설득의 시간을 가져야 한다. 여기서 설득이란 단순히 수익사업의 정당성을 일방적으로 홍보하는 과정이 아니라 수익사업이 정말로 모든 주민의 행복을 증진시키는 것임을 입증하는 과정이어야 한다. 어떤 수익사업을 통해 한 사람이라도 불행해질 가능성이 있다면 과연 그 수익사업을 추진하는 것이 옳은 일인지를 다시 생각해보자는 것이다. 모든 주민을 행복하게 하는 사업이라면 일부 반대하는 사람들을 설득하는 것이 그리 어려운 일은 아닐 것이다. 그런 사업에 대해 단지 몇 사람만의 주민들이 반대를 한다면 그것은 자존심 문제나 커뮤니케이션 문제 때문이 아닐까? 의견이 영 모아지지 않으면 제안된 수익사업을 포기할 수도 있을 것이다. 수익사업을 더 벌이지 않아도 모든 주민이 적어도 현재의 행복은 누릴 수 있다고 편하게 생각하는 지혜가 필요하다고 생각한다.

수익사업으로 벌어들인 돈을 원래 목적에 맞게 투명하게 잘 썼느냐에 대해서는 외부의 전문 회계기관에 감사를 의뢰하는 게 어떨까? 수익금 자체는 금융기관에 맡겨질 것이고 그것의 지출도 몇 사람의 결재에 의해 집행되겠지만, 그 집행과정은 누구나 다 들여다볼 수 있게 하는 것이 중요하다고 생각한다. 그러니 비용이 좀 들더라도 외부의 전문 회계기관에 의뢰해 지출의 집행과정과 집행 후 결과를 감사하도록 하는 게 좋을 것 같다. 필요해서 수익사업을 해서 번 돈을 가지고 필요한 지출을 하는 경우에는 그에 따르는 부작용을 최소화하기 위해 투명하게 사업을 운영하고 지출을 집행하는 것이 무엇보다 중요하다.

그렇다면 어떤 종류의 수익사업을 하는 게 좋을까? 원칙적으로 행복공동체 주민들을 힘들게 하는 사업은 안 하는 게 바람직하다. 예를 들어 유기농 농산물을 생산한 다음에 자체적으로 소비하고도 남을 경우에 외부에 파는 것은 자연스럽게 수익사업이 될 것이다. 하지만 처음부터 외부에 팔기 위해 많이 생산하는 것에는 반대한다. 왜냐하면 처음부터 외부에 팔기 위해 생산을 많이 하려다 보면 결국에는 주객이 전도되어 자체 소비를 위해서가 아닌 외부 판매를 위한 농사가 될 가능성이 높기 때문이다. 외부 판매가 농사를 짓는 목적이 되면 수확량을 늘려야 하기 때문에 주민들이 스트레스를 받게 되고, 결국은 비료나 농약을 써야 하는가 하는 문제가 대두될 수도 있다. 따라서 농산물의 경우에는 자체 수요를 충당하는 정도만 생산하는 것을 원칙으로 하고, 혹시 남는 경우에만 외부에 판매하거나 더욱 바람직하게는 기부를 하는 게 낫다고 본다.

그렇다면 처음부터 수익사업으로 할 만한 것으로는 어떤 게 있을까? 앞에서도 예를 들었지만 수목원을 가꿔서 삼림욕장을 만들거나, 명상센터를 설치해 운영하거나, 약초를 재배해 그것을 가지고 건강센터를 운영하거나 하는 정도가 아닐까? 이런 정도의 사업이라면 정신적으로나·육체적으로나 행복공동체 주민들에게 도움이 될 뿐만 아니라 일거리도 제공하는 기능을 할 수 있을 것이기 때문이다. 그 밖의 다른 사업들도 주민들의 능력에 맞게 일 자체에 치이게 되지 않는 범위 안에서 결정해 시행하면 되지 않을까 생각한다.

# 현재는 행복공동체가 어느 정도 진행되고 있나요?

1부에서도 소개했지만, 행복공동체는 다음과 같은 여섯 단계로 추진된다. (1) 온라인상에 행복공동체 모임 만들기, (2) 정기모임과 농촌체험 행사를 통한 회원 확보, (3) 행복공동체를 실현하기 위한 기획과 실제로 참여할 실행위원 모임(20~50명) 구성, (4) 구체적인 실행방안 마련과 공동체에 실제로 참여할 실행회원 200명 모집, (5) 소규모 행복공동체 실행, (6) 회원 늘리기(최대 5천 명). 첫 번째 행복 공동체가 만들어진 다음에는 그것과 비슷한 두 번째, 세 번째 행복공동체를 만드는 일에 들어갈 것이다.

행복공동체 추진경위는 다음과 같다. 2010년 1월에 온라인상의 링크나우에 '행복공동체' 클럽을 만들었다. 2010년 12월 말 현재 회원 수는 550명 정도이며, 회원 수가 꾸준히 증가하고 있다. 행복공동체는 2010년 3월 11일에 첫 모임을 가졌고, 이 모임에는 13명의 회원들이 참석했다. 이어 4월 14일에 23명이 2차 모임을 가졌고, 6월 19일에는 10여 명이 충남 예산에서 처음으로 농촌체험 행사를 가졌다. 7월 16일에는 서울에서 세 번째 정기모임을 가졌고, 10월 2일에 다시 충남 예산에서 농촌체험 행사를 가졌다. 농촌체험 행사의 내용을 보면 6월에는 매실 따기, 10월에는 고구마 캐기와 사과 따기였다. 예산에서는 오전 10시쯤 그곳에 도착하고 오후 4시에는 귀로에 올라야 하는 빠듯한 일정 때문에 본격적인 체험은 하지 못했지만, 나름대로 농사의 어려움을 느끼는 데는 도움이 됐다고 생각한다. 11월 12일에는 실행위원 모임을 가졌다. 약 30명이 실행위원을 하겠다고 자원했고, 실제 실행위원 모임에는 16명이 참석했다. 이 실행위원 모임에서 2011년 1월에 실행위원 워크숍을 갖기로 결정했고, 이에 따라 1월 14일부터 이틀간 전남 구례에서 10여 명이 참석한 가운데 워크숍을 가졌다. 그 사이에 12월 4일에는 송년모임도 가졌다.

따라서 현재는 앞에서 열거한 여섯 단계의 추진일정 가운데 3단계를 실행하고 있는 중이라고 볼 수 있다. 이 단계는 기획단계로 20~50명의 실행위원들이 행복공동체에 대한 비전을 수립하고 실행계획을 짜는 단계다. 이 기획단계는 앞으로 2년 정도 걸릴 것으로 생각하고 있다. 기획단계에서는 실행위원들이 수시로 모임을 갖고, 기획에 참고할 만한 모임이나 사람들을 찾아다니며 만나야 할 것이다. 이미 공동체를 이루고 살고 있는 모임, 귀농해서 살고 있는 사람들, 동호회원 마을, 실버타운 등을 방문하면서 필요한 정보를 얻고 아이디어를 다듬어가게 될 것이다. 주말농장 운영, 농촌체험 행사, 친환경 농가들과의 농산물 거래 등도 이 과정에 포함될 수 있는 일들이다.

행복공동체의 향후 추진일정은 대략 다음과 같다.

1. 2011년 1월 10일까지 행복공동체에 관한 책의 원고를 완성했다. 이 원고는 2011년 1월 14~15일 전남 구례에서 열린 워크숍에서 검토됐고, 앞으로 행복공동체의 비전과 실행계획을 수립하는 데 참고할 것이다. 물론 이 책을 읽는 독자들은 이런 검토과정을 거친 원고로 제작된 책을 읽고 있는 것이다. 이 책은 2011년 4~5월 중에 출간하는 것을 목표로 하고 있다.

2. 2011년과 2012년에는 1년에 6번 정도 전체모임을 갖게 될 것이다. 그중 4

번은 서울이나 서울 근교에서 모임을 갖는 것으로 하고, 2번은 농촌으로 가서 체험행사를 가질 것이다. 서울 근교를 모임의 장소로 얘기한 이유는 가능하면 서울 근교에서 주말농장을 운영했으면 좋겠고, 주말농장이 마련되면 그때부터는 거기서 전체모임을 가졌으면 하는 생각 때문이다. 2번의 농촌체험 행사는 4~5월과 9~10월 사이에 갖도록 할 예정이다.

3. 2013년까지 실행회원 200명을 모집할 것이다. 실행회원은 행복공동체에 실제로 거주하기로 동의한 사람을 말한다. 실행회원 200명이 모집되면 2015년까지 부지를 선정하고 구체적인 실행에 들어갈 것이다. 구체적인 실행이란 건축허가, 설계 등의 절차를 마치고 실제로 행복공동체 마을을 건설하는 작업에 착수하는 것을 의미한다.

# 인생 후반부의 행복을 위한 마음가짐

# 패러다임 전환이 필요한
# 인생 후반부

얼마 전에 어느 모임에서 정년퇴임을 한 선배 교수로부터 이런 얘기를 들었다. 친구가 정년 퇴임식을 한다고 해서 갔더니 플래카드에 이렇게 적혀 있었다고 한다. 'OOO 교수 정년퇴임식 및 인생비전 선포식.' OOO 교수는 정년퇴임을 하게 됐으니 이제는 자신의 인생을 살 수 있게 되어 너무 행복하다는 의미에서 인생비전을 선포하게 됐다고 한다. 맞는 말 아닌가? 이제까지는 생계와 이런저런 사회적 굴레 때문에 어쩔 수 없이 밀려가며 산 인생이었다면, 이제부터의 인생 후반부는 자신이 하고 싶은 일을 하면서 살 수 있는 멋진 기회의 시간이 아니겠는가? 새로운 인생비전을 선포하고 자신만의 멋진 인생을 살겠다고 당당히 선포한 그 정년퇴임 교수가 너무나도 멋져 보였다.

나는 위와 같은 이야기를 들으면서, 한걸음 더 나아가 그 교수의 인생비전이 나눔을 실천하는 것이면 더욱 좋을 것 같다는 생각을 해보았다. 젊은 시절에 사회로부터 받은 은혜를 이제부터 서서히 갚아가면서 산다면 행복은 저절로 찾아올 것이다. 이것은 자연의 이치와도 같다고 생각한다. 계절의 순환만 살펴봐도 확실하게 그렇다. 생명은 봄에 잉태되어 여름에 뜨거운 햇살을 받으며 치열하게 성장한다. 가을에는 결실을 맺어 자손을 남기고, 일부 열매는 세상에 내어놓는다. 그러고는 더 이상 욕심을 부리지 않고 자신의 몸 전체를 후손을 위해 거름으로 내어놓는다. 인생도 이와 마찬가지여야 한다. 젊은 시절에는 치열하게 살면서 성장을 하고 결실도 맺어야 하지만, 인생 후반부에는 패러다임을 바꿔야 하는 것이다. 자연의 생명과 같이 가을에는 자신이 가진 것의 전부 또는 일부를 사회에 내어놓아 생명의 순환이 계속되도록 해야 한다. 젊은 시절의 목표와는 다른 인생 후반부의 목표를 새로 설정해야 한다.

어릴 적에 딱지치기를 했던 기억이 난다. 처음에는 달력 뜯어낸 것이나 두꺼운 종이를 접어서 딱지치기를 했다. 그러다가 인쇄된 딱지가 나오기 시작했는데, 거기에 군대계급 표시가 돼있었다. 그래서 어릴 적부터 군대계급을 알게 되기도 했다. 이병 다음에 일병, 상병, 병장 … 준장, 소장, 중장, 대장의 순이었다. 딱지를 가지고 할 수 있는 게임은 여러 가지가 있었는데, 그 가운데 한 가지는 딱지를 한 장씩 내밀어 서로 비교해보고 계급이 가장 높은 아이가 모두 가져가는 것이었다. 그런데 재미있는 것은 대장이 가장 높은 계급이지만 그 게임에서는 대장이 가장 계급이 낮은 이병에게 지는 것으로 돼있었다. 그런데 그 뒤의 어느 날에 아이들이 비슷한 딱지놀이를 하는 것을 봤는데, 그때에는 딱지가 온통 별투성이였다. 이병, 일병 등의 계급은 아예 없고 별만 10개, 20개 하는 식이었다. 그런 딱지를 가지고 하는 게임에서는 별이 많은 게 이길 뿐이지 이병이 대장을 이기는 식의 순환고리는 만들어지지 않는다. 지금 우리가 사는 세상이 바로 이런 식으로 온통 별만 가득 찬 딱지의 세상이 아닌가 하는 생각이 든다. 성장만 있을 뿐이지 순환의 고리가 없는 세상이다. 그래서인지 모두가 늙는다는 것을 부정하고, 직장에서의 은퇴가 마치 인생에서의 은퇴라는 인식을 하는 게 아닐까? 직장에서의 은퇴는 행복한 인생을 시작할 수 있는 새로운 기회임에도 불구하고.

나는 젊은 시절에는 치열하게 인생을 살기를 권한다. 하지만 인생 전체를 계속 그렇게 치열하게만 사는 것은 바람직하지 않다고 생각한다. 인생 후반부에는 치열하게 사는 동적인 모드를 버리고, 자신이 그동안 모은 것을 세상에 돌려주는 정적인 모드로 바꿔야 행복할 수 있다고 생각한다. 그래서 내가 치열한 삶을 살아야 하는 이 세상과는 별도로 존재하는 '인생 후반부를 위한 자족공동체'를 만들려고 하는 것이다. 성장이 미덕인 동적인 세상에서는 정적인 인생 후반부를 실현하기가 쉽지 않기 때문이다. 나무도 자신이 맺은 열매를 썩어서 거름이 되도록 내어놓아야 다음에 열 배, 스무 배 되는 새로운 열매를 맺을 수 있지 않은가? 직장에서 은퇴할 때가 된 사람은 무조건 챙기려고만 하지 말고 내려놓는 삶을 살아야 할 때에 이른 것이다.

동양철학은 앞에서 말한 순환고리와 같은 인생 후반부 패러다임 전환에 대해 잘 설명해준다. 동양에서는 세상의 모든 현상을 음양오행으로 풀이한다. 사계절에도 인생에도 음양(陰陽)과 오행(木火土金水)의 원리를 적용할 수 있다. 봄은 목(木), 여름은 화(火), 가을은 금(金), 겨울은 수(水)이고, 토(土)는 중간의 환절기를 뜻한다. 사람의 인생을 놓고 보면 유년기는 봄(木), 청년기는 여름(火), 장년기는 가을(金), 노년기는 겨울(水)이다. 유년기(木)는 외부(부모, 사회)로부터 물(水)을 받아들여 쑥쑥 크는 시기다. 청년기(火)는 유년기에 받아들인 배움(木)을 바탕으로 뜨거운 열정을 활활 태우는 시기다. 장년기(金)는 차분해져야 하는 시기다. 이 시기에 청년기의 열정(火)을 그대로 간직하고 있으면 괴롭게 된다. 노년기(水)는 바다와 같이 다시 모든 생명의 근원이 되는 시기로, 장년기(金)를 제대로 보낸 경우에는 자연스럽게 자리를 잡는다. 물(水)이 나무(木)를 자라게 하듯이 노년기(水)는 다음 세대의 유년기(木)를 위한 밑거름이 된다. 이렇게 목(木)→화(火)→금(金)→수(水)→목(木)의 순환고리가 형성되는 것이다.

음양오행에는 상생(相生)과 상극(相剋)이라는 개념이 있다. 유년기(木)에서 청년기(火)로 넘어가는 것은 목생화(木生火)로 상생이기 때문에 문제가 없다. 하지만 청년기(火)에서 장년기(金)로 넘어가는 것은 화극금(火克金)으로 상극이기 때문에 문제가 생기게 된다. 목 → 화 → 금 → 수 → 목으로 넘어가는 순환고리의 각 단계에서 목생화, 화극금, 금생수(金生水), 수생목(水生木)으로 이어지므로 네 단계 중 세 단계는 상생인데 오로지 두 번째 단계, 즉 화극금만 상극이다. 음양오행에 대해 어느 정도 알면 상생과 상극의 개념이 잘 이해되겠지만, 음양오행에 대해 익숙하지 않은 독자도 있을 것 같아 그 개념을 간단히 설명하겠다. 상생과 상극은 자연의 이치 그대로다. 목생화(木生火)는 목(木) 즉 나무가 화(火) 즉 불을 일으키는 데 도움이 된다는 뜻이다. 화극금(火克金)은 불(火)이 쇠(金)를 녹여버리기 때문에 쇠에는 불이 해롭다는 뜻이다.

이렇게 굳이 동양의 음양오행 철학을 거론하지 않더라도 유년기에서 청년기로 넘어가는 시기에는 성장이라는 개념이 그대로 이어지기 때문에 패러다임의 변화가 필요 없다. 하지만 청년기에서 장년기로 넘어가는 시기에는 성장이 멈춘다. 따라서 장년기에는 청년기까지와는 다른 새로운 패러다임을 찾아야 하고, 그래서 패러다임의 전환이 요구되는 것이다. 다시 말해 인생이라는 순환고리를 제대로 돌리려면 화에서 금으로 넘어가는 시기, 즉 청년기에서 장년기로 넘어가는 시기에 인생의 패러다임 전환을 반드시 해야 하는 것이다. 장년기를 지나 노년기를 거쳐 다시 유년기를 넘어가는 순환고리도 필요하지만, 이 순환고리는 자연이 죽음을 통해 해결해주기 때문에 여기서는 논외로 하겠다.

그럼 인생 후반부로 넘어가는 단계의 화극금이라는 상극을 피하는 방법은 무엇일까? 그 중간에 토(土)를 넣어 화생토(火生土)→토생금(土生金)으로 바꾸면 화에서 토를 거쳐 금까지 상생의 과정이 된다. 즉 화에서 금으로 바로

넘어가면 화극금으로 상극이 되지만, 중간에 토(土)를 넣으면 화생토→토생
금이 되어 상생으로의 전환이 가능한 것이다. 오행으로 볼 때 청년기에서 장
년기로 넘어갈 때 누구나 당황스러운 느낌을 갖게 되는 것은 당연한 현상이
며, 그때 그런 느낌이 불러오는 문제를 극복하기 위해서는 토(土)를 끼워넣는
패러다임의 전환이 필요한 것이다. 그렇다면 토(土)는 구체적으로 무엇을 뜻
하는 것일까? 토는 계절로 보면 환절기, 인생으로 보면 휴식기나 자기계발기
로 볼 수 있다. 토(土)는 땅을 의미하는 말로서 포용의 개념, 나눔의 개념을 내
포하고 있다. 그러므로 청년기에서 장년기로 자연스럽게 넘어가기 위해서는
성장이니 발전이니 하는 개념을 버리고 포용하고 나누는 마음자세를 갖기 시
작해야 한다. 인생 후반기에 들어섰는데 아직도 성장해야 하고 외부로부터
받아야 한다는 생각을 계속 한다면 그것은 자연의 이치에 어긋나는 것이다.

음양오행 중 음과 양의 개념으로 보면 봄과 여름은 양이고 가을과 겨울은
음이다. 따라서 양에서 음으로 넘어가는 시기, 즉 여름에서 가을로 넘어가는
시기는 혼란스럽다. 인생을 놓고 보면 그 전반기는 양, 후반기는 음이다. 그런
데 후반기에 들어서도, 즉 장년기에 접어들어서도 유년기와 청년기의 패러다
임을 고수하려고 하면 문제가 생긴다. 유년기와 청년기에 양 즉 성장의 개념
으로 살았다면 장년기와 노년기에는 음 즉 안정(포용)과 나눔의 개념으로 살
아야 자연의 이치에 맞는다. 굳이 이런 동양철학의 설명을 듣지 않더라도 인
생 후반기에 들어서면서 흔히 생기는 고민들을 가만히 살펴보면 같은 결론에
도달하게 된다. 인생 후반기에도 청년기와 같은 신체와 열정을 간직하기를
원하는데 실제는 따라주지 않으니 문제가 생기는 것이다.

이왕 인생을 계절에 비유했으니 인생 후반부에 해당하는 계절인 가을에
대해 잠깐 생각해보자. 가을 하면 여러 가지가 생각나겠지만, 가장 대표적인
것으로 단풍이 생각날 것이다. 언젠가 마침 가을에 광주에서 강연할 일이 생

겨서 내려가는 길에 단풍으로 유명한 내장산에 잠깐 들른 적이 있다. 내장산에서 아름다운 단풍을 사진기에 열심히 담은 뒤 내려오다가 문득 이런 생각을 해보았다. 우리의 인생을 계절에 비유하면 중년 이후는 가을에 해당한다. 그런데 '중년에 접어든 나는 가을의 단풍나무처럼 다른 사람들이 나를 구경하러 올 정도로 아름다운가?' 하고 말이다. 봄과 여름에 생명이 약동할 때에도 나무는 더위를 식힐 그늘을 제공해준다. 우리 인생도 유년기와 청년기에는 부모에게 희망을 주고 사회발전에 이바지할 에너지를 갖고 있다. 하지만 중년에 접어들면 초록색이던 나뭇잎이 바래지고 무성했던 나뭇잎이 떨어지듯이 젊음이 가는 것을 아쉬워하고 한탄한다. 그러나 우리가 아무리 발버둥쳐봐도 계절이 오고가는 자연의 섭리를 이길 수는 없다. 우리가 아무리 봄, 여름이 좋고 가을, 겨울이 싫다고 해도 가을, 겨울은 기어이 오고야 만다. 내가 아무리 젊음이 좋고 나이 드는 게 싫다고 해도 나이는 꼬박꼬박 들게 마련이다. 아마도 가장 현명한 길은 자연의 섭리를 인정하고 그에 맞춰 우리를 변화시키는 것일 게다. 단풍나무처럼.

그러면서 '가을의 단풍나무처럼 다른 사람들이 나를 찾아올 정도로 아름다워지려면 내가 어떻게 해야 하나?' 하는 생각을 해보았다. 사실 단풍나무는 가을에야 아름다움을 뽐낼 수 있다. 봄과 여름에는 그저 평범한 나무일뿐이다. 가을에 단풍나무가 아름다운 것은 녹색을 버리고 속에 숨겨져 있던 빨간색과 노란색을 겉으로 발현하기 때문이다. 혹시 우리도 유년기와 청년기를 평범하게 보냈지만 중년 이후에는 내면에 숨겨져 있던 아름다움을 겉으로 드러내고 뽐낼 수 있는 건 아닐까? 세상을 향해, 젊은이들을 향해 나한테 다가오라고 잔소리를 해댈 것이 아니라 나의 내면으로부터 은은한 아름다움을 풍겨서 세상이, 젊은이들이 저절로 나에게 다가오도록 하면 좋을 것이다. 그게 바로 중년의 아름다움이 아닐까? 내장산 단풍을 구경하려고 서울에서 사람들이 머나먼 길도 마다하지 않고 가을만 되면 너도나도 내장산으로 내려간다. 그런 내장산처럼 우리도 중년의 화려한 아름다움을 풍겨서 세상을 유혹해보면 어떨까? 내가 곁에 와서 사진을 마구 찍어대는 젊은이들을 바라보며 빙긋이 미소를 짓는 아름다운 단풍나무와 같은 모습이 된다면 얼마나 좋을까?

한근태의 《중년 예찬》을 보면, 중년이 되어 가까운 글씨가 잘 안 보이는 것은 대충 큰 글씨만 보고 대충 넘어가야 한다는 자연의 섭리 때문이라는 말이 나온다. 나이가 들어 귀가 잘 안 들리는 것도 남이 하는 얘기를 대충 듣고 그냥 이해하고 넘어가라는 뜻이라고 한다. 나이가 들어서 자신의 경험에 비추어 맞지 않는다고 잔소리를 한다면 아직 인생 후반부에 맞는 패러다임 전환을 제대로 하지 못한 것이다. 젊은 시절에 치열하게 사는 것이야 이해할 수 있지만, 나이가 들어서까지 계속 치열하게 살려고 발버둥 친다면 좀 추하게 보이지 않겠는가. 인생 후반부에 들어서면 내려놓는 연습을 하자. 행복공동체에서 추구하는 자발적 가난을 통해 내려놓는 노력을 하다 보면 행복은 저절로 찾아오게 될 것이다.

# 과학적으로 살펴본 인생 후반부의 의미

나는 2년 전부터 엔지니어들을 대상으로 매주 뉴스레터를 보내고 있다. 2010년 12월 말에 100번째 뉴스레터를 보냈고, 앞으로도 뉴스레터를 계속 보낼 예정이다. 1호부터 40호까지는 주로 엔지니어들의 의식변화가 필요하다는 이야기를 했고, 41호부터 60호까지는 주로 '엔트로피' 개념을 활용해 세상의 이치를 분석하고 그에 맞는 행복한 생활이 무엇인지를 설명하려고 노력했다. 61호 이후로는 거의 행복공동체에 관한 이야기다. 아마도 앞으로 당분간은 행복공동체의 추진과정에 대한 글을 써서 뉴스레터를 보낼 것 같다.

내가 뉴스레터의 주제로 삼았던 것 가운데 하나는 '엔트로피'였는데, 그 내용이 유익했다는 의견과 너무 어렵다는 의견으로 나뉘었다. 엔지니어 중에서는 학교에서 엔트로피 개념을 배웠지만 이 세상의 이치에 그렇게 적용되는 줄은 몰랐다면서 유익했다는 의견을 내는 이들이 많은 편이었고, 엔지니어가 아닌 일반인들은 아무래도 너무 어렵다는 의견을 내는 이들이 많았다. 엔트로피 개념이 좀 어렵긴 하지만 여기서 다시 한 번 엔트로피 개념을 우리의 인생에 적용해보려고 한다. 굳이 어려운 엔트로피 개념을 이용해서 인생을 설명하려는 것은 인생의 패러다임 전환에도 과학적인 원리가 있다는 점을 강조하기 위해서다.

엔트로피는 열역학 제2법칙에 나오는 개념이다. 과거에 발견된 물리법칙 중에서 아직까지 깨지지 않고 적용되고 있는 법칙 가운데 대표적인 것이 바로 열역학 법칙이다. 열역학 제1법칙은 '에너지 보존의 법칙'으로 '이 세상에 존재하는 에너지의 총량은 일정하며, 그 에너지는 형태만 바뀔 뿐이다'라는 원리를 담고 있다. 열역학 제2법칙은 '에너지가 변하는 방향은 비가역적이며, 유용한 에너지 형태가 덜 유용한 에너지 형태로 변한다'는 것이다. 여기까지만 들어도 머리가 빙빙 돌 것이다. 더 깊이 설명하면 더 복잡해지기만 하기 때문에 조금만 더 설명하고 넘어가기로 하겠다. 여기서 비가역적이란 말은 거꾸로 돌이킬 수 없다는 의미다. 예를 들어 기름(유용한 에너지)을 태우면 이산화탄소와 물이 포함된 배기가스(덜 유용한 에너지)가 나오는데, 이 배기가스는 아무리 놔두어도 거꾸로 기름이 되지는 않는다는 얘기다. 이때 기름은 엔트로피가 낮고 배기가스는 엔트로피가 높다고 한다. 따라서 이 세상에서 일어나는 일들은 언제나 엔트로피가 낮은 상태에서 높은 상태로 진행된다는 것이다. 대체로 이 세상에서 일어나는 물리적 수치는 높은 게 좋은 것이지만 엔트로피는 낮을수록 좋은 것이라고 보면 된다. 엔트로피가 높다는 것은 무질서도가 높다는 의미이자 덜 유용한 에너지 형태라는 의미이기 때문이다.

우주는 시작과 끝이 있을까? 여러 가지 설이 있지만, 현재 가장 과학적인 설명으로 받아들여지고 있는 빅뱅(Big Bang, 대폭발) 이론에 의하면 우주는 시작과 끝이 있다. 엔트로피의 관점에서 보면 우주는 빅뱅, 즉 엔트로피가 영(0)인 상태에서 시작됐다. 그러면 빅뱅 상태는 어떻게 만들어졌느냐고 물으면 문제가 좀 복잡해진다. 아무튼 현재로서는 빅뱅 상태에서 우주가 시작됐다고 해석하는 게 지금까지 알려진 물리법칙에 가장 잘 부합한다. 빅뱅 상태

이후에, 즉 대폭발이 일어난 뒤에 우주가 지속적으로 팽창하고 있는데, 이를 엔트로피의 관점에서 보면 엔트로피가 지속적으로 증가하고 있는 것이다. 즉 우주에 존재하는 에너지의 양은 빅뱅 시의 에너지 총량과 같지만(열역학 제1법칙), 무질서도는 지속적으로 높아지고 있는 것이다(열역학 제2법칙). 실제로 우주를 관찰하면 별과 별 사이의 거리가 계속 멀어지고 있다고 한다. 우주가 계속 팽창하면 결국은 어떻게 되는 것인가? 이에 대한 견해는 다양하지만 그 문제를 여기서 다루면 복잡해지기만 할 터이니 나중에 기회가 되면 따로 다루기로 하겠다. 아무튼 엔트로피의 관점에서 보면 언젠가는 엔트로피가 무한대에 이르게 되어 우주의 종말, 전문용어로 말하면 '열적 죽음'이 닥칠 것이라는 점은 분명하다. 물론 그 우주의 종말에 이르기까지의 시간은 인간의 수명에 비하면 무한대이기 때문에 지금 우리가 걱정할 필요는 없을 것이다.

우리의 인생행로도 엔트로피의 관점에서 살펴볼 수 있다. 우리는 우리 자신의 의지와는 상관없이 이 세상에 태어나서 점점 더 성장하게 된다. 어느 정도 성장하고 나면 노화를 겪다가 죽음에 이르게 된다. 우리가 잉태되는 순간 엔트로피가 0(완전한 질서)인 상태였다가 성장을 하면서 엔트로피가 증가하게 된다. 우리 몸은 엔트로피를 낮추기 위해 외부에서 엔트로피가 낮은 에너지를 섭취한 다음에 엔트로피가 높아진 폐기물을 버린다. 하지만 이런 노력에도 불구하고 엔트로피가 점점 더 높아지다가 결국에는 엔트로피가 무한대인 죽음에 이르게 된다. 그런데 여기서 이런 의문을 가질 수 있을 것이다. 인간이 점점 더 성장한다는 것은 엔트로피가 감소하는 것, 즉 무질서도가 낮아지는 것이 아니냐는 의문 말이다. 맞는 말이다. 인간 개체를 보면 엔트로피가 감소한다. 하지만 인간이 엔트로피를 낮추기 위해 주위에서 에너지를 섭취하여 이용하게 되면 주변의 엔트로피는 훨씬 더 증가하게 된다. 그러니까 인간과 주변 환경의 엔트로피를 종합적으로 보면 인간의 활동에 의해 전체 엔트로피는 기하급수적으로 증가하게 되는 것이다. 그러니까 인간의 생명활동은 주변 환경의 엔트로피를 높이는 것을 반대급부로 해서 자신의 엔트로피를 낮추려는 발버둥이라고 생각하면 된다. 과학적으로 거창하게 설명하다보니 어렵게 느껴지지만, 과학기술의 발달로 인해 파괴되거나 회복불능 상태가 되는 자연이 늘어나는 현대문명의 문제점을 생각해보면 이해하기가 좀 쉬워질 것이다.

이러한 과정, 즉 처음에는 엔트로피가 0인 상태에서 출발해서 엔트로피가 증가하다가 결국에는 엔트로피가 무한대인 죽음 내지 멸망에 이르는 과정이 진행되는 것은 생명체, 문명, 국가, 부동산 가격, 인생에서도 마찬가지다. 이런 과정에서 자신의 엔트로피를 낮추기 위해 주위에서 엔트로피가 낮은 에너지를 끌어오고 자신 안의 폐기물을 버리는 과정도 똑 같다. 쉬운 인생의 문제를 엔트로피라는 개념으로 설명하니 어렵게 느껴지겠지만, 아무튼 요점은 우리 인생은 자신의 엔트로피를 낮추려는 발버둥 속에서도 결국에는 인생의 종점인 죽음에 이르게 된다는 것이다. 그런데 문제는 그 인생의 종점, 즉 '인생의 엔트로피가 최대에 이르는 시점'이 최근에는 너무 일찍 온다는 점이다. 물리적인 죽음과 인생의 종점이 동시에 오면 문제가 없다. 그러나 물리적인 죽음은 100세에 오는데 인생의 엔트로피가 최대인 시점은 50세도 안 된 시점에 오니 문제가 있는 것이다. 그러니까 우리가 50세부터는 거의 반죽음의 상태에서 100세까지 살게 되는 비극적인 상태에 빠지는 것이다.

그렇다면 이 문제를 어떻게 풀 수 있을까? 가장 근본적인 해결책은 인생이 시작되는 시점부터 저(低)엔트로피적인 삶을 살면 된다. 세상에 대한 욕심을 버리고, 아등바등하면서 살지 않으면 된다. 물론 현실적으로 그렇게 사는 것은 쉽지 않다. 그래서 그 대안으로 인생 전반부는 현재와 같은 고(高)엔트로피적인 삶을 살더라도 인생 후반부에는 저엔트로피적인 삶을 살자고 제안하는 것이다. 즉 인생 전반부에는 지식과 부를 축적하면서 살다가 인생 후반부에는 그동안 축적한 지식과 부를 나눠주는 삶을 살자는 것이다. 자신의 지식과 부를 나눠주면 자신의 엔트로피는 낮아진다. 문제는 이런 저엔트로피적인 삶과 현실의 고엔트로피적인 삶 사이에 조화를 이루기가 쉽지 않다는 점이다. 주위의 삶, 즉 가족과 친구, 친지의 삶은 고엔트로피적인 삶을 추구하는데 자기 혼자만 저엔트로피적인 삶을 추구하면 갈등이 일어날 가능성이 높다. 우리 자신도 물론 고엔트로피적인 삶에 익숙해져 있기 때문에 갑자기 저엔트로피적인 삶을 추구하게 되면 내면으로 커다란 갈등을 겪게 된다. 더구나 도시생활은 고엔트로피 시스템으로 돌아가는데 도시에서 나 혼자 저엔트로피로 살아간다는 것은 상당히 힘든 일이다. 그래서 저엔트로피 시스템으로 운영되는 행복공동체를 만들고 인생 후반부를 맞이한 사람들이 거기에 모여 살면 좀 더 쉽게 저엔트로피적인 삶을 추구할 수 있지 않을까 하는 생각을 하게 되는 것이다.

인생 전체에 걸쳐 저엔트로피적인 삶을 살아가는 사람들도 있다. 흔하지는 않지만 종교적 수도자들, 예를 들어 스님, 수녀, 수사나 어떤 깨달음을 얻고 도사 같은 삶을 사는 이들은 저엔트로피적인 삶을 사는 사람들이라고 볼 수 있다. 그런데 이런 이들도 대부분은 고엔트로피 시스템인 이 세상을 떠나 별도의 공동체, 즉 절이나 수도원 등에서 거주하면서 저엔트로피적인 삶을 추구한다. 도사 같은 삶을 사는 사람들도 심산유곡이나 시골에서 거주하면서 조용한 삶을 사는 경우가 대부분이다. 세상 속에서는 인간의 활동이 왕성해지는데 그러다 보면 엔트로피가 증가하기 때문에 저엔트로피적인 삶을 추구하기 위해서는 세상을 떠나 자연 속에서 자연과 조화를 이루며 조용히 사는 게 유리해서 그런 것이다. 평범한 사람이 저엔트로피적인 삶을 추구하는 가장 좋은 방법으로는 자신의 지식이나 기능을 나눠주는 자원봉사활동을 하는 것, 자신의 부를 사회에 돌려주는 것, 귀농하여 자연과 더불어 사는 것 등을 들 수 있다.

인생 후반부에 저엔트로피적인 삶을 추구하기 위해 40대 이후에 출가하는 사례도 늘어나고 있다. 요즘에는 전국 대형 사찰의 행자(승려가 되기 위해 절에 들어가 수행하는 사람) 중에 40대 행자가 가장 많다고 한다. 2010년 봄 현재 전남 순천시 송광사의 경우는 행자 11명 가운데 6명, 합천 해인사의 경우는 행자 5명 중 2명이 40대다. 조계종 통계에 따르면 나이가 40~44세인 예비승(6개월간 행자로 지낸 뒤 4년간의 종단 의무교육을 받고 있는 승려)도 2005년에 553명이었는데 2008년에는 637명으로 늘었다. 45~49세와 50~54세인 예비승도 같은 기간에 각각 314명에서 500명으로, 170명에서 309명으로 늘어났다. 이에 따라 10년 전만 해도 평균 출가연령이 20대 후반이었으나 이제는 35세 이상으로 높아졌다고 한다(〈매일경제신문〉 2010년 4월 23일, 이향휘 기자). 이렇게 출가해 세상을 등지는 것만이 저엔트로피적인 삶을 추구하는 길일까? 만약 그렇다면 종교적인 준비가 돼있지 않은 사람들은 저엔트로피적인 삶을 추구할 방법이 없다는 말이 될 것이다. 그렇지 않다. 평범한 일반 사람이라면 출가하기보다는 도시에서 벗어나 저엔트로피를 추구하는 별도의 공동체를 만들어 거기서 같이 살면 될 것이다. 행복공동체가 바로 출가하지 않고도 저엔트로피적인 삶을 추구하자는 취지의 공동체다.

# 진정한 행복을 추구할 수 있는 인생 후반부

가끔 친구들과 만나 얘기를 나누다 보면 "내가 10년만 젊었어도…"라는 한탄을 자주 듣게 된다. 그럴 때마다 나는 "나는 10년 전으로 돌아가고 싶지 않다"고 강하게 말하곤 한다. 내가 그렇게 말하는 것은 물론 현실적으로 10년 전으로 돌아갈 수 없기 때문이기도 하지만, 지금 행복을 느끼지 못하거나 지금부터 행복을 만들어가지 못한다면 10년 전으로 돌아가도 아무런 소용이 없다고 생각하기 때문이다. 누군가의 말대로 '금 중에서 가장 귀한 것이 지금'이고 '지금이 내 남은 생애 중 가장 젊은 순간'이라고 생각하는 것이 바람직하다. 과거로 돌아가면 행복을 찾을 수 있을지 모른다는 나약한 생각은 버리는 게 좋다.

물론 내가 과거로 돌아가고 싶지 않은 것은 이런 철학적인 이유 때문만은 아니다. 현실적으로 인생 후반부가 행복을 추구하는 데 여건이 가장 좋은 시기라고 생각하기 때문이기도 하다. 우리의 인생을 편의상 4개의 부분으로 나눠서 생각해보자. 태어나서 25세까지는 배움의 시기(제1인생), 25세부터 50세까지는 배운 것을 바탕으로 열심히 일하면서 성공을 추구하는 시기(제2인생), 50세부터 75세까지는 축적된 부와 지식을 바탕으로 인생을 즐기면서 나눔을 실천하는 시기(제3인생), 75세부터는 죽음을 대비하는 시기(제4인생)가 될 것이다. 우선 이렇게 간단하게 나누어봤을 때 어느 시기가 가장 행복할 수 있는 시기라고 생각되는가?

제1인생은 부모의 보호 아래 배움만 추구하면 되는 시기이지만, 이 시기를 절대적으로 행복하다고 생각하는 사람은 없을 것이다. 물론 과거의 어린 시절을 돌이켜 생각해보면 즐거운 추억도 있고 행복했던 순간도 있을 것이다. 하지만 그 시절로 돌아가 거기에 그대로 머물고 싶다고 생각하는 사람이 과연 몇이나 될까? 만약 그런 사람이 있다면 그는 지금 너무나 불행한 상태에 있어서 과거로 도피하고자 하는 마음을 갖고 있기 때문일 것이다. 특히 지금의 한국에서는 대부분의 사람들에게 제1인생이 그야말로 다시는 겪고 싶지 시기일 것이다. 더구나 나와 같은 세대는 가난과 굶주림으로 고생하던 그 시절로 돌아가고 싶지 않을 것이라고 생각한다.

제2인생은 어떤가? 제1인생이 끝나기 무섭게 취직을 하거나 사업을 벌인 다음에 성공을 위해 밤낮없이 뛰는 시기가 바로 제2인생이다. 극히 일부 사람들은 자신이 좋아하고 잘할 수 있는 일을 하겠지만, 대부분의 사람들은 성공을 위해 사회에서 요구되거나 인기가 있는 직장을 선택하고 거기서 사력을 다해 뛰는 시기가 바로 제2인생 아닌가. 그렇게 죽어라고 뛰어도 극히 일부 사람들만이 성공한 사람이라는 타이틀을 거머쥘 뿐 대부분의 사람들은 루저로 전락하고 마는 게 정해진 운명이다. 그렇다고 소위 말하는 성공한 사람들은 행복한가? 최근의 여건을 고려하면서 생각해보면 제2인생에서 성공한 사람들은 대부분 가정과 자기 개인의 인생은 돌보지 않고 오직 성공만을 바라보고 뛰어왔다고 봐야 할 것이다. 제2인생에서 가정의 행복을 누리거나 자신의 삶의 질을 높이면서 성공하기란 하늘의 별을 따는 것만큼이나 어려운 일이다. 그렇다고 제2인생에서 행복을 추구하다 보면 성공하기가 힘들다.

그러니 결국 제2인생의 끄트머리에는 인생의 허망함만이 남는 경우가 대부분이다.

그에 비해 제3인생은 어느 정도 삶의 터전을 마련한 상태이기 때문에 사회적인 성공을 위해서 무조건 뛰기보다는 자신의 행복을 위해 살아갈 수 있는 여건이 조성된 시기라고 할 수 있다. 직장에서 은퇴하여 더 이상 성공을 향해 달려갈 필요도 없다. 자녀도 다 자랐으니 독립하도록 하면 행복을 버리면서까지 악착같이 돈을 벌어야 할 이유도 없다. 물론 제4인생을 대비해 돈을 더 벌어야 하는 것 아니냐고 항변할 수는 있을 것이다. 하지만 제2인생에서와 같은 사고방식으로 살면서 돈을 벌기에는 여건이 허락하지 않는다. 웬만큼 차별화된 지식이나 경력이 없고서는 그렇게 하기가 어렵다. 젊은이들 위주로 돌아가는 현대사회는 나이든 사람을 환영하지 않는다. 그러면 어쩌란 말인가? 돈을 적게 쓰면서 성공이 아닌 진정한 행복을 누릴 수 있는 방법을 찾으면 된다. 누구나 그렇게 하고 싶지만 그렇게 할 방법이 없으니 좌절하는 게 아니냐고 항변할 수도 있다. 하지만 방법이 왜 없겠는가? 바로 행복공동체가 그렇게 돈을 적게 쓰면서도 진정한 행복을 누릴 수 있는 방법이다. 자발적 가난을 통해 돈을 적게 써도 된다면 먹고 살 수 있을 정도로만 일을 하고 남는 시간에는 좋아하는 일을 할 수 있다. 행복은 한 단계 템포를 늦추고 자기 내면의 소리에 귀를 기울여야 찾아지는 것이지 돈을 많이 벌어 화려하게 사는 데서 찾아지는 것이 아님을 깨닫기만 하면 된다.

여성의 경우는 직업을 갖고 있든 집에서 가사를 전담하고 있든 남성보다는 인생 후반부의 여건이 남성보다 좀 나을 것이라고 생각한다. 여성은 아무래도 남성에 비해 가족간 또는 이웃간 네트워크를 쉽게 만들기 때문에 직장을 퇴직한 후에도 사회에 적응하기가 쉬운 편이다. 물론 50대에 들어서면 여성은 남성보다 호르몬 변화를 혹독하게 겪는 경우가 있다. 또 성격에 따라서는 남편과 자식에게 온 정성을 다 쏟다가 남편은 퇴직하고 자식은 품을 떠나는 것을 보면서 괴로워하는 경우도 많이 있다. 그래도 일반적으로 보면 여성이 남성보다는 인생 후반부에 겪는 고통이 덜하다고 볼 수 있다. 여성의 입장에서 보면 자식들을 잘 독립시키기만 하면 인생 후반부에 남편에게 크게 구속받지 않고 자신만의 인생을 찾을 절호의 기회를 가질 수 있기 때문이다. 한국의 사회적인 여건상 젊을 때에는 자식과 남편을 돌보기 위해 여성이 희생해야 한다는 분위기이지만, 남편은 은퇴하고 자식은 다 커서 가족을 뒷바라지할 필요가 없어지면 여성이 자신을 돌볼 기회를 가질 수 있게 된다. 다만 여성 자신이 그동안의 삶의 방식을 버리지 못하고 특히 자식에게 집착해서 스스로도 괴롭고 자식도 괴롭게 하는 경우도 많이 보게 된다.

실질적으로 보면 인생 후반부, 즉 제3인생은 그 전의 시기에 비해 행복을 누릴 조건이 더 좋은데도 불구하고 남성이든 여성이든 나이가 들면 행복하지 않다고 생각하는 경향이 있다. 왜 그럴까? 그 이유는 크게 세 가지다. 첫 번째 이유는 제1인생과 제2인생에서 겪었던 고통이 제3인생에서도 되풀이될 것이라는 염려에서 찾을 수 있다. 제1인생은 물론이고 제2인생에서도 행복하다고 느끼는 사람의 비율은 극히 낮다. 더구나 행복하기는커녕 사회적으로 성공했다고 느끼는 사람도 그 비율이 극히 낮다. 제2인생에서 성공했다고 생각하는 사람들도 제2인생이 막을 내리고 제3인생, 즉 인생 후반부에 접어들면 성공이 곧 행복은 아님을 깨닫고 허무함을 느끼게 된다. 이처럼 제2인생에서 성공을 못 해서 고생만 한 사람이나 제2인생에서 성공한 사람이나 제3인생에 접어들면 행복감을 느끼지 못하는 것은 마찬가지이니 결국은 제3인생에 접어든 사람들은 대부분 행복을 느끼지 못하는 셈이다.

두 번째 이유는 제2인생에서 추구하던 삶의 방식이 제3인생과 코드가 맞지 않아 당황스럽게 된다는 데 있다. 제2인생에서 성공을 추구하던 삶의 방식은 제3인생에는 맞지 않다. 대부분의 사람들은 제2인생에서는 성공을 추구하도록 강요를 받거나 스스로 성공을 추구하지만 제3인생에서는 성공보다 행복한 삶을 추구하게 되기 때문이다. 제3인생에서 행복을 추구하는 쪽으로 삶의 목표를 확실하게 바꾼 사람들은 그나마 낫지만, 성공을 추구한다는 목표는 상실했지만 새로운 삶의 목표를 찾지 못해 방황하는 경우에는 절망감이 더욱 클 수밖에 없다. 더구나 인생 후반부에 접어들어서도 제2인생에서 추구하던 성공을 계속 추구하려고 하는 경우에는 사회 시스템이 용납하지 않는 경우가 대부분이어서 절망감이 더더욱 크다. 인생의 목표와 연결됐던 삶의 방식이 더 이상 용납되지 않으니 그 절망감이 얼마나 크겠는가. 그래서 제2인생을 보다 길게 늘여보려고 새로운 일자리를 찾는 사람들이 늘어나고 있다. 하지만 그렇게 해서 찾아진 일자리가 돈벌이나 성공을 위한 일자리가 아니라 진정으로 자신이 하고 싶었던 일을 할 수 있는 일자리이거나 그 일자리에 취업해 행복을 느끼는 사람들이 과연 얼마나 될까? 결국 제2인생을 사는 사람들 위주로 돌아가는 이 사회에서 인생 후반부에 접어든 사람들이 삶의 의욕을 갖고 행복을 찾기란 어려운 것이 사실이다.

　인생 후반부에 접어든 사람들이 스스로 불행하다고 느끼는 세 번째 이유는 자신을 남들과 비교하는 데 있다. 이렇게 하는 것은 제2인생에서 다른 사람들과 경쟁하는 과정에서 갖게 된 생각을 제3인생에 접어들어서도 그대로 갖고 있기 때문이다. 즉 남들보다 조금이라도 앞서야 한다는 생각을 제3인생이 시작된 뒤에도 버리지 못하기 때문인 것이다. 제2인생의 초기에는 남들보다 조금 뒤떨어지더라도 나중에 따라잡을 수 있을 거라는 막연한 희망이라도 있지만, 제2인생을 결산하는 시점부터는 경쟁의 결과가 확연하게 드러나기 때문에 남들과의 비교가 초래하는 절망감이 크다. 더구나 이제는 더 이상 따라잡을 수도 없다는 생각이 들기 때문에 그러한 절망감은 곧바로 불행하다는 느낌으로 이어지게 된다. 하지만 이렇게 불행하다고 느끼는 마음은 여러 면에서 모순이다. 우선 누구와 비교를 하면서 불행하다고 느끼느냐 하는 문제가 있다. 이 세상의 모든 사람을 다 이길 수는 없다. 그러니 남들과 비교해서 자신의 행복도를 측정한다면 이 세상에서 성공해서 행복하다고 느끼는 사람은 단 한 사람밖에 없을 것이다. 내가 그 한 사람이 되는 것은 불가능하다. 그러한 비교를 어떤 측면에서 하느냐는 문제도 있다. 모든 면에서 다른 사람들을 이길 수 있는 사람은 없다. 어느 한 면에서 다른 사람보다 낫다면 다른 면에서는 다른 사람보다 뒤질 수 있다. 그런데도 대부분의 사람들은 자신의 나은 면보다는 모자라는 면을 다른 사람과 비교하면서 스스로 불행해진다. 재산이 적은 사람이 더 건강할 수 있고, 명성이 모자라는 사람이 오히려 가정은 화목할 수 있다. 자신의 나은 면에 주목하고 스스로 행복하다고 느끼는 것이 행복으로 가는 지름길이 아닐까?

　나를 포함한 수많은 사람들이 책과 강연 등을 통해 인생 후반부를 맞이한 사람들에게 행복하려면 생각을 바꾸라고 외치는 것도 바로 위와 같은 이유에서다. 하지만 생각만 바꾼다고 모든 문제가 다 해결되는 것은 아닐 것이다. 생각을 바꾸면 문제가 어디에 있는지를 파악하는 데는 크게 도움이 되겠지만, 생각을 바꾸라고 외치는 사람들이 제시하는 문제 해결책은 실천하기가 어렵다. 예를 들어 인생 후반부에 자신이 좋아하는 일거리를 찾을 수 있는 사람이 몇이나 되며, 이미 멀어질 대로 멀어진 가족과의 관계를 회복할 수 있는 사람이 몇이나 될까? 또한 건강에 자신이 있는 사람이 몇이나 되며, 먹고사는 걱정을 안 해도 될 정도로 재산을 모아놓은 사람이 몇이나 될까? 제2인생을 치열하게 살면서 제3인생을 빈틈없이 준비하는 것은 불가능에 가깝다. 신문이나 TV 등 언론매체에서 인생 후반부를 성공적으로 살고 있다고 소개되는 사람들은 그만큼 희귀하기 때문에 소개되는 것이라고 보면 될 것이다. 다시 말해 평범한 사람들은 그렇게 성공적인 제3인생을 준비할 방법을 찾을 가능성이 희박하다.

그렇다면 어떻게 하란 말인가? 평범한 사람들은 제3인생부터는 행복하게 살기를 포기해야 한다는 뜻인가? 절대로 그렇지 않다. 내가 평범한 사람들을 위해 제시하는 해결책은 바로 행복공동체다. 나 자신이 행복공동체가 제3인생과 제4인생에 대한 해결책이라고 생각하기 때문에 이렇게 열심히 행복공동체를 만들기 위해 노력하고 있는 것이다. 다른 누군가에게 보여주기 위해서도 아니고, 다른 사람들을 위해서도 아니다. 내가 행복공동체를 만들려는 것은 바로 나 자신부터 행복해지기 위해서다. 그런데 나 혼자 애쓰는 것보다는 다른 사람들과의 상생관계를 통해 행복공동체를 만들어야 나 자신의 행복을 더 쉽게, 더 많이 찾을 수 있다고 생각하기에 이런 노력을 하고 있는 것이다. 다른 사람들과 같이 행복해지면 내가 찾게 될 행복도 덩달아 커질 것이라는 확신이 들기 때문에 행복공동체를 만들려고 노력하고 있는 것이다. 에머슨이 설파한 대로 "성공이란 내가 존재함으로 인하여 단 한 사람의 이웃이라도 행복해지는 것을 아는 것"이라고 나는 생각하기 때문이다.

# 가장 친한 친구가 되어야 하는 부부 사이

부부 사이를 표현하는 말은 상당히 많다. 일심동체, 반려자, 배우자 등 다양한 표현이 있다. 그런데 나이가 들면 가장 알맞은 부부관계는 바로 친구관계라고 생각된다. 나이든 부부는 서로를 가장 잘 이해하는 친구가 될 수 있다. 그런데 한국에서는 인생 후반부에, 특히 남편이 직장에서 은퇴한 뒤에 부부 사이에 갈등이 많이 생긴다. 이렇게 되는 가장 큰 이유는 부부가 친구가 되지 못하는 데 있다고 나는 생각한다. 한국 남자들은 웬만큼 나이가 들면 직장에서는 상사로서, 가정에서는 가장으로서 수직적 관계의 위쪽 위치에 서 있는 데 익숙해진다. 다시 말해 한국 남자들은 일반적으로 수평적인 관계에 익숙하지 못하고, 수직적인 관계 속에 있을 때 편안함을 느낀다. 그래서 술집에서 남자들이 모이면 어떤 수단을 쓰더라도 상대방의 나이를 알아내서 형님과 아우니 선배와 후배니 하는 서열을 매기곤 한다.

한국 남자들이 행복한 노후를 보내려면 부부관계를 친구관계로 변화시키는 것과 함께 우선적으로 해야 할 일은 자신의 일을 스스로 처리하는 태도를 갖는 것이다. 물을 한 잔 마시려고 해도 꼭 아내나 자식에게 물을 떠오라고 명령하는 습관이 있다면 반드시 고쳐야 한다. 언젠가 친구들과 술을 마시고 있는데 그 자리에 있던 친구 K가 열을 내는 것이었다. 무슨 일인가 했더니, 얼마 전에 대기업에서 임원으로 있다가 퇴직한 친구를 만났다고 한다. 그런데 그 친구가 하는 꼴을 보니 밸이 꼴려서 혼났다는 것이다. 식당에 가서도 그 친구는 자신이 직접 문을 열 줄을 모르고 누군가가 문을 열어주길 바랐고, 택시를 탈 때에도 마찬가지였다는 것이다. 엘리베이터 버튼을 누르는 것도 남이 해주기를 바라는 태도를 보였다고 했다. K는 마치 자기가 그 친구의 비서가 된 듯한 느낌이 들어 영 기분이 좋지 않았다고 말했다. 대기업 임원이었던 K의 친구는 자신이 해야 할 일을 주위에서 다른 사람이 해주는 데 익숙해지다 못해 아예 그런 태도가 몸에 배어버린 것이었으리라고 짐작된다. 문제는 이제는 그도 그런 버릇을 버려야 하는데 아직도 버리지 못하고 있다는 데 있다.

한국에서 퇴직 후에 아내에게 가장 사랑받는 남편은 '영식이'라고 한다. 여기서 영식이는 '집에서 한 끼도 안 먹는 남자'를 의미하는 아줌마들끼리의 은어다. 삼시세끼 다 챙겨주기를 바라는 '삼식이'는 아내가 가장 싫어하는 유형의 남편이다. 퇴직한 처지에 세 끼를 모두 밖에서 사 먹을 수는 없을 것이다. 설마 아내가 퇴직한 남편에게 그러기를 바라지는 않을 것이다. 아줌마들이 말하는 '영식이'는 스스로 밥을 챙겨 먹을 줄 알아서 자신의 끼니를 아내로 하여금 걱정하게 하지 않는 남편이라는 뜻일 것이다. 나는 퇴직한 남자들에게 '영식이'에서 한 걸음 더 나아가 가끔 아내에게 맛있는 요리를 선보일 수 있는 남자가 되기를 권한다. 남자가 집에서 요리를 하는 것은 단순히 밥 한 끼를 해결한다는 의미에 그치는 것이 아니라 아내의 역할을 존중하는 모습을 보여주는 동시에 아내에 대한 사랑을 표시하는 행위가 된다. 내가 아는 어느 사장님처럼 요리학원에 다니면서 특수한 요리를 배우면 더 좋겠지만, 하다못해 간단한 김치찌개나 된장찌개라도 아내에게 배워서 직접 해보면 어떨까? 부부가 서로 요리하는 법을 가르쳐주고 배우고 하는 동안에 자연스럽게 대화도 하게 되니 좋고, 아내가 혹시 일이 있어 늦게 들어오는 날에는 아내를 위해 저녁밥상을 차려놓을 수 있으니 금상첨화가 아니겠는가. 만약 요리는 내 천성에 맞지 않는다고 생각한다면 아내가 요리를 하는 동안에 집안청소를 하든가, 하다못해 상차림이라도 하라. 과거의 습관에서 벗어나지 못하고 집안일은 아내 몫이라는 생각을 고집한다면 아내에게 구박을 받아도 싸다. 부부가 진정한 의미의 친구관계가 되려면 서로 도움이 되고 힘든 일은 나누어 해야 하지 않겠는가. 더구나 부부가 같이 집안일을 하고 장도 같이 보다 보면 공통의 대화거리가 생겨나기 때문에 사이가 더욱 가까워질 수 있다.

부부가 더욱 가까운 친구 사이가 되려면 같은 취미를 가지는 게 좋다. 〈서울경제신문〉의 정민정 기자가 쓴 '은퇴, 부부의 새 삶을 위한 선물'(2009년 10월 28일)이라는 기사에서 소개된 서울대 물리학과 교수 출신의 이구철(74) 씨와 이강희(72) 씨 부부의 이야기는 시사하는 바가 많다. 그들 부부는 미국 유학 시절에 결혼했고, 그 뒤로 같이 여행을 자주 다녔다. 특히 3년 전부터는 자전거 여행에 푹 빠졌다. 남편이 2001년에 은퇴한 뒤에 같이 자전거를 타기 시작했다. 편하게 탈 수 있는 리컴번트(Recumbent) 자전거를 타고 안 가본 데가 없을 정도로 같이 자전거 여행을 많이 다녔다고 한다. 리컴번트 자전거는 누운 자세로 타는 자전거를 말한다. 요즘에는 미니벨로에 푹 빠져 영국 브랜드인 브롬튼을 구입해 집에서 가까운 곳에 갈 때에는 그것을 타고 다닌다고 한다.

이구철 씨 부부와 같이 자전거를 타기가 힘들다면 등산을 같이 다니든가 여행을 같이 다니는 것도 생각해볼 수 있다. 부부가 각자의 성격과 취향을 고려해 공통의 취미를 갖는 것은 서로 좋은 친구로 지내는 가장 좋은 방법이다.

요즘은 여행사들이 은퇴한 부부들만을 위한 여행상품을 내놓기도 한다. 여유가 있다면 멀리 해외여행을 다녀올 수 있고, 그럴 여유가 없다면 국내에서 좋은 곳들을 골라 돌아다녀보는 것도 권장할 만하다. 부부가 공통으로 관심을 갖고 있는 주제가 있다면 그 주제에 맞게 여행계획을 세워보는 것은 어떨까? 부부가 같이 할 수 있는 취미가 꼭 여행일 필요는 없을 것이다. 악기연주, 그림, 운동을 같이 배울 수도 있다. 댄스를 같이 배우면서 스킨십을 나눌 수 있는 기회를 갖는 것도 좋은 방법이다. 이때 주의할 점은 부부 중 어느 한 쪽이 다른 쪽에 일방적으로 맞춰주는 것은 바람직하지 않다는 것이다. 둘 다 여행을 좋아한다고 해도 한 사람은 구경 위주의 여행을 좋아하고 다른 사람은 편히 쉬는 여행을 좋아한다면 즐거워지기 위해 가는 여행이 자칫 다툼으로 끝나기 쉽다. 이런 경우에는 부부가 서로를 친구라고 생각하고 배려하는 마음으로 상의해서 양쪽 다 만족할 만한 여행방법을 찾은 다음에 여행을 떠나는 게 좋을 것이다. 부부가 다 만족할 만한 여행방법을 찾는 과정 자체가 서로에 대한 이해를 깊게 해주고 서로 진정한 친구가 되게 해줄 수 있다. 특히 남편은 이제까지 무엇이든 자기 위주로 결정하고 아내에게 무조건 따라오기를 바라던 태도를 버리고, 아내가 무엇을 원하는지를 살펴보려는 열린 마음을 가져야 한다.

부부는 가깝고도 먼 관계다. 부부로 살 때는 누구보다도 가깝지만, 일단 헤어지면 남보다도 못한 관계로 바뀌는 경우가 대부분이다. 나는 개인적으로 부부 일심동체라는 말을 아주 싫어한다. 어떻게 전혀 다른 사람끼리 한 사람처럼 같은 생각을 하고 같은 행동을 할 수 있겠는가. 부부 일심동체는 가부장적인 사회에서 아내더러 남편에게 무조건 순종하라고 하던 말일 뿐이다. 부부가 일심동체가 되는 가장 쉬운 방법은 부부 중 한 사람(주로 아내)이 배우자(남편)에게 무조건 맞추어주는 것이다. 하지만 이제는 이런 구시대적인 사고방식으로는 부부가 인생 후반기를 같이 행복하게 보낼 수 없다. 가장 합리적인 부부관계는 서로 존중하고 배려하는 친구관계다. 상대방더러 자기에게 무조건 맞추라고 강요하기보다는 상대방은 나와 다른 인격체임을 인정하고 서로 윈윈할 수 있는 동반자관계가 돼야 한다. 몇십 년 동안 같이 산 부부라면 서로를 속속들이 잘 알 텐데 서로에게 맞추어주면서 살지 못할 이유가 있겠느냐고 말하는 사람들도 있다. 그렇게 말하는 사람 자신이 그렇게 하고 있다면야 나로서는 할 말이 없다. 하지만 자기가 아닌 배우자가 자기에게 맞추어주기를 바라고 그렇게 말하는 것이라면 하루빨리 꿈에서 깨어나기를 바란다. 부부가 몇십 년 동안 서로 상대방을 고쳐보려고 했지만 아직도 고치지 못했다면 이제는 그만 포기하고 반대로 서로를 배려하면서 맞추어주려고 노력하는 것이 훨씬 더 합리적이고 현실적인 태도일 것이다. 너무 가깝지도 않고 너무 멀지도 않은 사이가 가장 바람직한 부부관계다. 서로 충분히 가까우니 생각이 같을 것이라는 오해를 버려야 하고, 서로 상대방을 상종할 수 없는 존재로 보고 포기하지도 말아야 한다. 인생 후반기에는 부부가 서로를 존중하고 배려하는 친구가 돼야 한다. 행복공동체는 부부가 바로 그런 친구가 되어 같이 살기에 좋은 조건을 갖추는 데 초점을 맞출 것이다. 가능하면 부양할 가족에 대한 부담이 없는 부부의 가입을 환영하는 것도 이 때문이다.

행복공동체의 주거환경을 설계할 때 부부라도 각자가 가질 수 있는 사생활이 보장되도록 배려하는 게 좋을 것 같다. 부부가 생활은 같이 하되 일이나 취미활동은 서로간의 합의에 따라 같이 할 수도 있고 각자 따로 할 수도 있어야 할 것이다. 부부가 너무 같이 붙어있기만 해서 오히려 갈등의 소지가 생겨나게 해서도 안 되고, 너무 떨어져 지내서 관계가 소원해질 정도가 되어서도 안 될 것이다. 부부가 취미가 같아서 늘 같이 있는 게 행복하다면 같이 있는 시간을 많이 가질 수 있는 여건도, 취미가 달라서 각자 따로 활동하는 게 편하다면 그렇게 할 수 있는 여건도 행복공동체는 동시에 갖추게 될 것이다. 물론 독신자와 부양가족이 있는 부부도 행복공동체에서 부양가족이 없는 부부들과 문제없이 어울려가며 생활할 수 있을 것이다.

# 다시 정의되는 가족의 의미

먼 친척보다는 가까운 이웃사촌이 낫다는 격언이 있다. 사실 맞는 말이다. 과거에는 친척이나 가족이 큰 의미를 갖고 있었다. 사냥을 하든 농사일을 하든 혼자 하는 것보다는 가족이 힘을 합쳐 같이 일을 하는 것이 훨씬 더 효율적이었기 때문이다. 그래서 자식도 많이 낳았다. 부양해야 할 가족이 많아지면 부담이 되기도 했지만, 자식을 낳는 것은 농사를 지을 수 있는 노동력을 확보하는 의미도 있었다. 게다가 혈연을 같이 하는 가족이 뭉쳐야 외부세력으로부터 안전을 지킬 수 있기도 했다. 농경사회에서만이 아니라 산업사회에서도 힘이 필요했기에 남자가 가족의 중심 역할을 했고, 이 때문에 아들을 낳는 것이 중요했다. 아들이 없는 경우에는 양자를 입양하기까지 했다. 조강지처가 아들을 낳지 못하면 아들을 낳기 위해 남편이 다른 여자를 취하는 것을 용인하기까지 할 정도로 가족에서 아들은 절대적인 의미를 가진 존재였다.

재산을 물려주는 경우에도 아들, 특히 장남에게 그 대부분이 돌아갔다. 그 이유는 농경사회에서는 농토를 여러 자식들에게 분할해 물려주는 것보다는 통째로 장남에게 물려주고, 다른 가족은 노동을 제공하면서 장남에게 생계를 위탁하는 것이 효율적이었기 때문이다. 또한 제사를 비롯해 가족 공동의 행사가 많았기 때문에 그 비용을 대는 책임을 맡은 장남에게 재산을 물려주는 게 합리적인 측면이 있었다. 따라서 과거에 장남에게 대부분의 재산을 물려 준 것은 장남 개인에게 재산을 물려준 것이라기보다 가족의 재산이 쪼개지지 않도록 하고 그 관리권을 장남에게 준 것이라고 봐야 할 것이다. 그리고 재산 을 물려받은 장남은 제사를 비롯한 집안의 대소사를 챙기고 다른 가족을 돌 볼 의무를 지는 것이 당연했다. 노동력을 상실한 부모를 봉양하는 것도 당연 히 장남의 의무였다. 자식 중 한 명이라도 과거에 붙으면 가족 전체의 경사였 고 가문의 영광이었다. 그래서 자식이 공부를 하겠다고 하면 온 집안이 총력 을 기울여 도움을 주었다. 뒷바라지를 잘해 그 자식이 성공하면 부모의 노후 는 걱정이 없었기 때문이다. 이런 점에서 자식에 대한 투자는 남는 장사일 수 있었다.

1970년대와 1980년대에 한국이 급속한 경제성장을 이루는 과정에서 서구 적 지식을 갖춘 새로운 인재들이 좋은 대우를 받게 되면서부터는 공부를 열 심히 해서 좋은 대학에 진학하는 것이 최고의 출셋길로 자리 잡게 됐다. 그때 부터 한국의 부모들은 논도 팔고 소도 팔아 자식에게 아낌없이 투자를 하면 서 가문의 영광을 구현하기에 온힘을 쏟았다. 한국경제가 비약적인 발전을 하게 된 여러 요인들 가운데 하나가 바로 이런 부모들의 자식에 대한 아낌없 는 투자였다. 하지만 문제는 그렇게 부모들이 등골이 빠지도록 일해서 번 돈 을 투자해서 출세시킨 자식들이 농촌으로 다시 돌아오지 않는다는 데 있었 다. 그보다 더 과거에는 자식이 출세하면 부모가 자식 덕을 좀 볼 수 있었다. 하지만 대가족 제도가 무너지고 부부 중심의 핵가족이 대세로 자리 잡게 되 면서부터는 자식이 출세해도 부모가 자식 덕을 보기 어렵게 됐다. 과거에는 자식을 잘 기르면 노후걱정을 할 필요가 없었지만, 이제는 노후에 자식에게 기댈 수 없게 됐다.

요즘 우리 사회에서 심각한 문제가 되고 있는 출산율의 저하는 위와 같은 시대적 흐름과 무관하지 않다. 출산율 저하는 물론 여러 가지 요인들이 복합적으로 작용한 결과일 것이다. 예를 들어 자식을 낳아 기르는 데 돈이 너무 많이 든다는 점, 여성의 입장에서는 자식을 낳는 것이 사회활동에 방해가 된다는 점 등도 출산율 저하의 중요한 요인이다. 이런 것들 외에 자식이 자산에서 비용으로 바뀌게 된 시대적 변화도 출산율을 떨어뜨리는 요인으로 작용했다. 과거에는 자식이 재산을 불려주기도 하고 노후를 보장해주기도 하는 든든한 자산이었지만, 이제는 자식이 재산을 축내기만 하고 노후는 보장해주지 않는 애물단지가 되면서 비용만 초래하기 일쑤다. 좀 심한 얘기일지는 모르지만, 이제는 부모가 자식에게 기대할 수 있는 것은 자식을 키우는 동안에 느끼는 즐거움 정도뿐이다. 부모와 자식 사이에 끈끈한 정은 지금도 있지만, 과거와 같은 절대적인 유대관계가 있으리라고는 더 이상 기대하지 않는 것이 현명하다. 그래서인지 요즘에는 아들보다 키우는 재미도 더 크고 나중에 어른이 된 뒤에도 부모 생각을 조금이라도 더 하는 딸을 낳고 싶어 하는 부부가 많아지고 있다.

서구에서는 자녀 입양을 많이 하는데 한국에서는 입양에 인색한 것도 한국의 사회적 환경과 무관하지 않다. 과거에는 입양을 하는 경우에 재산을 물려주는 체계가 송두리째 무너지기 때문에 함부로 자녀를 입양할 수 없었다. 지금도 한국에서 입양이 잘 안 되는 것은 그에 더해 자녀를 키우는 데 비용이 많이 들기 때문으로 여겨진다. 자기 자식에 대한 애착이 강한 기성세대, 특히 엄마들의 극성이 줄어들지 않는 한 한국에서 입양이 활발하게 이루어지기는 어려울 것으로 보인다.

또한 기성세대의 입장에서는 자식에게 투자를 많이 해야 하는데 돌아오는 대가는 거의 없다는 점에서 고민이 깊을 수밖에 없다. 그러나 부모가 진정으로 행복하게 살고 자식도 잘 되게 하기 위해서는 자식을 자산으로 생각하는 습관을 버려야 한다. 자식을 키울 때는 정성을 다 기울여 키워야겠지만, 그와 동시에 자식이 떠날 때 잘 떠날 수 있도록 준비를 시키고 스스로도 준비하는 것이 현명한 부모의 태도일 것이다. 자식을 온실 속의 화초처럼 키워 독립할 의지를 갖지 못하게 한다든가 어차피 떠날 자식이니 투자를 하지 않는다든가 하는 것은 부모로서의 역할을 제대로 하지 못하는 것이다. 부모와 자식의 관계도 너무 가까워도 안 되고 너무 멀어도 안 된다. 너무 가까우면 뜨거워서 화상을 입고 너무 멀면 차가워서 원만한 관계를 이룰 수 없기 때문이다.

아무리 자식에게 정성을 쏟고 내리사랑을 퍼부어도 자식은 결국 떠나게 돼있다. 떠나지 않으려고 해도 떠나보내야 한다. 결국 남는 것은 부부뿐이다. 여든이 넘은 부모님을 보면서 내가 느끼는 점은 두 분이 살아 계시면서 서로 의지하는 모습이 보기에 참 좋다는 것이다. 내가 아무리 부모님을 생각한다 해도 바로 곁에 있는 배우자만큼 챙겨줄 수는 없다. 특히 아플 때는 곁에 있는 배우자가 최고라는 생각이 들 수밖에 없을 것이다. 하지만 부부가 친구 같은 관계가 아니라 상사와 부하 같은 관계라면 늙어서도 서로에게 짐이 되고 결국은 사이가 틀어질 수밖에 없을 것이다. 이제 가족관계도 자녀 중심이 아닌 부부 중심으로 재편돼야 한다. 이런 의미에서 나는 요즘 자식을 교육시키기 위해 부부가 서로 떨어져 사는 것에 반대한다. 기러기 아빠나 주말 부부는 이제 사라져야 한다. 자식에 대한 맹목적인 사랑은 부모도 불행하게 만들고 자식도 지치게 만든다. 자식을 독립적인 인간으로 키우는 부모가 결국은 자식에게 사랑받게 된다는 점을 명심해야 한다.

물론 부부가 같이 산다고 해도 한 날 한 시에 죽을 수는 없다. 따라서 누구든 혼자서 살아가는 연습을 미리 해두어야 한다. 독신으로 사는 사람이야 혼자 사는 데 훈련이 돼있겠지만, 부부도 각각 혼자 사는 연습을 해야 한다. 부부가 서로 멀리 떨어져 살라는 것이 아니라 배우자가 없어도 살아갈 수 있는 능력을 키워야 한다는 것이다. 밥 먹고 옷 입는 일상생활에서는 물론이고 경제적으로도, 정서적으로도 독립할 수 있어야 한다. 부부는 서로에게 가장 친한 친구가 돼야 한다고 앞에서 여러 차례 말했는데, 가장 친한 친구가 되려면 먼저 서로 독립적인 존재가 될 필요가 있다. 서로 독립적이지 않고 어느 한 편이 다른 편에게 종속되어 있으면 종과 주인의 관계는 될 수 있어도 친한 친구의 관계가 될 수는 없다. 제2인생에서는 남편이 경제력을 앞세워 주도권을 행사하지만, 제3인생 이후에는 아내가 경제력을 잃은 남편을 오히려 리드하는 경우가 많다. 가장 바람직한 남편의 모습은 제3인생에서도 혼자서 일상생활은 물론이고 사회생활도 하는 것이다. 그런데 한국의 남편들은 제3인생에 접어들어 주도권을 잃었는데도 그런 현실을 직시하지 못하고 아내에게 자기를 돌봐달라고 억지를 부리는 데 문제가 있다.

사회적 환경의 변화로 이제는 자신의 노후를 가족 중 누구에게도 맡기기 어렵게 됐지만, 이런 문제에 대한 정책적 대비는 돼있지 않은 게 우리나라의 현실이다. 연금제도가 있기는 하지만 그것에만 전적으로 의지할 수 있다고 믿는 사람은 아무도 없을 것이다. 그럴 수밖에 없는 것이, 연금제도 자체가 농업사회나 산업사회에 맞춰진 제도이기 때문이다. 연금제도는 근본적으로 젊은이들에게서 돈을 걷어 그것으로 나이든 사람들을 부양하는 제도다. 개인적으로 보면 자기가 젊을 때 저축한 돈을 나이 들어 타서 쓰는 셈이 되지만, 현재의 연금제도는 65세 이후에 잠깐 동안만 보장을 해주는 것을 전제로 마련된 제도다. 그런데 이제는 한국인의 평균수명이 80세를 넘어 90세를 향해 계속 늘어나고 있다. 이런 점에서 기존의 연금제도는 시대적인 변화를 반영하지 못하고 있고, 실제로 그 기금이 언제 고갈될지 모르는 상황이다. 더구나 젊은층 인구는 급속히 줄어드는 반면에 노인층 인구는 급속히 늘어나고 있기 때문에 연금제도의 대폭적인 수정이 불가피할 것으로 보인다. 수정된다면 그 방향은 연금 지급액 수준을 낮추는 쪽이 될 것이 뻔하다.

그럼 어떻게 해야 한다는 말인가? 자식에게 노후를 의탁할 수도 없고 사회보장 시스템도 믿을 수 없다면 어떻게 하란 말인가? 경제적인 문제 이전에 나이가 들수록 가족의 정이 필요하고 가족이 있어야 행복을 느낄 수 있다고 하는데 가족은 더욱더 해체되고 있다. 이런 문제를 해결하는 가장 좋은 방법은 가족의 정의를 새로 내리는 것이라고 나는 생각한다. 혈육으로 맺어진 가족보다 이웃사촌으로 맺어진 가족이 오히려 진정한 가족이 될 수 있다고 생각하자는 것이다. 같은 생각을 갖고 있고 서로에게 도움을 줄 수 있는 사람들끼리 모여서 산다면 그게 바로 새로운 시대의 가족이 아니겠는가. 행복공동체의 주민들은 바로 그런 가족이 될 수 있다.

# 고령화와 저출산은 재앙인가

현재 한국의 저출산 문제와 고령화 문제는 심각한 수준이다. 이 두 가지 문제가 동시에 일어나고 있는 탓에 문제가 더욱 심각하다. 고령화와 저출산에 관한 자세한 통계는 독자들도 이미 다른 경로를 통해 많이 접했을 것으로 생각해서 여기서는 다시 거론하지 않으려고 한다. 한국의 출산율이 세계에서 가장 낮은 수준으로 떨어졌다는 것은 잘 알려진 사실이다. 과거에 저출산으로 고민하던 프랑스나 일본보다도 이제는 한국의 출산율이 더 낮다. 인구의 고령화가 동시에 진행됨에 따라 전체 인구의 감소가 다소 늦춰지고는 있지만, 지금과 같은 추세대로라면 2005년에 4800만 명이었던 우리나라 인구가 2015년부터 감소하기 시작해 2050년에는 3400만 명, 2100년에는 1000만 명으로 급속하게 줄어들다가 2305년에는 한국의 인구가 0명이 되는 것으로 계산된다고 한다. 물론 이런 계산은 현재의 추세가 그대로 정확하게 유지된다는 가정 아래서 이루어진 것이기 때문에 한국의 인구가 0명이 되는 최악의 결과는 실현되지 않을 것이라고 생각한다. 하지만 저출산 문제와 고령화 문제는 더이상 방치할 수 없는 심각한 문제라는 것은 분명하다.

　여기서 중요한 질문을 두 가지만 던져보자. "고령화와 저출산은 피할 수 없는 재앙인가?" "고령화와 저출산에 대응해 현재 시행되고 있거나 제안되고 있는 방안들이 최선인가?" 이런 질문에 대답하기 전에 관점을 바꿔볼 것을 나는 제안한다. 고령화와 저출산은 시대적 변화에 따라 자연스럽게 나타나는 현상이다. 우리가 해야 할 일은 그런 시대적 변화의 의미가 무엇인가를 생각해보고, 그에 거스르지 않으면서 할 수 있는 일이 무엇인가를 알아내는 것이 아닐까? 과거의 사고방식으로 새로운 시대적 변화를 해석하고 기존의 틀 속에서 새로운 문제를 해결하려고 해서는 근본적인 해결책이 나오지 않을 것이다. 개인이든 사회든 시련이 닥치면 어떤 섭리가 우리더러 나아가는 방향을 바꾸라는 신호를 보낸 것이라고 그것을 해석하는 게 마땅하다고 나는 생각한다. 앞으로 계속 나아가면 낭떠러지로 떨어질 것이 뻔하니 늦기 전에 방향을 다른 데로 틀라는 신호인 것이다.

그렇다면 지금 우리가 받고 있는 신호는 어떤 의미를 가진 것일까? 나는 그것이 삶의 균형을 찾고 삶의 질을 높이라는 신호라고 해석하고 싶다. 이제까지는 우리 사회가 성장과 팽창만을 거듭해왔다. 하지만 이제부터는 진정한 삶의 의미를 찾고 사람답게 살기 위해 속도를 조금씩 더 늦춰야 한다. 이제까지는 모두가 부유해지기 위해 앞뒤 가리지 않고 질주해왔다면, 이제부터는 각자 삶의 의미를 찾고 행복한 삶을 추구해야 한다. 이제까지는 성장을 위해 더 많은 인구와 더 많은 자원이 필요하다고 생각했다면, 이제부터는 인간다운 삶을 위해서는 지금보다 더 적은 인구만 있어도 되고 성장과 함께 자연보호도 해야 한다고 생각해야 한다. 이것이 바로 지금 우리가 받고 있는 신호의 의미일 것이다.

2010년 현재 세계의 인구는 70억 명에 가까워지고 있다. 세계 전체로 보면 아직은 식량도 충분하고 자원도 남아있지만 인구가 더 늘어나면 식량도 부족해지고 자원도 고갈될 것이다. 지하자원도 문제이지만, 우리가 무한정 누릴 수 있다고 생각했던 공기와 물도 이제는 부족한 시대가 되어가고 있다. 지구가 수억 년에 걸쳐 축적한 지하자원을 인간들이 겨우 몇백 년 사이에 고갈시키고 있다. 한국에서는 굶어죽는 사람이 거의 없지만 지구상에는 굶어죽는 사람이 수없이 많다. 어떤 섭리가 지금 한국인들에게 한국의 인구를 더 늘릴 생각을 하지 말고 지구상의 다른 지역에서 굶주리는 사람들에게 남는 것들을 나누어주라고 외치고 있는 것은 아닌지 생각해볼 일이다. 우리가 지금 젊은 여성들에게 아이를 낳으라고 닦달만 할 것이 아니다. 가난한 다른 나라의 굶는 아이들을 돌보라는 그 섭리의 외침에 귀를 기울여야 하지 않을까.

노인들이 늘어나는 문제는 어떻게 봐야 할까? 과거의 농경사회에서는 노인들의 지혜가 필요했기에 노인들이 존중을 받았다. 하지만 농경사회가 산업사회로 전환된 뒤로는 기계를 능숙하게 다룰 수 있는 젊은이들이 필요해지고 노인들은 홀대를 받기 시작했다. 그래도 산업사회에서는 노인들이 은퇴하고 나서 얼마 지나지 않아 세상을 떠났고, 주책없이 장수하는 일부 노인들만 구박을 받았다. 하지만 이제는 대부분의 사람들이 80세를 넘어 90세, 100세까지도 사는 세상이 됐다. 50세에 퇴직을 한다면 30년 내지 50년을 직장도 없이 살아야 하는 문제가 생겨난 것이다. 이런 상황에서 과거와 같이 은퇴한 사람들 모두가 사회적으로 불필요한 존재로 대접받는다면 각 개인도 불행한 일이지만 사회적으로도 큰 문제가 아닐 수 없다. 그런데 인생 후반부에 접어든 사람들은 정말로 이 세상에 살아있을 필요가 없는 존재일까? 나는 그렇지 않다고 생각한다. 인생 후반부의 긴 시간은 인생의 자투리 시간이 아니라 진정한 행복을 찾을 수 있는 의미 있는 시간이라고 생각한다. 인생 후반부에 자신이 좋아하는 일을 하면서 인생을 즐길 수 있다면 얼마나 멋진 일이겠는가.

행복공동체는 고령화 문제와 저출산 문제를 해결하는 데도 좋은 방법이다. 행복공동체에서는 인생 후반부를 맞은 사람들이 각자 자기가 좋아하는 일을 하면서 삶의 의미를 찾고, 공동체 안에서 인간관계를 맺으며, 노후 걱정을 하지 않고 살아갈 수 있다. 행복공동체의 주민들은 저출산에 따라 고갈될지도 모르는 연금에 기대지 않고도 재정적인 자립을 이룰 수 있다. 혼자서는 먹고사는 문제를 해결하기 힘들지만, 같이 모여 서로 돕는 시스템을 만든다면 그 속에서는 누구나 먹고사는 문제는 걱정할 필요가 없을 것이다. 더 나아가 행복공동체 안에 대안학교, 유아원, 고아원 등을 만들고 아이들을 돌보는 모임도 만들어 운영한다면 행복공동체가 젊은이들이 안심하고 아이들을 낳을 수 있도록 돕는 역할도 할 수 있을 것이다. 이와 더불어 행복공동체 주민들은 자체적인 소비를 목적으로 자연친화적인 농사를 지을 것이므로 행복공동체가 비료와 농약에 찌든 농토를 구하고 점점 가속화되는 자원고갈 문제를 해결하는 데도 어느 정도는 기여할 수 있을 것이다.

# 행복과 슬로 라이프

길을 건너려고 횡단보도 앞에 서 있노라면 도시에는 참으로 성질 급한 사람들이 많다는 생각을 새삼스럽게 하게 된다. 신호등이 바뀌는 시간이라고 해봐야 기껏해야 몇 분인데, 그걸 참지 못하고 조급하게 차도로 내려서는 사람들이 적지 않다. 그렇게 차도에 내려선 사람은 코앞으로 차가 빠른 속도로 지나가도 건너편 신호등만 바라보고 서 있는 경우가 많다. 그런 모습을 보는 나는 마음을 졸이지 않을 수 없다. 더구나 신호등이 녹색으로 바뀌자마자 건너편에서 뛰어오는 사람을 보면 아찔하다. 특히 나이든 사람이 무리하게 뛰면서 횡단보도를 건너는 모습을 보면 참으로 안됐다는 생각도 든다. 도시의 횡단보도 신호등은 나이가 들어 걸음이 느린 사람이 신호가 바뀐 다음에 걷기 시작하면 그가 다 건너기도 전에 신호가 바뀌게 돼있는 것이 많다. 그래서 나이든 사람이 무리하게 건너다 보면 중간쯤에서 신호가 바뀌는 경우가 허다하다. 그러면 성격이 급한 운전자들이 그 나이든 사람에게 눈총을 보내곤 한다.

언젠가 등산모임에서 내가 주도해 제주올레 길에 간 적이 있었다. 2박3일의 짧은 일정이라서 같이 간 사람들에게 가능하면 많은 것을 보여주려는 욕심으로 하루에 두 코스씩 걷자고 제안했다. 그 전에 나 혼자 내려갔을 때 그렇게 해본 적이 있기 때문이기도 했다. 그랬더니 대부분의 사람들이 반대하는 것이었다. 제주올레 길의 원래 취지가 놀멍쉬멍(놀면서 쉬면서) 걷는다는 것인데 왜 그렇게 무리해서 걷자고 하느냐는 것이었다. 나도 도시의 속도전쟁에 감염된 모양인지 그들의 그런 태도가 좀 불만스러웠지만, 다수의 의견을 존중해 하루에 한 코스씩만 걷는다는 데 동의해주었다. 그런데 실제로 하루에 한 코스만 걷다 보니 하루에 두 코스를 걸을 때보다 훨씬 더 많은 것을 즐길 수 있었다. 사진도 찍고, 얘기도 하고, 중간에 맛있는 점심도 사 먹으면서 걷는 길이 정말로 행복감을 갖게 해주었다. 시간에 구애받지 않고 천천히 걷다 보니 땅바닥의 돌멩이 하나하나, 바닷가에 파도가 부딪쳐 만들어내는 물방울 하나하나가 모두 살아서 나에게 말을 거는 것 같았다. 일행이 서로 웃으면서 떠드는 소리도 정겹게 들렸다. 내가 계속 고집을 부려 하루에 두 코스를 걷게 됐다면 아마 그때쯤에는 내가 일행을 다그치면서 신경질이나 부리고 있었을 것이다.

제주올레 길에 갔던 일을 얘기하다 보니 그 길을 만든 사단법인 제주올레 서명숙 이사장의 인터뷰 기사가 생각난다. 서명숙 이사장은 슬로 라이프를 실현하기 위해 제주올레 길을 만들었고 제주올레 길의 모토도 놀멍쉬멍 걷는 것인데, 제주올레 길이 뜨다 보니 온갖 언론매체에서 인터뷰 요청을 하고 여러 단체에서 강연 요청을 해서 쫓아다니다 보니 정작 자신은 슬로 라이프와는 전혀 동떨어진 생활을 하게 됐다고 말했다. 우리는 알게 모르게 성공은 바쁘게 사는 것이라는 공식을 갖고 있다. 하지만 바쁘게 사는 사람들은 행복을 알아차리지도 못한다. 어느 탐험대를 안내하던 원주민들이 말을 타고 너무 빨리 달리는 바람에 자신들의 영혼이 따라오지 못했으니 기다려야 한다면서 며칠 동안 한 곳에 머물렀다는 이야기를 들은 적이 있다. 행복을 찾기 위해서는 조급하게 굴지 말아야 한다.

유명 연예인이 마약을 했다가 구설수에 오르는 경우가 많이 있었다. 대부분의 사람들은 돈도 있고 인기도 누리는 유명 연예인이 왜 마약을 하는 것인지를 이해하지 못한다. 나도 이해하지 못하는 것은 마찬가지이지만, 아마도 그런 연예인은 행복을 급하게 만들어 즐기려고 마약을 한 게 아닐까 생각한다. 사랑이나 행복은 급하게 얻을 수 있는 게 아니다. 아름다운 진주는 오랜 세월에 걸쳐 조개가 아픔을 참으며 진주의 성분을 축적한 결과다. 사랑이나 행복도 시간을 두고 천천히 내면을 가라앉혀야 서서히 그 모습을 나타낸다. 그런데 현대인은 조급하게 사랑을 찾으려고 스와핑이나 원 나이트 스탠드를 하려고 하고, 마약을 통해 원할 때 곧바로 행복을 느끼려고 한다. 사랑은 상대방을 위해 많은 시간을 쓰는 것이다. 바쁘더라도 상대방을 만나기 위해 시간을 내고, 많은 대화를 하고, 헤어져서도 상대방을 생각하는 게 바로 사랑이 아니겠는가. 슬로 라이프란 이런 사랑을 하기 위한 시간을 되찾는 운동이라고 할 수 있다. 그것은 나 자신을 사랑하고, 남편이나 아내를 사랑하고, 이웃을 사랑하고, 자연을 사랑하는 시간을 되찾는 운동이다.

터키의 속담에 속도는 악마가 창조해낸 것이라고 한다. 페터 보르샤이트는 현대인이 속도를 추구하는 현상을 '템포 바이러스(Tempo Virus)' 라는 개념으로 설명한다. 오늘날 우리가 속도를 추구하는 경향을 일종의 바이러스로 보고 있는 것이다. 그는 속도를 추구하는 가치관이 인간의 삶과 사고방식에 깊이 파고들어 뿌리를 내리고 생활방식, 태도, 가치관, 심성, 행동까지 바꿔놓았다고 분석한다. 속도는 원래 산업사회가 시작되면서 사람들이 생산성을 높이기 위해 추구한 것이었는데, 요즘에는 속도를 추구하는 것 그 자체가 별도의 사회적 가치관이 됐다고 그는 설명한다. 이런 사실은 자동차 경주를 비롯해 속도를 겨루는 경기가 인기를 끄는 데서 확인된다. 그와 같은 경기에서 기록을 100분의 1초 단축하는 것이 우리의 삶에 무슨 의미가 있겠는가? 그런데 사람들은 특수한 측정기계를 사용해야만 알 수 있는 기록경신에 몰두하고 열광한다. 그런 기록경신을 위해 엄청난 투자를 하고, 신기록 보유자를 영웅시한다.

나는 진정한 행복을 찾기 위해서는 인간의 자연스러운 생활리듬에 맞는 느린 템포를 되찾아야 한다고 생각한다. 슬로 라이프 운동도 이와 같은 취지의 운동이다. 우리의 행복은 냉동 통조림과 같은 것이 아니다. 우리의 행복은 오랜 시간에 걸친 발효를 통해 서서히 만들어지는 것이다. 나는 요즘 "왜 스마트폰을 사서 갖고 다니지 않느냐?"는 질문을 많이 받는다. 어떤 친절한 사람은 공짜 스마트폰을 알선해 주겠다고도 했다. 나는 핸드폰이 처음 나왔을 때에는 가장 먼저 그것을 하나 장만했고, 시대적 변화에 뒤처지지 말고 그것을 따라가야 한다고 언제나 외쳐왔다. 그런 나를 알고 있는 사람들은 내가 스마트폰을 사지 않는 것을 보고 의아해하는 것이다. 하지만 나는 행복공동체를 구상하고 추구하게 되면서부터는 속도전쟁에 휩쓸리고 싶지 않다는 생각을 하게 됐고, 그래서 스마트폰도 구입하지 않았다. 집과 사무실에서 늘 컴퓨터를 사용하고 있어서 그런지 스마트폰이 없어서 불편하지도 않다. 이동 중에는 스마트폰이 필요하지 않느냐고 묻는 사람이 있다면 나는 이동 중에까지 인터넷에 묶이고 싶지 않다고 변명하고 싶다. 차를 타고 이동할 때에는 음악이나 강연 테이프를 듣고, 전철을 타고 이동할 때에는 책을 읽는 것이 훨씬 더 유익하다고 생각한다. 적어도 이동 중에는 업무에서 벗어나 나만의 시간을 갖는 것이 내게는 더 큰 행복을 준다.

행복공동체는 철저하게 슬로 라이프를 추구한다. 그렇다고 완전히 원시시대로 돌아가자는 것은 물론 아니다. 나이든 사람의 생활리듬에 맞게 느린 템포를 유지함으로써 좀 더 여유 있고 자연스러운 삶을 실현하자는 것이다. 현대문명의 기술은 행복공동체에 적용하되 우리의 삶을 여유 있게 만드는 데 도움이 되는 정도로 국한해 적용해야 한다. 근대의 초기에는 기술문명의 발달이 인간생활에 여유를 가져다줄 것이라고 사람들이 기대했다. 그런데 그 뒤로 실제로는 인간생활이 갈수록 더 바빠지기만 했다. 단순한 종류의 노동을 기계가 대신 해주면 인간이 해야 하는 노동의 양이 줄어들어 여유로워질 것이라고 기대했지만, 현실은 정반대로 간 것이다. 행복공동체에서는 문명의 이기들이 여유를 되찾을 목적으로 사용돼야 한다. 그렇게 되려면 행복공동체 주민들이 살아가는 데 필요한 최소한의 일만 하고 그 이상의 일은 하지 말아야 한다. 돈을 벌고자 하는 생각을 버려야만 그렇게 할 수 있다. 행복공동체 주민들이 자발적 가난을 택해야 하는 이유가 바로 여기에 있다. 자연의 리듬에 맞춰 슬로 라이프를 살아갈 때에만 우리는 진정한 행복을 찾을 수 있다.

# 도시화의 패러독스

"행복공동체를 도시 안에 건설하는 건 어떠냐?"는 질문을 간혹 받는다. 나는 이 질문에 대한 답을 앞의 2부에 넣을까 하다가 독자들이 그 내용을 좀 어렵게 느낄 수도 있겠다는 생각을 하게 되어 미루어두었다: 이제는 독자들이 3부의 앞부분을 읽은 뒤이니 여기서 내가 그 답을 제시해도 무리가 없을 것 같다.

내가 행복공동체는 도시가 아닌 농촌에 자리 잡아야 한다고 주장하는 데는 이유가 있다. 첫 번째 이유는 자족을 하기 위해서는 농촌에 가서 농사를 지어야 한다는 데 있다. 두 번째 이유는 도시는 행복공동체의 취지에 맞지 않다는 데 있다. 한마디로 행복공동체는 평형을 추구하는데 도시는 팽창을 추구하는 곳이니 서로 조화를 이룰 수가 없다. 앞에서 설명한 '엔트로피' 개념을 이용해 도시화의 패러독스를 설명해보겠다.

자연현상에서 경험적으로 확인되어 정립된 엔트로피 법칙을 사회현상에도 적용할 수 있느냐는 문제가 최근 논란의 대상이 되고 있다. 엔트로피 개념을 적용해 사회현상을 설명하는 대표적인 인물로 제러미 리프킨을 들 수 있다. 제러미 리프킨은 최근에 《공감의 시대》라는 저서로 더욱 주목을 받고 있다. 그는 인간사회도 자연의 일부이기 때문에 자연법칙의 지배를 받을 수밖에 없다면서 엔트로피 개념을 통해 각종 사회현상을 해석하고 사회문제에 대한 해결책을 제시하고 있다.

그와는 반대로 물질과 에너지의 이동으로 설명되는 자연현상과 달리 사회현상은 지적자산이나 네트워크처럼 물질과 에너지의 이동 이외의 다른 요인들을 많이 갖고 있기 때문에 엔트로피 개념으로 해석할 수 없다고 주장하는 이들도 있다. 이런 이들 중에는 엔트로피 개념을 사회현상에 적용하는 사람들의 비관론적이고 반문명적인 관점 자체가 싫기 때문에 그렇게 하는 데 반대하는 경우가 많다. 사실 엔트로피 개념을 통해 사회현상을 바라보면 현재의 사회발전은 바람직한 방향으로 이루어지고 있는 것이 아니라 인류의 멸망을 재촉하는 방향으로 이루어지고 있다는 인식을 갖게 된다. 앞에서 설명했듯이 우주가 빅뱅 이후에 팽창(엔트로피의 증가)하면서 '열적 죽음'에 다가가고 있는 것과 마찬가지로 인간사회도 팽창과 성장을 추구하는 과정에서 종말로 다가가고 있다는 생각이 들게 되는 것이다. 이런 비관적인 생각을 그대로 받아들이고 싶은 사람은 아마도 없을 것이다. 하지만 우리가 당연시하는 '사회는 발전해야 하고, 문명은 진보해야 하며, 경제는 성장해야 한다'는 사고방식에 대해 다시 한 번 생각해볼 기회를 갖는다는 의미에서 엔트로피 개념으로 사회현상을 설명하는 사람들의 주장을 살펴볼 필요가 있다. 경제적으로 풍요로워지는 만큼 행복해지지는 않고 환경문제는 갈수록 심각해지기만 하는 인류의 딜레마를 풀기 위해서도 그렇다.

도시가 커가는 과정을 생각해보자. 어느 곳에 도시가 생겨난다. 그러면 사람들이 그 도시에 모여들게 되고, 그 도시를 운영하기 위한 여러 가지 사회적 기능들이 추가된다. 예를 들어 농산물과 공산품의 유통을 위한 시설, 도로, 건물 등이 들어서면서 도시는 점점 더 커진다. 우리가 일반적으로 알고 있는 도시의 발전은 이런 것이고, 그것은 엔트로피가 점점 더 낮아지는 과정이다.

하지만 도시의 안만이 아니라 밖까지 포함해 넓게 바라보면 이야기가 달라진다.

농산품과 공산품은 도시 안에서 생산되는 것도 있겠지만 그 대부분은 도시 밖에서 생산되어 도시로 들어온다. 농산품과 공산품이 도시 안에서 생산되는 경우에도 원료나 연료는 다른 곳에서 생산된 것을 들여와야 한다. 따라서 엔트로피 개념을 통해 바라보면 도시를 발전시키는 원동력은 도시의 안에만 있는 것이 아니다. 도시의 밖에서 엔트로피가 낮은, 즉 질이 좋은 에너지와 물질을 조달해 사용해야만 도시가 발전할 수 있다. 더구나 도시는 그렇게 밖에서 질 좋은 에너지와 물질을 들여와 사용한 뒤에 엔트로피가 높은, 즉 질이 나빠진 에너지와 물질을 폐기물로 밖으로 방출한다. 쉽게 말하면, 농촌에서 농산물을 들여와 먹은 다음에 음식물 쓰레기나 분뇨를 도시 밖으로 내보내는 것이다. 플라스틱의 경우도 도시는 밖에 있는 공단에서 만들어진 플라스틱 제품을 안으로 들여와 사용한 뒤에 폐기물의 형태로 그것을 다시 밖으로 내버린다. 플라스틱은 폐기물이라도 어느 정도의 에너지를 가지고 있기 때문에 도시의 소각장에서 태워져 재활용되기도 하지만 결국은 모두 도시 밖으로 내버려진다.

따라서 도시가 발전하면서 엔트로피가 낮아지는 것처럼 보이지만 사실은 주위의 다른 도시나 농촌의 엔트로피를 높이는 것을 대가로 해서 그렇게 되는 것일 뿐이다. 더구나 발전하는 도시에서 엔트로피가 낮아지는 정도보다 주위의 다른 도시나 농촌에서 엔트로피가 높아지는 정도가 훨씬 더 크다. 결론적으로 도시가 발전하는 것은 사회 전체의 관점에서는 엔트로피가 높아지는 것이다. 생각해보라. 수도권의 경제적 발전은 농촌에서 교육시킨(엔트로피가 낮은) 인재를 끌어들이고, 농촌의 농산물을 받아들이고, 공단의 공산품을 받아들임으로써 이루어지는 것이다. 이는 생물체가 성장하는 과정과 비슷하다. 생물체가 성장하기(엔트로피가 낮아지기) 위해서는 주위 환경의 엔트로피가 높아져야 한다.

인구 100만 명의 도시는 하루에 2000톤의 식량을 필요로 한다. 도시가 이만한 식량을 확보할 수 있으려면 화석연료에 기반을 둔 농업 시스템이 가동돼야 한다. 게다가 인구 100만 명의 도시는 하루에 9500톤의 연료와 62만 5000톤의 물도 필요로 한다. 대도시의 연평균 기온은 주위의 다른 지역보다 1.5~2도가량 높다. 이는 발전소, 자동차, 에어컨 등이 열기를 뿜어내고 도로와 건물이 태양광 반사율을 바꿔놓기 때문이다. 도시의 대기오염도는 시골에 비해 10배에 이른다. 주변의 시골에 비해 도시의 겨울안개는 100퍼센트 더 많고, 여름안개는 30퍼센트 더 많다. 시골에 비해 도시에서는 눈과 비가 5~10퍼센트 더 내린다. 도시는 시골보다 태양광이 5~15퍼센트 적고, 바람도 20~30퍼센트 적다. 대도시에 사는 사람들은 소도시나 농촌에 사는 사람들보다 더 많은 범죄, 더 열악한 학교, 더 열악한 보건환경에 시달리고 있다(제러미 리프킨의 《엔트로피》에서 인용).

결론적으로 말하면, 도시는 언젠가는 깨지게 돼있는 피라미드 계와 유사하다. 도시는 욕심 많은 사람들을 만족시키기 위해 주변에서 에너지를 빨아들이면서 성장하지만, 그 과정은 언젠가는 끝날 수밖에 없는 게임과 같다. 그렇다면 왜 도시들이 아직도 계속해서 번성하고 있느냐고 의문을 제기할 수 있다. 지구가 오랜 세월에 걸쳐 축적해 놓은 화석연료 덕분에 그게 가능한 것이다. 하지만 화석연료도 언젠가는 바닥이 날 것이다. 아니, 벌써 바닥을 드러내고 있다. 여기서 내가 화석연료가 바닥을 드러내고 있기 때문에 행복공동체가 도시를 벗어난 곳에 건설돼야 한다고 말하려는 것은 아니다. 행복공동체가 도시를 벗어나 시골에 자리를 잡아야 하는 것은 도시는 끊임없이 팽창하려는 속성이 있기 때문이다. 이런 도시의 속성은 행복공동체의 취지에 전혀 맞지 않다.

농촌이라고 해서 팽창 위주의 경제성장을 추구하는 흐름에서 비껴나 있는 것은 아니다. 이미 대부분의 농촌도 팽창 위주의 도시형 경제성장에 부화뇌동하면서 파멸을 향해 달려가고 있다. 교역 위주의 세계경제 질서에 맞추려다 보니 곡물의 가격을 낮추어야 하고, 그런 상황에서 경쟁력을 갖추려다 보니 대량생산 체제를 도입해야 하고, 그렇게 하려다 보니 농기계를 구입해야 한다. 더구나 생산량을 늘리기 위해 비료를 뿌려야 하고, 해충을 방지하기 위해 농약을 뿌려야 한다. 이렇게 농기계로 농토를 뒤엎고, 비료를 뿌리고, 농약을 치다 보면 생산량은 늘어나지만 농토는 피폐해진다. 또한 농산물 생산은 늘어나지만 농기계, 비료, 농약을 구입하느라 농민들은 빚더미에 올라앉게 된다. 이런 농사가 과연 누구를 위한 농사일까? 행복공동체는 철저히 자족을 위한 농사를 지향한다. 자족만 하면 되기 때문에 대량생산을 위해 농기계를 많이 사용할 필요도 없고, 비료나 농약을 줄 필요도 없다. 남에게 팔려고 농산물을 생산하는 것이 아니니 필요 이상으로 과다하게 생산하려고 아등바등하지 않아도 된다.

# 세상이 발전하는 게 당연한가

한 나라의 정부 또는 정권을 평가하는 방법으로는 여러 가지가 있겠지만 가장 보편적으로 통용되는 평가지표는 바로 경제성장률이다. 한 해 동안 경제가 얼마나 성장했느냐를 나타내는 것이 경제성장률이다. 경제성장률이 높을수록 일을 잘 한 정권으로 평가되고, 경제성장률이 낮을수록 일을 잘못 한 정권으로 평가된다. 경제성장률이 마이너스를 기록하게 되면 그때의 정권은 최악으로 평가하는 것이 당연하다고 우리는 생각한다. 이와 같이 우리는 경제는 물론이고 사회 전체가 성장하고 발전하는 것이 당연하다는 인식을 갖고있다. 경제는 언제나 성장하고, 인구는 언제나 늘어나고, 정치제도는 언제나 민주화되고, 역사는 언제나 진보한다는 생각에 우리는 젖어있다.

이와 같이 역사는 발전하는 방향으로 나아가게 돼있다고 믿는 사고방식은 이른바 기계적 세계관의 전제다. 기계적 세계관은 역사는 발전하는 방향으로 나아간다는 것과 세상의 모든 일을 확정적으로 알 수 있다는 것 두 가지를 전제로 한 세계관이다. 기계적 세계관은 만유인력 법칙을 발견한 사람으로 알려진 뉴턴이 토대를 놓고 진화론을 주장한 찰스 다윈이 완성한 세계관이라고 할 수 있다. 이런 기계적 세계관은 그동안 우리의 사고 속에 깊은 뿌리를 내렸고, 그래서 그것을 과학적 진리라고 믿는 사람들이 많다.

하지만 최근에 기계적 세계관의 두 가지 전제가 다 옳지 않다는 것이 과학적으로 증명되고 있다. 우선 두 번째 전제인 '세상의 모든 일을 확정적으로 알 수 있다'는 명제는 양자이론으로 유명한 하이젠베르크(Werner Heisenberg, 1901~1976)의 '불확정성 원리'로 깨졌다. 불확정성 원리를 자세히 설명하려면 상당한 지면이 필요한데다가 이 책의 목적은 그런 과학적 원리를 설명하는 것이 아니기 때문에 여기서는 그 설명을 생략하겠다. 아무튼 현대 물리학에서는 불확정성 원리가 과학적 진리이고, 뉴턴에서 비롯된 기계적 세계관은 옳지 않다는 게 정설이다.

기계적 세계관의 첫 번째 전제인 '역사는 진보한다'는 명제는 '세상의 모든 일을 확정적으로 알 수 있다'는 두 번째 전제에서 자연스럽게 도출된 것이다. 우리가 세상의 모든 일을 확정적으로 알 수 있다면 그 모든 일을 발전시키는 방법을 알 수 있기 때문에 역사를 진보시킬 수 있다는 명제가 도출된 것이다. 역사는 진보한다는 기계적 세계관은 찰스 다윈의 진화론에 의해 확고한 진리로 자리 잡게 됐다. 찰스 다윈이 《종의 기원》에서 제시한 적자생존의 원리는 단순히 과학적 이론체계에 머무르지 않고 사회현상을 설명하는 데도 적용되기에 이르렀다. 다윈의 생물진화론은 기계적 세계관을 사회이론의 중앙 무대로 끌어올렸고, 사회현상을 설명해주는 원리로서 주도권을 장악한 것처럼 보였다. 그런데 이제까지 알려진 과학적 법칙들 가운데 유일하게 불변의 진리로 받아들여는 열역학 법칙, 그중에서도 특히 열역학 제2법칙에 의해 '역사는 진보한다'는 기계적 세계관의 한 가지 전제가 잘못된 것임이 밝혀졌다. '엔트로피 법칙'이라는 이름으로 불리는 열역학 제2법칙은 '역사는 진보한다'는 지금까지의 관념을 밑바닥에서부터 뒤흔들었고, 과학과 기술에 의해 더욱 질서 있는 세계가 실현되리라는 기대를 중심으로 한 각종의 '현대의 신화'도 깨뜨리고 있다.

엔트로피 법칙을 이용해 기계적 세계관의 모순을 밝히는 것은 그리 어려운 일은 아니지만, 과학에 대한 기본적인 지식이 없는 사람들에게는 그렇게 하는 과정이 상당히 복잡하게 느껴질 수 있다. 따라서 여기서는 그런 자세한 증명의 과정을 제시하기보다는 일반적인 이야기의 형식으로 개괄적인 설명만 해보겠다. 인류의 역사를 돌아보면 산업혁명이 시작된 17세기부터 엔트로피가 급격하게 증가하기 시작했음을 알 수 있다. 그 전에는 사람들이 인간은 자연의 일부로 자연과 조화를 이루면서 사는 게 당연하다고 생각했다. 그런데 베이컨, 데카르트, 뉴턴의 철학과 과학을 토대로 기계적 세계관이 등장하면서 사람들이 자연을 정복하는 것이 곧 발전이라는 관념을 갖게 됐다. 다시 말해 엔트로피를 높이는 행위, 즉 무질서를 증가시키는 행위가 오히려 칭송을 받게 된 것이다. 사실 그리스로마 시대나 중세까지만 해도 엔트로피를 증가시키지 않고 자연에 순응하면서 사는 것이 가장 좋은 삶의 방식이라고 사람들이 생각했다. 따라서 사람들이 엔트로피를 증가시키면서 성장과 팽창을 이루는 것이 진보라고 생각하게 된 것은 고작 몇백 년 전부터인 것이다.

기계적 세계관이 확고하게 자리 잡게 해준 것이 바로 다윈의 진화론이다. 다윈의 진화론은 단순한 과학이론을 넘어 '세계는 끝없이 발전한다'는 사상 체계의 상징이 됐고, 종교적 신념이라 해도 과언이 아닐 정도로 현대인들의 믿음으로 자리 잡았다. 생물학자 가레트 하딩이 말한 대로, 다윈의 진화론을 비판하면 틀림없이 "시대에 뒤떨어졌다"거나 "정신이 의심스럽다"라는 반응에 부닥치게 된다. 즉 "진화론을 부정하는 것은 진화론에 대해 중세적 종교재판을 하는 것과 같다"는 반응에 부닥치게 되는 것이다. 엔트로피의 관점에서 다윈의 진화론을 살펴보는 일은 나중의 과제로 남기려고 한다. 그 전에 여기서 다윈의 진화론과 그것이 완성한 기계적 세계관에 대한 역사적 고찰을 간략하게나마 해본 이유는 기계적 세계관이 자리 잡은 것은 그리 오래된 일이 아니고, 17세기 이전만 해도 동양과 서양 모두 엔트로피라는 개념 자체는 몰랐지만 사실상 엔트로피를 가능한 한 낮추는 게 바람직하다는 생각을 갖고 있었음을 강조하려는 데 있다.

　동양의 사상 또는 철학의 경우에는 다양한 조류가 있기 때문에 여기서 그것을 간단히 다루는 것은 위험할 수도 있다. 그래도 여기서 다룰 수 있는 범위 안에서 최대한 단순화해 살펴보도록 하자. 엔트로피 개념을 가장 잘 나타내는 동양의 개념은 '기(氣)' 다. 기는 에너지 보존 법칙인 열역학 제1법칙과 엔트로피 법칙인 열역학 제2법칙 둘 다와 관련성이 있다. 오늘날의 용어로 설명하면, 기는 '물질인 동시에 에너지' 또는 '에너지가 내재된 물질' 이다. 따라서 기는 자연의 세계를 구성하는 물질적인 기본원소라고 할 수 있다. 기라는 개념은 물질과 에너지가 서로 교환될 수 있다는 아인슈타인의 상대성 이론과 상통하는 측면을 가지고 있다. 동양의 철학자들은 "우주의 만물은 모두 한 가지 기에서 생성된 것이지만 그 드러남은 천만 가지로 다르다"라고 말했다. 예를 들어 중국의 장횡거(1020~1077)는 "태허의 기는 모여서 만물이 되지 않을 수 없으며, 만물은 흩어져 태허가 되지 않을 수 없다"고 말했다. 이는 기 자체가 곧 태허이되 기가 응집된 것이 만물이요 기가 흩어진 것이 허공이라는 뜻이다.

　기철학의 대가인 한국의 학자 최한기(1803~1879)는 "기(氣)와 신(神)은 성격상의 차이일 뿐 그 본성은 원래 하나이고 다르지 않다"고 말했다. 그는 또한 "내가 태어나기 전에는 천지지기(天地之氣)만이 있었고, 내가 처음 생길 때 비로소 형체지기가 생기며, 내가 죽은 뒤에는 다시 천지지기로 된다"고 했다. 이처럼 '나' 라는 존재도 우주의 기가 형체를 띠고 나타난 것으로 보면 '우주가 곧 나요 내가 곧 우주' 라는 관념이 성립된다. 그렇다면 죽음은 '나'

라는 형체가 우주로 돌아가는 과정이며 우주로 돌아간 '나'는 또 다른 형태로 태어날 수 있다는 윤회론도 성립된다. 윤회론에 대해서는 동양철학 안에서도 논란이 있는 부분이지만, 여하튼 최한기의 기철학에 따르면 우주와 나는 서로 연결된 하나가 된다. 따라서 나는 주위의 사람들과도 연결되고 자연과도 연결되어 있으니 서로 조화를 이루어야 한다는 논리가 성립된다.

이처럼 동양철학은 자연(우주)을 정복할 대상이 아니라 내가 조화를 이루어야 할 대상으로 인식해왔다. 이런 철학적 사상을 바탕으로 동양종교, 특히 불교를 믿는 사람들은 에너지의 흐름을 최소화하는 것이 가치 있는 일이라고 오래전부터 생각해왔다. 최근에 인기를 끌고 있는 명상수련, 기체조, 요가 등도 모두 이런 동양적 사고, 다시 말해 엔트로피를 낮추는 것이 인간에게 이롭다는 관념을 바탕으로 하고 있다.

여기까지 글을 읽은 독자들은 좀 혼란스럽다는 느낌을 가질 수 있다. 위와 같은 논리 자체가 그동안 우리가 일반적으로 당연시해왔던 생각을 뒤집는 것인데다가 위와 같이 압축해 짧게 기술한 것만 가지고는 거기서 설명된 동서양의 철학과 과학을 이해하기 어려울 것이다. 우리의 실제 생활에서 일어나고 있는 일들에 비추어보면 이해가 더 쉬울 수 있다. 앞에서도 말했지만, 인류가 비약적인 경제발전을 이룬 시기는 18세기 산업혁명 이후로 불과 300여 년에 불과하다. 인류의 역사를 수만 년, 아니 수천 년 정도로만 봐도 300여 년이라면 아주 짧은 세월임에 틀림없다. 그 사이에 인류가 이룩한 경제발전의 원동력은 무엇인가? 그것은 바로 지구가 수억 년 동안 축적해온 지하자원, 특히 화석연료다. 그런데 인류는 화석연료를 그 짧은 기간에 거의 다 소모해서 이제 그 고갈을 걱정해야 하는 시점에 와있다. 인류가 300여 년이라는 짧은 기간에 비약적인 경제발전을 이룬 것은 인류 자신의 지혜 덕분이기도 하지만, 어떤 섭리가 마련해준 에너지 덕분이기도 하다. 이렇게 보면 인류는 누군가가 마련해준 떡을 가지고 잔치를 벌인 꼴이다. 잔치가 끝나는 게 아쉽기는 하지만, 이제부터는 인류가 본연의 자세로 돌아갈 준비를 해야 한다. 앞으로는 인류가 지속적으로 경제발전을 이루는 것이 불가능하다는 사실을 명확하게 깨달아야 한다.

애기가 너무 거창해졌지만, 어쨌든 다행인 것은 행복은 그런 경제발전과는 무관하게 얻을 수 있다는 점이다. 100평짜리 아파트에 살지 않아도, 매일 쇠갈비를 먹지 않아도 우리는 얼마든지 행복할 수 있다. 1억 원이 넘는 벤츠를 타기 위해, 한 병에 수십만 원씩 하는 양주를 마시기 위해 밤낮없이 일해 돈을 많이 벌지 않아도 우리는 얼마든지 행복할 수 있다. 다만 욕구의 수준을 낮추고 자연과 더불어 살아가는 태도를 갖추기만 하면 된다. 행복공동체는 바로 그렇게 행복을 찾기 위해 자발적 가난을 선택하고, 경제발전을 추구하기보다는 우주의 섭리 안에서 자연스럽게 순환하는 저엔트로피적인 삶을 추구하려고 한다. 필요한 것보다 더 많은 것을 손에 넣기 위해 바쁘게 뛰어다니기보다는 행복을 찾기 위해 자기 자신의 내면을 들여다보고 즐거운 일만 느긋하게 하는 여유로운 삶을 선택하려고 한다. 우주와 우리가 하나임을 깨닫고, 자연은 정복의 대상이 아니라 우리의 행복과 동반자라는 인식을 갖고 생활하려고 하는 것이다.

# 돈은 불행의 씨앗?

엔트로피 법칙에 따르면 이 세상은 점점 쇠퇴할 수밖에 없다는 결론에 이르게 된다. 그런데 그런 결론은 너무 비관적이지 않느냐는 반론이 제기될 수 있다. 세상은 발전하는 것이 당연하고 세상이 발전해야 우리가 행복해진다고 생각하는 사람들이 이와 같은 반론을 제기할 수 있다. 그러나 인간은 결국 죽기 때문에 행복하지 않다고 말하는 사람은 아무도 없다. 마찬가지로 이 세상이 쇠퇴하는 방향으로 나아간다고 해서 우리가 반드시 불행해야 한다는 법은 없다. 동서양의 고전을 읽어보면 엔트로피 법칙에 순응하면서 삶을 행복하게 살 수 있는 방법들을 발견할 수 있다. 동서양의 고전 중에 엔트로피 개념에 대해 설명한 것은 없다. 그 저자들이 엔트로피 개념을 알지 못했기 때문이다. 그러나 동서양의 고전에 제시된 삶의 지혜들을 보면 마치 그 저자들이 엔트로피 개념을 알고 있었던 듯한 것이 많다. 어쨌든 엔트로피 법칙은 자연의 순리를 알려주는 법칙이라고 할 수 있다. 엔트로피 법칙에 맞는 삶은 곧 자연의 순리에 맞게 사는 삶이다.

엔트로피 법칙에 맞는 삶의 지침을 가장 확실하게 제시해주는 서양의 고전은 탈무드라고 나는 생각한다. 탈무드는 7년마다 한 번씩 희년을 정하고 그

해에는 노비도 해방시켜주고 채무자의 빚도 탕감해주라고 한다. 더 나아가 7년이 7번 반복되어 50년 만에 한 번씩 돌아오는 대희년에는 모든 것을 원래 상태로 되돌려 놓으라고 한다. 그 뜻은 엔트로피를 가능한 한 낮추라는 것, 즉 모든 것을 질서가 있는 좋은 상태로 되돌리라는 것이다. 탈무드는 낮에 돈을 빌려주고 담보로 잡은 옷은 해가 지기 전에 그 주인에게 돌려주라고 한다. 또한 빌려준 돈에 대해서는 이자를 받지 말라고 한다. 이자라는 것은 사실 금융시장의 엔트로피를 높이는 주범이다.

왜 이자가 금융시장의 엔트로피를 높이는 주범인지를 간략하게 설명하고 넘어갈까 한다. 우리가 금융기관에 돈을 맡기면 금융기관이 우리에게 이자를 준다. 거꾸로 우리가 금융기관으로부터 돈을 빌리면 우리가 금융기관에 이자를 내야 한다. 이자는 빌린 돈의 금액에 추가로 보태서 줘야 하는 금액이다. 이런 이자는 금융기관의 수입이 된다. 금융기관은 예금자가 맡긴 돈을 대출로 활용해 이자를 벌어들이며, 그렇게 벌어들인 이자 가운데 일부를 예금자에게 이자로 지급한다. 그런데 금융기관은 돈의 활용도를 높여 이자를 많이 벌기 위해 신용창출이라는 트릭을 사용한다. A라는 사람이 1000만 원을 금융기관에 예금했다고 하자. 그러면 금융기관은 그 금액 중에서 지급준비(10퍼센트라고 가정) 100만 원을 뺀 900만 원을 대출한다. 그러면 그 대출을 받은 사람이 900만 원을 모두 꺼내 쓰는 게 아니라 100만 원만 꺼내 쓰고 나머지 800만 원은 예금해둔다. 그러면 금융기관은 그 금액 중에서 80만 원을 뺀 720만 원을 대출한다. 이런 과정이 반복되면 처음에 1000만 원이었던 돈이 900만 원+720만 원+…=1억 원으로 불어나게 된다. 이것은 돈에 이자가 붙기 때문에 일어나는 돈의 마술이다. 금융용어로는 이 과정을 신용창출이라고 한다. 실제로는 없는 돈을 금융기관에서 신용을 통해서 만들어낸다는 의미다.

여기서 신용창출은 엔트로피가 증가하는 과정이라고 볼 수 있다. 신용창출은 금융위기를 증폭시키는 원인이 되기도 한다. 금융시스템에 문제가 생기면 신용창출 기능이 마비되어 신용경색이 일어날 수 있다. 세계 금융위기의 발단이 된 미국의 서브프라임 모기지 사태도 이런 신용경색과 관련이 있다. 돈에 이자가 붙지 않는다면 이런 일이 일어날 수 있을까? 절대로 일어날 수 없을 것이다. 돈에 이자가 붙기 때문에 금융시장의 엔트로피가 증가하게 되고, 신용경색으로 경제위기가 닥치면 누군가가 파산해야 다른 누군가가 살아남을 수 있게 된다. 결국은 일종의 의자 빼앗기 게임이 일어나는데, 이 게임에서 누가 패배자가 되든 그 궁극적인 피해자는 대체로 돈이 없는 일반 서민들이다.

신용창출은 경제가 커지게 하는 역할을 한다. 한마디로 경제에 거품을 집어넣어 경제가 부풀어 오르게 하는 것이다. 우리가 흔히 사용하는 신용카드를 예로 들어 설명하면 이해하기가 쉬울 것이다. 신용창출은 신용카드를 통해서도 일어난다. 신용카드는 앞으로 생길 수입을 예상해서 개인에게 미리 쓸 수 있는 돈을 준다. 신용카드를 갖고 있는 개인은 그러한 신용을 이용해 구매행위를 한다. 이렇게 해서 '미래에는 있을지 모르지만 현재는 없는 돈'이 경제를 활성화시키는 것이다. 미래의 수입을 앞당겨 사용할 수 있게 해준다는 점에서 신용카드는 우선은 편리하다. 그러나 앞당겨 사용한 돈을 갚을 때가 됐는데 갚을 수 없는 사람들이 많아지면 금융기관이 돈을 회수하지 못해 문제가 생긴다. 우리가 겪은 카드대란과 미국에서 발생한 서브프라임 모기지 사태가 다 이런 이유에서 일어난 혼란이었다. 미국의 서브프라임 모기지 사태는 부동산의 가격이 오를 것이라는 가정 아래 금융기관이 담보대출을 통해 신용창출을 했는데 부동산의 가격이 떨어지면서 채무자들이 빌려 쓴 돈을 갚을 수 없게 되어 발생한 사태다. 우리나라에서 종종 문제가 되는 부동산 거품도 비슷한 문제를 안고 있다.

요컨대 돈은 더 이상 물건을 효율적으로 교환하기 위한 수단인 것만이 아니다. 이제는 돈이 인간의 욕망을 몇 배로 부풀리는 역할을 하고 있다. 현대 사회에서 돈은 엔트로피를 가속적으로 증가시키는 역할을 하고 있다. 행복공동체에서 지역화폐를 사용하려고 하는 이유가 바로 여기에 있다. 우리가 일반적인 돈을 사용하다 보면 신용창출의 마술에 걸려들 가능성이 높고, 그렇게 되면 자발적 가난을 실천하기가 어렵게 된다. 행복공동체에서도 일반적인 돈을 사용하다 보면 그 돈이 불러일으키는 욕망으로 인해 주민들 사이에 갈등이 생겨나기 쉽다. 행복공동체에서 지역화폐를 사용하려는 것은 욕망을 부추기는 일반적인 돈의 신용창출 효과가 제거된 화폐, 다시 말해 순수한 교환수단으로서만 기능하는 화폐를 사용하는 것이 행복공동체의 취지에 맞기 때문이다. 지역화폐의 형태는 일반적인 화폐처럼 지폐나 동전이 될 수도 있고, 컴퓨터에 저장할 수 있는 숫자, 즉 마일리지가 될 수도 있다.

# 유기농을 하는 것은 건강 때문만이 아니다

현대 경제의 가장 큰 특징으로 분업과 교역이 주로 꼽힌다. 누구나 자기가 가장 효율적으로 생산할 수 있는 물품을 생산해서 다른 사람이 생산한 물품과 교환하는 게 경제적이라는 논리다. 이런 논리에 의해 예를 들어 한국은 가전제품을 생산해 칠레에 수출하고 칠레에서 생산된 포도를 수입한다. 칠레는 자국에서 생산되는 냉장고보다 싼 가격으로 한국산 냉장고를 구입할 수 있고, 한국은 칠레에서 생산된 포도를 한국에서 생산되는 포도보다 싸게 구입할 수 있으니 서로에게 이득이 아니냐는 것이다. 하지만 여기에는 한 가지 중요한 허점이 있다. 그것은 멀리 떨어진 지역으로 물품을 운반하는 과정에서 많은 에너지가 소비된다는 점이 간과되고 있는 것이다. 칠레산 포도를 한국으로 운반하기 위해서는 화석연료를 사용해 배로 운반해야 한다. 어떤 경우에는 포도를 재배하는 데 들어가는 에너지보다 운반하는 데 들어가는 에너지가 더 많다. 배보다 배꼽이 더 크게 되는 것이다. 이 경우에 돈으로 계산한 운반비용을 포함해도 칠레산 포도의 가격이 한국산 포도의 가격보다 싸기 때문에 이런 교역이 성립되는 것이다. 그렇더라도 운반과정에서 에너지가 소비되는 것은 마찬가지다.

경제적인 이해득실을 떠나 이런 교역에는 여러 가지 문제점이 있다. 특히 농산물의 교역에는 중대한 문제점이 있다. 우선 자급을 위해서가 아니라 교역을 위해 농산물을 생산하는 경우에는 교역에 필요한 부분만큼 에너지가 더 많이 소비된다. 일반적으로 식품이 생산되기 시작하는 단계에서부터 소비자에게 넘어갈 때까지 사용되는 에너지 가운데 식품의 생산을 위해 소비되는 것은 20퍼센트 미만이고 나머지 80퍼센트는 가공처리, 포장, 유통, 식품조리 등의 단계에서 소비된다. 또한 식품을 멀리 떨어진 곳에 보내는 동안에 안전하게 보관하고 수송하기 위해 인간에게 해로운 방부제 등이 첨가된다. 칠레나 미국과 같이 아주 먼 외국에서 한국으로 배에 의해 농산물이 운반될 때에는 그 사이에 변질되지 않도록 다량의 방부제를 첨가할 수밖에 없을 것이다. 나는 우리 밀로 만든 밀가루로 만든 음식을 먹으면 배가 아프지 않은데 외국산 밀가루로 만든 음식을 먹으면 배가 아프다. 그 이유는 외국산 밀가루에는 몸에 해로운 방부제가 들어갔기 때문이라고 나는 믿고 있다.

대량으로 유통시킬 목적으로 농사를 짓는 경우에는 농기계, 비료, 농약을 많이 사용하게 되는 문제도 있다. 우선 에너지로 환산해보면 그게 문제가 된다는 것을 알 수 있다. 소 한 마리와 삽 한 자루로 농사를 짓는 농부는 1칼로리의 에너지를 소비해서 10칼로리의 에너지를 농산물로 생산한다. 이에 비해 농기계를 사용해서 농사를 짓는 미국의 농부는 1칼로리의 에너지를 소비해서 6천 칼로리의 에너지를 농산물로 생산한다. 이 계산만 보면 농기계를 이용해 농사를 짓는 미국의 농부가 훨씬 더 효율적인 생산을 하는 것으로 보인다. 그런데 이 계산에는 한 가지 빠진 것이 있다. 그것은 바로 농기계, 비료, 농약에 들어간 에너지다. 이런 것들에 들어간 에너지까지 계산에 넣으면 농기계를 사용해서 농사를 짓는 미국의 농부는 10칼로리의 에너지를 소비해서 1칼로리의 에너지를 농산물로 생산하는 셈이 된다. 많은 에너지로 적은 에너지를 생산하는 꼴이니 이것은 참으로 어리석은 짓이다. 그런데도 다들 농기계, 비료, 농약을 사용해서 농사를 짓는데 왜 그런 것이냐고 의문을 품는 독자들이 있을 것이다. 그 이유는 농산물을 생산하는 데 들어가는 10칼로리의 에너지는 화석연료라는 값싼 수단에 의해 얻을 수 있는 반면에 1칼로리의 에너지에 해당하는 농산물은 비싸게 팔 수 있다는 데 있다. 지구가 오랜 세월에 걸쳐 축적해 놓은 화석연료를 싼 값에 사서 사용할 수 있기 때문에 그런 어리석은 농산물 생산이 이루어지는 것이다. 화석연료가 고갈되거나 적어도 화석연료의 가격이 많이 올라가게 되면 그런 어리석은 생산방식은 통하지 않게 될 것이 분명하다.

농기계, 비료, 농약을 사용해서 농사를 짓는 경우에는 에너지가 과다하게 들어간다는 문제점 외에 농토를 혹사시켜 자연의 균형을 파괴하게 된다는 문제점도 있다. 농토의 지력이 감당할 수 있는 수준 이상으로 많은 생산을 하기 위해 사람들은 농토를 뒤집고, 비료와 농약을 뿌려댄다. 이렇게 하면 지력이 쇠하게 되어 해가 갈수록 더 많은 비료와 농약을 사용해야 한다. 실제로 미국의 경우 1968년에는 1949년에 비해 5배나 되는 질소비료가 필요했다고 한다 (제러미 리프킨,《엔트로피》참고). 그런데 화학비료와 농약은 무엇을 가지고 생산하는 것일까? 바로 화석연료를 가지고 생산하는 것이다. 결국 우리는 에너지를 섭취하기 위해 화석연료를 직접 먹을 수는 없으니 그것을 농작물에 집어넣어 먹고 있는 셈이다. 과잉으로 투여된 비료와 농약은 농토뿐만 아니라 주변 생태계까지 파괴하고 있다. 한마디로 우리가 싸게 생산되어 좋아라 하면서 먹는 농산물은 화석연료를 소모하고 자연을 파괴하는 것을 대가로 치르면서 생산되는 것이다.

요즘 경제성장도 이루면서 동시에 환경보호도 하자는 취지의 녹색성장이 화두가 되고 있다. 녹색성장 운동을 하는 사람들은 농산물이 멀리 떨어진 곳으로 운반되는 것이 초래하는 문제의 심각성을 널리 알리기 위해 푸드 마일리지라는 개념을 도입했다. 즉 농산물이 얼마나 먼 거리를 운반돼온 것인지를 표시하게 하고, 가능하면 푸드 마일리지가 낮은 농산물을 먹도록 하자는 것이다. 하지만 행복공동체에서는 이런 간접적인 방법이 아닌 직접적인 방법으로 문제를 해결하고자 한다. 행복공동체는 자체적으로 필요한 농산물을 친환경적으로 직접 주민들이 생산할 것이다. 이렇게 하면 외부에서 농산물을 운반해올 필요가 없다. 또한 행복 공동체 주민들이 스스로 먹을 농산물이니 비료와 농약을 주지 않을 것이다. 생산된 농산물이 자체 수요를 충족시키고 남더라도 가능한 한 외부, 특히 멀리 떨어진 대도시에는 그것을 팔지 말자는 게 나의 제안이다. 농산물 운반이 지닌 위와 같은 문제점 때문이다. 행복공동체 주민들이 스스로 먹기 위해 유기농으로 생산한 농산물 중에서 남은 것이라는 사실이 외부에 알려지면 그 농산물의 안전성을 믿고 사려는 사람들이 많아져 행복공동체 주민들의 입장에서 비싸게 팔 수도 있겠지만, 그렇게 하는 것은 행복공동체의 취지에 어긋나는 행위이기 때문에 대도시에 남는 농산물을 파는 것은 삼갔으면 하는 게 나의 바람이다. 행복공동체의 운영에 필요한 비용을 대기 위해 다소의 돈이 필요하다면 농산물 판매보다는 행복공동체의 취지에 어긋나지 않는 다른 방법을 통해 버는 게 좋을 것 같다.

행복공동체 주민들은 육류보다는 곡물과 채소를 주식으로 삼는 게 바람직하다고 나는 생각한다. 그렇다고 해서 행복공동체 주민들이 모두 채식주의자가 될 것을 주장하는 것은 아니다. 다만 육식보다 채식이 훨씬 더 자연친화적이고 에너지효율적이기 때문에 육류보다는 곡물과 채소를 주식으로 삼자는 것이다. 육류는 주로 먹이사슬에서 상위에 속하는 개체를 잡아먹는 것이다. 그런데 먹이사슬에서 상위에 속하는 개체일수록 그것을 잡아먹는 행위의 에너지 효율이 낮다. 즉 그것을 잡아먹는 과정에서 에너지의 80~90퍼센트는

낭비되거나 손실되거나 열의 형태로 주변 환경으로 빠져나간다. 먹이사슬에서 더 상위에 속할수록 이런 과정을 더 많이 거치게 되면서 에너지 효율이 급속도로 떨어진다. 이런 점을 화학자 타일러 밀러는 간단한 먹이사슬로 설명한다. 제러미 리프킨의 《엔트로피》에 나오는 그의 설명은 다음과 같다. 어떤 사람이 1년을 살면서 300마리의 송어가 필요하다면 그 300마리의 송어는 9만 마리의 개구리를 필요로 하고, 그 9만 마리의 개구리는 2700만 마리의 메뚜기를 필요로 하고, 그 2700만 마리의 메뚜기는 1000톤의 풀을 뜯어먹는다고 하자. 이 경우에 그 한 사람이 1년을 살면서 송어를 잡아먹지 않고 풀을 뜯어먹는다면 소비되는 풀은 1000톤은커녕 1톤도 안 될 것이다. 이는 사람이 먹이사슬에서 상위에 위치한 육류를 주식으로 삼으면 자원낭비가 일어난다는 점을 보여준다. 또한 육식은 채식에 비해 건강에도 좋지 않다. 이런 이유에서 나는 행복공동체의 식생활은 채식 위주로 하게 되기를 바라는 것이다.

# 성공이 아닌 행복을 추구하는 행복공동체

한 국가의 부를 측정하는 데 세계 공통의 척도로 사용돼온 것이 GNP(국민총생산)와 GDP(국내총생산)다. 대부분의 나라들은 GNP나 GDP를 증가시키는 것을 지상 최대의 목표로 삼고 있다. 정치인들의 공약에도 빠지지 않고 등장하는 단골 메뉴가 바로 GNP나 GDP를 얼마만큼 증가시키겠다는 것이다. 이로 인해 마치 GNP나 GDP만 증가시키면 국가의 모든 문제가 해결되는 듯한 분위기가 조성된다. 그래서 세상의 모든 가치가 GNP나 GDP에 모두 녹아든 것처럼 느껴질 때가 많다. 과연 GNP나 GDP가 높아지면 우리 모두가 행복해지고 모든 문제가 해결되는 것일까? 이런 질문을 던지면 누구나 "그렇지 않다"고 대답하면서도 실제로는 "그렇다"고 대답한 것처럼 행동한다.

GNP나 GDP가 모든 가치척도 중 으뜸이 되면서 우리 사회도 GNP나 GDP를 높이기 위해 어떤 편법도 마다하지 않게 됐다. 예를 들면 내가 어렸을 때는 바닷가에서 소라와 고둥을 잡아먹어도 아무도 말리는 사람이 없었다. 하지만 이제는 아무 바닷가에나 가서 소라나 고둥을 잡다가는 벌금을 물게 되고 잘못하다가는 형사처벌까지 받을 수 있다. 그 이유는 바닷가 부락의 주민들이 소라와 전복 등의 양식장을 만들어 소득을 올리고 있기 때문에 아무나 함부로 바닷가에서 해산물을 채취하는 것은 절도에 해당하게 됐기 때문이다. 여기에는 GNP나 GDP와 관련된 속셈이 숨어있다. 과거에는 아무나 바닷가에서 해산물을 채취할 때 그런 행위가 GNP나 GDP에 아무런 기여도 하지 못했다. 그런데 이제는 양식장에서 해산물을 채취해서 판매하면 GNP나 GDP가 증가한다. 같은 행위인데도 GNP나 GDP를 증가시키는 데 유리한 방향으로 모든 사회시스템이 움직이고 있는 것이다.

GNP나 GDP와 관련된 또 하나의 극단적인 예를 들어보자. 얼마 전에 서해에서 유조선이 침몰해 기름이 유출된 적이 있었다. 이 사고는 자연생태계에도 해악을 끼치고 GNP나 GDP에도 마이너스가 된 것 같지만, 사실은 GNP나 GDP를 끌어올리는 역할을 했다. 물론 기름이 유출됐으니 그 부분은 손실로 잡히겠지만, 어민들에게 지급되는 보상금도 소득으로 잡히고 기름을 제거하기 위해 장비와 인력(자원봉사 인력은 제외하고)을 동원하는 데 들어간 비용도 소득으로 잡히니 이런 것들을 통해 기름유출 사고가 GNP나 GDP를 증가시키는 역할을 한 것이다. GNP나 GDP로만 사회의 부를 따지는 시스템은 이런 모순을 안고 있다. 우리의 행복도를 낮추는 일도 GNP나 GDP를 증가시키는 것이다. 이런 예는 헤아릴 수도 없이 많다. 우리가 삼림을 잘라내어 펄프를 만들거나 목재로 사용하면 GNP나 GDP는 증가한다. 하지만 이런 경우에 우리의 행복도는 어떻게 될까? 단기적으로는 올라갈지 모르지만, 장기적으로는 틀림없이 낮아질 것이다.

일부 환경주의자나 생태주의자들만이 이런 문제를 제기하는 것이 아니다. 미국의 정치인 로버트 케네디는 1968년 미국 캔자스대학에서 한 연설에서 이렇게 말했다. "국가의 목표나 개인적인 만족을 단순히 경제적 성장에서 찾을 수는 없다. GNP는 삼나무숲의 파괴와 호수의 죽음, 네이팜탄과 미사일과 핵무기의 생산으로 증가한다. GNP는 가족의 건강, 교육의 질, 놀이의 즐거움을 포함하지 않는다. 시의 아름다움이나 결혼의 가치, 우리의 유머나 용기, 지혜의 가르침, 자비나 헌신을 측정하지 않는다. GNP는 삶을 가치 있게 만들어주는 것들을 제외한 모든 것을 측정한다." 경제학자인 존 갤브레이스도 그의 저서 《풍요한 사회》에서 경제성장이 더 나은 사회를 가져다줄 것이라는 보장은 앞으로도 결코 없으며, 사회악과 빈곤을 경제성장으로 해결할 수 있다는 주장도 실현될 수 없는 것이라고 주장했다. 그렇다면 행복하고 풍요로운 사회란 도대체 어떤 사회일까? 갤브레이스에 따르면 그런 사회는 생산효율 지상주의로부터 탈피한 사회이자 민간의 영리적인 경제, 공공의 비영리적인 경제, 복지라는 세 가지 축이 '사회적 균형'을 이룬 사회다(쓰지 신이치의 《행복의 경제학》에서).

모두가 믿어 의심치 않았던 경제성장 위주의 행복 개념에 최초로 반기를 든 나라는 부탄이다. 부탄의 지그메 싱기에 왕추크 국왕은 1973년에 스무 살도 채 안 된 나이로 국왕에 오르면서 대관식에서 '국민행복지수(GNH)'의 증진을 국정운영 지표로 삼겠다고 공표했다. 다른 많은 나라의 정치인들은 이구동성으로 경제성장을 국정운영 지표로 내세울 때 부탄의 어린 국왕은 국민의 행복을 증진시키는 것을 국정운영 지표로 삼겠다고 선언한 것이었다. 여행가 김남희 씨의 부탄 여행기에 따르면, 부탄은 정말로 행복도가 높다고 한다. 부탄의 마을들은 전기도 도로도 미비하고 문명의 혜택도 받지 못하고 있지만 GNP나 GDP로는 측정되지 않는 삶의 가치들을 간직하고 있다고 한다. 부탄에서는 밥을 짓기 위해서도, 빨래를 하기 위해서도, 사람을 만나기 위해서도 자기 몸을 직접 움직여야 하는 불편함이 있었지만, 그야말로 사람이 사는 체취를 느끼며 행복할 수 있었다고 한다. 여행객인 김남희 씨 자신만 그런 것이 아니라 그곳에서 살아가는 사람들도 진정으로 행복한 삶을 살고 있다는 느낌을 받았다는 것이다. 부탄의 예가 말해주는 행복한 삶의 조건은 무엇일까? 김남희 씨는 20여 일간의 부탄 여행을 통해 행복은 결국 자신이 살고 있는 땅과의 조화, 주변 사람들과의 깊은 유대감, 그리고 얼마나 느리게 사느냐에 달려 있다고 말한다.

행복공동체는 GNP나 GDP로 상징되는 성장이나 성공을 추구하지 않고 대신 GNH로 상징되는 행복을 추구할 것이다. 행복공동체는 우리가 유기농을 통해 자급자족하는 삶을 살면서 땅을 착취하지 않고 자연과 조화를 이루도록 할 것이다. 행복동동체는 자발적 가난을 택한 사람들끼리 모여 살면서 서로 깊은 유대관계를 갖고 몸을 늘 움직이는 건강한 생활을 통해 사람이 사는 체취가 물씬 풍기는 삶을 추구할 것이다. 행복공동체는 타인에 대한 존중, 생명을 향한 자비, 자연의 순환에 따라 흘러가는 시간을 느긋하게 즐기는 여유를 되살릴 것이다.

# 새로운 시대의 패러다임에 맞는 행복공동체

행복공동체는 시대적인 조류에 역행하는 것 아니냐는 질문을 가끔 받게 된다. 하지만 이는 큰 오해다. 행복공동체야말로 새로운 시대의 패러다임에 딱 맞는다고 나는 자신 있게 말할 수 있다. 지금의 사회는 무슨 사회인가? 미래학자들이 여러 가지 의견을 내놓고 있지만, 지금의 사회에 가장 걸맞은 명칭은 '공감사회' 라고 나는 생각한다. 학자들은 지금의 사회를 후기정보화사회, 꿈의 사회, 직관사회, 감성사회 등 다양한 명칭으로 부르고 있지만, 나는 제러미 리프킨이 제시한 공감사회가 가장 적절한 명칭이라고 생각한다. 그래서 여기서 나는 우리가 살게 된 새로운 사회를 공감사회로 부르겠다. 얼마 전까지만 해도 우리는 지식정보화사회에 살고 있다고 말했다. 그 직전의 사회는 산업사회였고, 산업사회 직전의 사회는 농경사회였다고 말하는 데 이의를 제기할 사람은 없을 것 같다.

그렇다면 농경사회, 산업사회, 지식정보화사회, 공감사회는 각각 어떤 면에서 다른가? 시대별로 다양한 특성이 있지만, 여기서는 행복공동체의 특성과 비교되는 특성만으로 한정해 살펴보려고 한다.

우선 시대별로 사회의 권력중심이 달랐다. 농경사회에서는 사유지를 가

진 지주와 국유지를 가진 왕, 산업사회에서는 자본을 가진 기업, 지식정보화
사회에서는 지식의 주체인 개인이 각각 사회적 권력의 중심이었다고 한다면,
공감사회에서는 네트워크로 연결된 개인들, 즉 집단지성(smart mob)이 사회
적 권력의 중심이다. 요즘 스마트폰이나 페이스북과 같은 SNS(Social
Network Service)가 중요하다고들 하는 이유가 바로 여기에 있다. 즉 집단지
성을 형성하는 데 가장 중요한 수단이 되는 것이 바로 SNS인 것이다. 개인들
이 SNS를 통해 네트워크를 형성하는 동기로 가장 중요한 것은 동일한 목표지
향이다. 같은 물품을 구입한다든가, 같은 취미를 즐긴다든가, 같은 관심사에
관한 정보를 공유한다든가 하는 목표를 공유하는 사람들이 네트워크를 형성
하는 것이 공감사회의 중요한 특징이다. 공감사회라는 용어 자체가 같은 목
표를 갖고 서로 공감하는 사람들끼리 모인다는 의미를 갖고 있다. 과거에는
혈연, 지연 등을 기반으로 사회적 공동체가 형성됐다고 한다면, 공감사회에
서는 같은 목표지향을 가진 사람들끼리 모여 공동체를 이루는 것이 자연스럽
고도 당연한 행동이다. 이런 측면에서 볼 때 행복공동체는 인생 후반부의 행
복한 삶을 서로 공감하는 목표로 추구하는 사람들끼리 모여 사는 것이니 공
감사회의 특징에 딱 맞는 게 아니겠는가.

그 다음으로 공감사회가 가진 중요한 특징 가운데 하나로 상생을 꼽을 수
있다. 요즘 대기업과 중소기업의 상생, 잘 사는 사람과 못 사는 사람의 상생
등이 자주 거론되는 데서 알 수 있듯이 상생이 시대적 화두로 떠오르는 양상
이다. 그 이유는 공감을 형성하기 위해서는 서로 상대방을 인정하면서 공존
하는 태도를 가져야 하는 데 있다. 농경사회나 산업사회에서는 사회적 권력
중심인 지주나 기업(사용자)이 절대적으로 우위에 있었다. 하지만 이제는 같
은 목표지향을 가지고 뭉친 사람들의 집단지성이 권력을 분산시키고 있기 때
문에 누구도 일방적으로 상대방을 몰아붙여서는 뜻을 관철하기는커녕 생존

하기도 어렵다. 기업은 소비자를, 정부는 국민을, 기업의 경영자는 직원을 파트너로 인정하고 존중해야만 하는 시대가 된 것이다. 이런 의미에서 행복공동체는 같은 목표지향을 가진 사람들이 모인 집단지성의 대표적인 사례가 된다. 물론 행복공동체 내부에서 구성원들끼리도 서로를 존중하고 서로를 필요로 하는 긴밀한 네트워크를 형성해야만 행복공동체의 취지가 실현될 것이다. 이렇게만 된다면 행복공동체는 공감사회의 중요한 특징 가운데 하나인 상생을 실현할 수 있을 것이다. 행복공동체는 구성원들이 서로 다름을 인정하면서 서로를 존중하고 서로에게 의지하며 공동으로 행복을 추구해나가자는 것이므로 공감사회의 패러다임에 딱 맞는다.

공감사회는 인간과 인간 사이의 상생을 넘어 인간과 자연 사이의 상생도 추구한다. 요즘 화두로 떠오르고 있는 녹색성장의 개념이 바로 인간과 자연 사이의 상생을 추구하자는 것이 아니겠는가. 이렇게 볼 때 행복공동체는 녹색성장과도 잘 부합하는 모델이다. 녹색성장이란 산업사회 이후 인간이 자연자원, 특히 화석연료를 남용함으로써 초래돼온 자원고갈과 환경파괴를 막으면서 지속적인 성장을 추구하자는 개념이다. 그러나 정부나 기업이 주도하는 녹색성장은 녹색보다는 성장에 더 큰 비중을 두고 있는 것으로 보이기도 한다. 이런 측면에서는 녹색성장과 행복공동체가 같지 않다. 하지만 진정한 의미의 녹색성장 개념은 정부와 기업이 주도하는 녹색성장과 다르다. 행복공동체가 자연 속에서 욕망을 최대한 줄이고 자연과 조화롭게 사는 길을 걷고자 하는 것이라면 그것은 진정한 녹색성장 개념에 부합한다고 나는 생각한다. 자연은 우리에게 정말로 많은 것을 거저 제공해주고 있다. 그런데 우리 인간은 자연을 착취의 대상으로만 생각하는 잘못을 그동안 저질렀다. 이제부터는 자연과 더불어 상생하는 삶을 살겠다는 선택을 해야 한다. 그렇게 하는 것이야말로 자연도 지키고 인간도 행복할 수 있는 진정한 녹색성장의 길이 아니겠는가.

　행복공동체가 시대를 거스르는 것이라고 일부 사람들이 생각하게 되는 가장 큰 이유는 행복공동체가 슬로 라이프를 추구하는 데 있다. 빠른 것이 좋은 것이고 그것이 새시대적인 패러다임이라고 여전히 생각하는 사람들은 슬로 라이프를 추구하는 행복공동체를 구시대적인 것으로 여기는 것이다. 그들이 그렇게 생각하는 것은 어쩌면 당연할 수도 있다. 하지만 한 발만 물러서서 생각해보자. 인간이 그동안 빠른 것을 추구할 수 있었던 것은 자연이 축적해 놓은 지하자원 덕분이었다. 그 지하자원이 이제는 고갈돼가고 있다. 지하자원의 고갈은 먼 훗날의 얘기라고 여전히 우기는 사람들도 있을 것 같다. 그렇다면 다른 측면에서 살펴보자. 현재 사람들이 추구하는 스피드는 누구를 위한 스피드인가? 우리는 일을 하기 위해 사는 것이 아니라 행복하게 살기 위해 일을 하는 것이다. 스피드가 빨라지면 그만큼 여유가 생겨야 하는데, 우리는 점점 더 스피드 그 자체에 함몰되어 정신을 못 차리고 있다. 백보를 양보해서 적어도 젊은 시절에는 스피드를 추구하는 것이 미덕일 수 있다고 인정하자. 하지만 인생 후반부에도 계속해서 스피드를 추구해야 할까? 스피드는 젊은이들이 추구하도록 하고, 인생 후반부에는 인간의 본래 리듬에 맞는 슬로 라이프를 추구하는 게 옳은 게 아닐까? 행복공동체가 추구하는 자발적 가난은 성장만을 추구하며 질주하던 스피드를 한 단계 낮춰서 우리의 마음과 몸을 자연의 리듬에 맞춰보자는 의미를 가진 개념이다.

# 함께 꾸는 꿈은 이룰 수 있다

이 책을 내기 위해 1차 원고를 마무리하고 나서 행복공동체 회원들, 특히 실행위원들과 주위의 몇몇 사람들에게 그 원고를 전달하면서 읽어본 뒤 의견을 말해달라고 부탁했다. 원고의 내용에 대한 반응은 두 갈래로 확연하게 나누어졌다. 행복공동체에 대해 몰랐던 사람들, 그러니까 이 책의 원고를 보고 처음으로 행복공동체에 대해 알게 된 사람들은 대체로 "너무 이상적인 것 같네요"라는 반응을 보이면서 여러 가지 문제점을 지적했다. 나는 그들이 지적해준 문제점 가운데 일부에 대해서는 다시 생각을 해보고 나서 원고의 내용을 보완하는 데 참고했다. 그들과 달리 행복공동체에 대해 이미 어느 정도 알고 있었던 사람들은 대체로 "예상했던 것보다 훨씬 더 구체적으로 생각하고 계시네요"라면서 공감을 표시해주었다.

이렇게 두 그룹의 사람들이 상이한 반응을 보인 것은 무슨 의미일까? 행복공동체에 대해 알고 있었던 사람들이 긍정적인 반응을 보인 것은 저자인 나와 이미 알고 있었던 관계이니 좋게 말해준 것이고, 행복공동체에 대해 몰랐던 사람들이 비판적인 반응을 보인 것은 나와 서로 잘 모르던 관계이니 솔직하게 의견을 말한 것이라고 추측하는 독자들도 있을 것 같다. 그러나 그렇지는 않다. 두 그룹 모두 그 전부터 나와 잘 알고 지내던 사람들이 대부분이었기 때문이다.

양극단의 두 가지 반응이 나온 원인을 나는 다른 각도에서 짚어보았다. 가장 큰 원인은 우리는 누구나 기존의 생각을 바꾸기가 쉽지 않다는 사실에 있지 않을까 생각한다. 행복공동체에 대해 처음으로 알게 된 사람이 곧바로 행복공동체에 공감하게 되기란 어려울 것이다. 이제까지 당연하다고 생각해온 도시의 삶을 버리고 자발적 가난을 택해야 행복할 수 있다고 하는 말을 처음으로 듣고 금세 수긍할 사람은 많지 않을 것이다. 특히 인생 후반부에 들어서려면 아직 시간이 많이 남은 사람일수록 더 부정적인 반응을 보인 것을 봐서는 분명히 그럴 것이라는 생각이 들었다. 하긴 인생 후반부를 맞으려면 아직 먼 사람들이 벌써 자발적 가난이 행복의 조건이라고 생각한다면 치열한 도시의 삶을 어떻게 이겨낼 수 있겠는가. 그러니 그들이 그런 부정적인 반응을 보인 것이 어쩌면 다행스러운 일인지도 모르겠다. 또한 나는 행복공동체의 주된 참여대상을 인생 후반부에 들어서서 직장에서 은퇴했거나 은퇴를 앞두고 있는 평범한 사람들로 정한 것은 잘한 일이라고 생각하게 됐다. 사실 나는 젊은이들에게는 도시에서 치열한 삶을 살기를 권한다. 그래야 나이 들어서 행복공동체의 근본 취지인 자발적 가난의 소중함을 제대로 이해할 수 있을 것이기 때문이다.

행복공동체에 대해 전혀 알지 못했다가 이 책을 접한 독자들도 행복공동체의 방식에 대한 의구심을 갖게 될 것이라고 생각한다. 나는 심리학자는 아니지만, 사람은 누구나 자신이 이제까지 가지고 있었던 가치관을 어떤 계기에 의해서든 당장 버리기가 그리 쉬운 일은 아니라고 생각한다. 더구나 행복공동체와 같이 자신의 생각을 완전히 바꿔야 하는 것이라면 그러기가 더욱 어려울 것이다. 하지만 이런 관점에서도 한번 생각해보기를 권한다. 즉 행복공동체가 실현가능한 것이냐의 여부를 따지지 말고 이 책에서 내가 제시한 행복공동체가 실현된다고 가정했을 때 거기에 참여하고 싶은가를 생각해보기를 권한다. 만약 행복공동체가 실현되기는 어렵겠지만 만약 실현된다면 거기에 가서 살아볼 만한 가치가 있다고 생각한다면 당신도 그 꿈에 동참할 자격이 있다. 행복공동체가 실현되기 전의 추진단계에서부터 직접 적극적으로 참여할 수도 있을 것이고, 관심을 갖고 그것이 어떻게 추진되는가를 조금 떨어져서 지켜볼 수도 있을 것이다.

이 책을 읽고 행복공동체의 취지에 동의한다면 다양한 방법으로 행복공동체 추진작업에 참여할 수 있다. 가장 적극적인 방법은 행복공동체의 실행위원으로 참여해서 직접 행복공동체의 비전을 만들고 그 비전에 따른 실천계획의 실행에 참여하는 것이다. 이렇게 직접적으로 참여하는 것이 부담스럽다면 주위의 다른 사람들에게 이 책을 읽어보도록 권하는 것도 좋은 참여방법 가운데 하나일 것이다. 자신은 지금 당장 행복공동체에 참여하는 것이 부담스럽다고 하더라도 이 책을 여러 사람들에게 읽도록 권해서 그 결과로 행복공동체 추진에 다른 사람들이 많이 참여하게 하는 역할을 해준다면 행복공동체가 하루라도 빨리 실현될 수 있을 것이다. 그렇게 되면 결국 나중에 자신도 행복공동체에 참여할 수 있는 길이 열리지 않겠는가. 행복공동체가 어느 정도나 빨리 실현될 수 있느냐는 얼마만큼 많은 사람들이 참여해주느냐에 달려있다. 자신은 비록 직접 참여할 용기가 없더라도, 또는 행복공동체에 대해 다른 사람들에게 설명해줄 지식과 정보가 없더라도 이 책을 다른 사람들에게 읽어보도록 권해주는 것만으로도 행복공동체의 실현에 큰 도움을 줄 수 있다.

어떤 일이 안 된다고 말하는 것은 너무나 쉽다. 어떤 일을 이루기 위해 10가지 조건이 필요하다고 할 때 한 가지 조건만 충족되는 것으로는 그 일이 이

루어지지 않는다. 그 일을 이루어지려면 분명히 10가지 조건이 모두 다 충족
돼야 한다. 그러니 애초부터 그 일이 안 된다고 말하는 것이 현명한 사람의 태
도이고, 그 일을 이루겠다고 나서는 것은 어리석은 사람의 태도일지도 모른
다. 하지만 나는 행복공동체를 실현하는 것은 그렇게 할 만한 가치가 충분히
있는 일이라고 생각하기 때문에 어떤 어려움이 있더라도 한 단계씩 성취해나
갈 생각이다. 나 혼자만 꿈꾸면 이룰 수 없는 일도 주위에서 많은 사람들이 같
이 꿈꾸어주면서 힘을 보태주면 충분히 이룰 수 있다고 나는 확신한다. 사실
행복공동체는 이미 시작됐다. 지리적인 공간에서 형태를 갖추는 단계에는 이
르지 못했지만, 행복공동체의 취지에 공감하고 힘을 보태는 사람들이 이미
있으니 그들과 함께 행복공동체를 실현해보려고 애쓰는 과정 자체가 행복공
동체가 아니겠는가.

　　어떤 사람들은 나에게 이런 얘기도 한다. "무얼 그리 힘들게 사십니까? 지
금 살고 있는 대로 살면 될 텐데 돈도 들이고 시간도 들이면서 왜 그리 애쓰십
니까?" 하지만 나는 행복공동체를 이루어나가는 노력을 하는 것 자체가 나의
행복이라고 생각한다. 다른 사람들과 행복공동체에 대해 토론할 때면 힘이
솟아나고, 행복공동체에서 사는 미래의 내 모습을 상상하면 행복해지는 것만
으로도 나는 행복공동체 추진에 들이는 시간과 돈에 대해서는 이미 충분히
보상을 받고 있다고 생각한다. 나는 나 자신을 위해 행복공동체를 만들려고
하는 것이다. 이에 더해 같이 참여하는 사람들도 행복해진다면 내가 더욱더
행복해질 것이다. 이렇게 사는 것이야말로 상생의 삶이 아니겠는가. 다만 행
복공동체에 대해 다른 사람들보다 먼저 생각을 시작했기 때문에 내가 남들보
다 조금 앞서서 나가는 것뿐이다.

　　이 책의 원고를 마무리해 놓고 나서 고민이 많았다. 왜냐하면 행복공동체
라는 생소한 주제로 쓴 원고를 선뜻 출판해주겠다고 할 출판사가 있을 것 같

지 않아서였다. 출판사의 입장에서는 보다 폭넓은 관심의 대상이 되는 주제를 다룬 책을 펴내야 책을 많이 판매할 수 있을 텐데, 행복공동체에 대해 관심을 가질 만한 사람들은 그리 많지 않을 것 같았다. 인생 후반부에 들어선 사람들이라고 해서 다 행복공동체에 대해 관심을 가질 것 같지도 않았다. 그런데 2009년에 내가 《당신의 미래에 취업하라》라는 책을 낼 때 인연을 맺은 출판사 필맥의 이주명 사장이 선뜻 출판을 해주기로 약속해주었다. 이주명 사장 외에도 내가 감사드려야 할 사람들이 너무도 많다. 행복공동체 추진모임에 초창기부터 참여하면서 열심히 노력해주시는 실행위원들께 이 지면을 통해 감사드린다. 또한 알게 모르게 행복공동체의 취지에 공감하고 우리에게 힘을 보태주시는 다른 모든 분들께도 감사드린다. 나는 그 모든 분들에게 보답하는 길은 행복공동체를 실현하는 것이라고 생각하고 있으며, 앞으로 행복공동체가 결실을 맺을 수 있도록 더욱 분발할 것을 약속드린다.